U0611984

绩效约束下的机构投资者
合作持股及其网络效应研究

刘笑彤　著

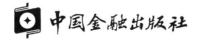

中国金融出版社

责任编辑：何　为
责任校对：李俊英
责任印制：陈晓川

图书在版编目（CIP）数据

绩效约束下的机构投资者合作持股及其网络效应研究/刘笑彤著.—北京：中国金融出版社，2023.12
ISBN 978 - 7 - 5220 - 2158 - 4

Ⅰ.①绩…　Ⅱ.①刘…　Ⅲ.①机构投资者—股权管理—研究—中国
Ⅳ.①F832.51

中国国家版本馆 CIP 数据核字（2023）第 176026 号

绩效约束下的机构投资者合作持股及其网络效应研究
JIXIAO YUESHU XIA DE JIGOU TOUZIZHE HEZUO CHIGU JIQI WANGLUO
XIAOYING YANJIU

出版
发行　中国金融出版社

社址　北京市丰台区益泽路 2 号
市场开发部　（010)66024766，63805472，63439533（传真）
网 上 书 店　www.cfph.cn
　　　　　　　（010)66024766，63372837（传真）
读者服务部　（010)66070833，62568380
邮编　100071
经销　新华书店
印刷　北京九州迅驰传媒文化有限公司
尺寸　169 毫米 × 239 毫米
印张　14.5
字数　235 千
版次　2023 年 12 月第 1 版
印次　2023 年 12 月第 1 次印刷
定价　48.00 元
ISBN 978 - 7 - 5220 - 2158 - 4
如出现印装错误本社负责调换　联系电话 （010)63263947

目　　录

第一章 导 论

1.1 中国资本市场的发展与困境

中国自 1990 年设立上海证券交易所以来，改革与发展资本市场已逾三十年①。三十多年来，我国经过"多层次资本市场的建立""股权分置改革的实施""全面注册制改革的推进"等，取得一系列举世瞩目的改革成绩，体现了中国资本市场砥砺前行、坚定不移的发展态度。资本市场为发展中国经济、服务实体经济、落实国家战略作出了巨大贡献，伴随着证券外资持股比例限制的取消，我国资本市场的开放程度不断加深，未来将更加国际化，最终实现构建国际金融中心的目标。但是，中国的金融市场还远未成熟，在法治建设、可用工具、风险控制和跨境投资便利性等方面，亟须完善。其中，股票市场的高波动性是不成熟金融市场的主要特征。虽然我国 A 股市场因创立科创板和推进注册制等改革措施的实施，有效提升了市场的扩容效率，成为具有 70 万亿元市值的全球第二大股票市场，但因短期内的急剧波动以及缺乏稳定的财富效应，A 股市场对国内外长期资金和居民资产丧失了吸引力，其市场定价效率和实体企业支持的功能均受到了极大的抑制。因此，中国资本市场进一步的深化改革必不可少，探索符合中国国情的发展路径的过程必不能断，法治建设、价值投资、环境建设和提升市场效率的步伐必不能停，应该更加努力地建设资本市场基础制度体系、提升资本市场治理能力来全面支持我国实体经济的发展，促进形成以国内大循环为主体、国内国际双循环相互促进的新发展格局。

截至 2020 年 6 月底，A 股个人账户数占 99%，持股市值仅占 28%；证券

---

① 本书所涉及的"资本市场""金融市场""长期资金市场"等市场概念均特指"股票市场"，包括股票的发行市场与交易市场。"资产"也特指在二级市场中流通的上市公司股权凭证（股票）。

市场约 86% 的交易量由中小投资者贡献，平均持股周期达到半年的中小投资者不足 15%①。市场参与者结构的散户化为市场提供了充裕的流动性，但也带来了巨大的波动性，削弱了市场的价格发现能力，让更多投机的属性充斥市场。中国上证指数从 2005 年 5 月的 998 点到 2007 年 10 月的 6124 点，涨幅达 5 倍，而受美国金融危机和国内货币政策收紧的影响，在 2008 年 10 月上证指数下跌至 1665 点，跌幅达 –73%。在 2014 年至 2015 年经历了暴涨暴跌，从 2014 年年中的 2010 点到 2015 年 6 月的 5178 点再到当年年末的 2737 点。2017—2019 年，沪深 300 指数平均年换手率接近 120%，创业板平均换手率达 280%，而全球主要的资本市场股指的平均年换手率为 40% ~ 90%，美国道琼斯指数、标普 500 指数、纳斯达克指数三年平均年换手率仅为 31%、45% 和 64%。从风险收益的角度来看，2017—2019 年沪深 300 指数上涨 24%，平均年波动率达到 19%，创业板指下降 8%，平均年波动率达到 25%（见图 1 – 1）。

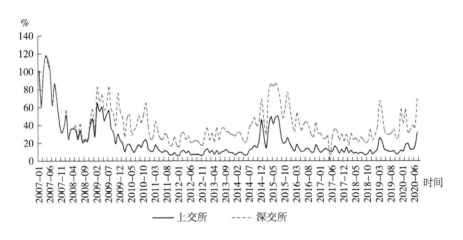

注：月度流动股换手率 =（当月市场成交股数量）/（该市场可流通总股数）×100%。在我国，股票可分为二级市场流通的社会公众股和不可在二级市场流通的国家股和法人股两个部分，一般只对可流通部分的股票计算换手率，以便真实和准确地反映出股票的流通性。

图 1 – 1　上交所/深交所月度流动股换手率

从全球范围来看，相较于其实现的收益，A 股市场的波动率明显较大，无论是与发达的资本主义国家还是与同处于发展中状态的其他国家相比，中国资

---

① 数据来源于《中国证券报》，转自"第三届中小投资者服务论坛"。

本市场均体现出了超常的活跃性（见图 1-2）。虽然高换手率体现出流动性的充沛，但对于波动的贡献率而言，剧烈波动带来的下跌风险损失要远高于上涨的波动收益，市场价格与对其内在价值的偏离程度被放大，且风险的不对称给市场各级参与者带来了巨大损失，使中国资本市场具有更大的亏损效应。

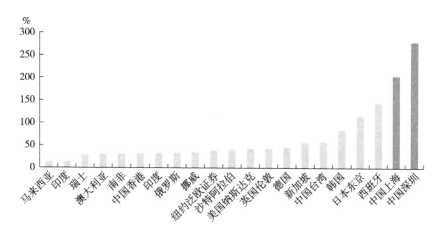

图 1-2　全球主要资本市场 2019 年度换手率

长期以来，散户投资者一直是加剧市场波动、形成市场非理性价格的主要原因，相较于发达国家资本市场中机构投资者占比远高于散户投资者的显著特征，中国资本市场则更偏向于一种散户主导的市场。中国监管层在意识到市场结构带来的影响后，在 2001 年提出了"超常规发展机构投资者"的策略，以促进更多以证券投资基金为主体的机构投资者加入市场的交易中。截至 2020 年第二季度末，中国境内专业机构持股市值占自由流通市值的比重为 30.49%，境外合格投资者持股市值占比为 9.41%，虽然与个人投资者流通股持股市值占比（60.10%）相比，机构投资者并不算是市场中参与规模最大的投资主体①，但以其专业的研究、交易的规模、信息广泛和审慎理性等特征，对资本市场产生了无可比拟的正向影响力。近 20 年来，机构投资者规模虽然在不断地壮大，但并未有效地平滑我国资本市场极端的价格波动，甚至在我国

① 数据来源：中国证券投资基金业协会。结合投资者交易情况占比来看，一般法人参与交易的积极性很低，故在计算各投资者占持股市值的比重时，将剔除非流通股后的市值称为 A 股流通市值，剔除非流通股和一般法人持股后的市值称为 A 股自由流通市值。参见 https://finance.sina.com.cn/stock/stockzmt/2020-09-09/doc-iivhuipp3290986.shtml。

资本市场出现剧烈波动风险时，机构投资者参与市场投资的程度会达到阶段性的顶峰，成为股市泡沫与极端下跌风险的主要推手。可以看出，对机构投资者行为及其对市场波动性真实影响的认识是不充分的，亟须进一步深入研究。

更值得关注的是，监管层和散户基金投资者对机构投资者的真实行为方式存在认知偏差，在多数情况下，仅依据买入卖出的数量判断机构投资者的参与形式和投资模式，忽略了机构投资者择时、合作持股、竞争、对冲、套利、资产配置、信息处理等一系列投资与交易策略行为。而市场对机构投资者的判断，更多的是以评级公司"锦标赛"的方式考察基金的资产配置与择时投资能力，利用短期且割裂的相对绩效考核制度标准，对市场中的基金和其他机构投资者进行评级和排名，不仅使基金逐渐放弃价值投资和长期配置的投资理念，也影响基金份额持有者的购买与赎回。中国资本市场发展时间不长，基金等机构投资者的专业性并没有被有效地激励和识别出来，更谈不上获得市场投资者的充分认可。在这些因素的共同作用下，机构投资者所能支配的资金量对短期业绩和排名高度敏感，导致追求短期业绩以迎合市场排名和更大资金管理规模的策略在市场各层级机构投资者中盛行。不难想象，在这种市场环境中的机构投资者会忽略代理份额投资资金来实现委托人投资收益最大化的义务，反而通过持有一些回报收益更快的资产，满足自身管理收益最大化的目标，在资本市场上形成一种特殊的委托代理问题。

这种信息不对称带来的资金委托者与机构投资者之间目标的冲突，不仅在一定程度上损害委托人的利益，而且因为基金份额投资者受合同约束小、非理性买卖频繁等操作，对机构投资者行为产生不容忽视的影响。市场的复杂性在很大程度上体现为市场参与者的"复杂性"。无论是市场价格，还是机构投资行为，都受到市场活跃度最高的散户投资者的影响，任何受托人的行为都受到委托人情绪与风格的影响，割裂地研究机构投资者投资策略与行为的影响终将偏离市场现实。根据 Wind 数据库中公募基金份额持有人结构的数据，各半年期平均个人持有比例（Individual Ratio）和平均机构持有比例（Institution Ratio）如图 1-3 所示。

可见，自 2007 年以来，市场中机构投资者所使用的资金主要来自个人份额投资者。在这种特殊的代理投资和理财模式下，基金份额持有人一旦对未经长期考验的基金管理者产生不信任，就会"用脚投票"，在短期内频繁操作，

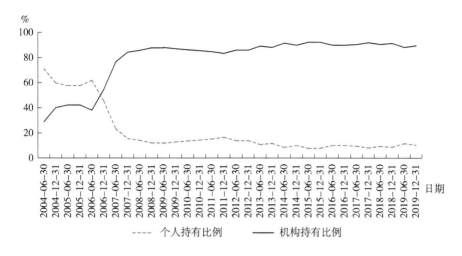

图 1-3　中国基金份额组成结构

以致机构投资者并不能通过长期收益来验证自身策略，在短期就失去了用于获得长期收益的资金支持。为继续赢得份额投资者的"青睐"，机构投资者多数会选择投资于一些波动性大但短期收益率高的资产标的，来提高市场短期认可度和吸引更多的散户投资者。这种资金约束下的机构投资者行为不仅会将这种短期投机的高波动性传导至标的资产价格中，也使市场容易出现短期急剧波动的极端风险，降低市场的有效性。

市场上对机构投资者行为的另一个认知偏差体现在对单个机构投资者的评测与关注度过高，忽略了机构投资者之间的潜在关联性。中国资本市场的发展程度远未达到有效金融市场的水平，价格信息的不充分反映，会导致获取和处理有效信息成为专业机构投资者在市场上获取超额收益的主要手段，这种对信息的追逐和竞争引出了机构投资者合作持股与竞合的行为特征。随着科学技术的进步，市场上的投资者更容易相互观察与交流信息，以行为同质性和模仿性为代表的投资者逐渐形成了一种投资者网络。对于各类投资者而言，机构团体之间的相互观察和互动比普通个人投资者更加紧密和频繁，机构更愿意且更有能力收集市场投资者网络中其他机构行为所呈现出来的信息，并结合自身所处的网络位置和投资经验，有效地使用和分享网络中的资源。对市场中的公开宏微观信息和私人信息及网络信息的整理与处理，最终决定了机构投资者投资行为的趋同性和异质性，如果忽略了机构投资者对网络信息的使用和行为之间的关联性甚至是竞争性，而单独地去判断机构的行为是片面且无意义的。

同时，机构投资者的投资策略随着市场变化及专业性的提升而不断发生改变。为了应对资金流量的不定期赎回，传统的投资策略会根据经验及当时的市场状况持有现金，市场行情越差和资金流量对基金的认可度越低，现金的持有比例也就相应地越高。国内机构投资者季度性现金持有比例如图 1-4 所示，从中可以发现，在市场波动较大时，机构投资者更愿意持有较高的现金比例以防止资金流量的赎回。但是现金的持有会加大基金的投资机会成本，甚至会抑制资金流量的流动性效应。然而，近年来机构投资者手中存留的现金在逐年减少，说明机构投资者愿意拿出更多的资金去市场上寻求超额收益，降低机会成本，但如何防止资金流量的"非理性"赎回且减少持有现金带来的负面影响，值得深入探索。

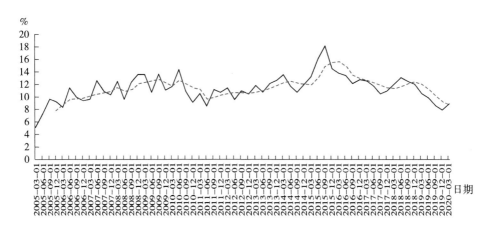

注：为剔除季节性影响，将现金持有比例进行前后 1 年移动平均，并将其用虚线表示出来。数据来自国泰安 CSMAR 和 Wind 数据库，下文中如无特别说明，数据来源均为这两个数据库。

图 1-4　基金现金持有比例

与此同时，监管层也逐渐意识到金融的改革与开放对中国经济和资本市场发展的重要性。2020 年 10 月 9 日，国务院发布了《进一步提高上市公司质量的意见》，提出通过法治化和市场化手段提高中国上市公司质量，希望从上市公司供给端来加强资本市场基础制度建设，借助更加优化的公司结构和发展环境来构建规范、透明、开放、有活力、有韧性的资本市场，吸引长期资金入市，促进经济高质量发展。由此可见，如何构建一个法制健全、规范透明的稳

定市场，防范金融风险，探讨资产价格波动的原因，引导更多国内外资金将 A
股作为长期稳定的资产配置对象，是监管层和市场参与者的探索方向。

综上所述，要想真正辨析出机构投资者行为对市场中资产价格波动性的影
响，不应该忽视散户基金投资者和机构投资者两者间的委托—代理关系，更不
应忽略市场中机构投资者团体投资策略，以及机构投资者之间的合作与竞争关
系。为此，笔者深入研究在散户基金投资者和多方机构投资者网络参与的环境
下，投资者合力行为对市场中资产价格波动的真实影响，并预测在金融开放背
景下外资参与对金融市场和国内投资者行为的正负向作用，为资本市场高质量
发展、强化长期投资力量提供理论、实证支持和政策建议，具有重大的现实
意义。

1.2　绩效约束下的机构投资者合作持股行为研究框架

1.2.1　主要研究内容

本书基于机构投资者合作持股网络的构建，主要研究绩效约束下机构投资
者合作持股的资金流量驱动因素，以及合作持股投资对所持标的资产价格风险
特征的网络影响效应，并借助机构间差异化的持股风格测度出不同合作持股团
体的组间竞争性，验证合格境外机构投资者（QFII）持股参与下的合作持股网
络及其网络效应的变化。由此可见，本书主要研究的内容为机构投资者合作持
股及其网络效应，在以主动开放型偏股公募基金为代表的机构投资者持股数据
的基础上，构建机构投资者网络，并测度持股网络相关的中心性指标，再利用
Louvain 算法提取出连续两期因相同持股而被归为同一组别的合作持股团体，
识别出各期参与合作持股的基金机构投资者。

根据已有文献，机构投资者投资策略受到基金资金流量供给者的"处置
效应"影响。机构投资者不仅可以利用资金供给者的特征来主动扩大收益波
动，达到未来资金管理规模最大化的目标，还可能被动跟随由噪声交易者认知
误差导致的内在价值偏离的方向进行交易，加大股票价格偏误方向的波动。但
机构投资者无论对资金流量有何种反应，投资行为都会加大资产价格的"非
理性"波动，且这种传导机制并不会因机构投资者采取合作持股投资策略而

发生改变。相反，机构投资者通过合作持股投资会产生资金流量的网络溢出效应，使团体网络中认可度不高的非核心机构也能因与核心机构采取相同的资产配置而获得资金流量的溢出供给，它们不但不会提高自身的主动管理能力或对市场信息进行挖掘，反而会更加依靠网络中的"私有信息"来进行持股投资。这导致网络核心机构受到的资金流量影响通过合作网络连接传导至其他网络参与机构，形成对股票价格影响更大的网络效应。

本书在已有文献的基础上更加深入地研究了资金流量业绩敏感性下的绩效约束对机构投资者合作持股投资行为的影响，联系资金流量与基金业绩两者，构建绩效约束指标，用以代表资金流量对基金机构的认可度，进而进行实证研究，发现资金流量对基金业绩越敏感、认可度越低，机构投资者就越倾向于合作持股投资来防止基金份额持有人的"非理性"赎回，降低资金波动带来的管理费用损失。同时，两者之间的正向关系证明了资金流量有偏误的认知特征也会通过对基金份额的投资而影响基金投资策略，并最终作用于基金持股参与下的标的资产价格。

合作持股投资不仅不能缓解资金流量通过委托代理关系影响机构投资行为的绩效约束，反而会通过网络连接增强机构对股价偏误波动的促进作用，增加股价对负面信息的反映程度。笔者在接受这种影响机制的同时认为，目前的研究并没有从网络效应时效性的角度考虑机构合作持股的这种影响，机构投资者团体受资金流量偏好的驱动，在短期更愿意持有持续上涨且稳定波动的股票，以防止"处置效应"下资金流量为保证已有收益而提前赎回带来的资金管理规模下降。为此，当机构所持有的上市公司出现负面信息时，合作持股团体不但不会通过"用脚投票"来提高股价对信息的透明度，反而会帮助公司管理层掩盖这些"坏消息"，降低股价波动和稳定投资业绩。资金流量敏感性带来的绩效约束为合作持股团体阻碍股价信息传导的根本动机。因此，在长期，负面信息难以被继续掩盖时，合作持股的机构投资者不仅可以利用同期重仓持股来共享公司内在信息以获取"抢跑"优势，而且有时会利用主动抛售来加剧短期下跌，利用资金流量不愿承担亏损的"处置效应"心理，降低发生赎回的可能性。但无论采用何种对策，机构投资者都会在短期抛售巨量的股份，使股票价格短期内加速下跌，更快地反映集中爆发的负面信息，形成"踩踏"崩盘之势。长期与短期股价风险特征的形成机制在之后的章节中得到了详细的解释。

机构投资者之间的联系并非只有合作，在市场稀缺的资金流量影响下，机构间更多的是一种竞争关系。机构间竞争主要有两种，一种是不同主动管理能力下的对资金流量的吸引竞争，主要源于资金流量对基金投资业绩的正向偏好；另一种是相似投资风格下的基金竞争，主要源于资金流量对同一风格有限的资金供给。研究发现，机构投资者如果具备较强的主动管理能力和信息挖掘能力，是并不愿意同其他机构投资者进行信息共享的，它们更愿意利用自身对信息的提前使用而获得更多的投资回报，提高资金流量的认可程度。相反，投资管理能力较弱的机构投资者则更愿意通过合作来共同挖掘和分享合作网络内的"私有信息"，以达到同等水平的资金流量吸引力，但是，管理能力最弱或市场认可度最差的机构投资者很难加入机构合作的团体中，信息的传递会因个体"私有信息"贡献程度不够而出现阻隔，机构投资者不同团体间也会出现显著的能力差异。投资风格相同导致的机构竞争则更多地表现为持股的相似性，受基金评级机构投资风格内排名机制的驱动，每种投资风格下的机构投资者都会为了争取更高排名和更多资金流量与同风格的其他机构进行竞争。存在相似风格下竞争关系的机构，是不会进行合作并分享"私有信息"的，即使同处于某一网络中，也是通过中间机构进行间接连接，很难真正形成信息共享下的有效连接。因此，机构投资者网络与机构竞争连接形成的网络重叠性并不会高，且合作网络比竞争网络更能提升机构间信息的传递效率。

在研究了境内机构投资者合作持股、网络效应及其网络内竞争性关系后，境外机构也随着中国资本市场开放程度的增加逐步参与到国内的金融市场投资过程中，并以自身特殊的专业性和资金流量供给者"长效性"特征表现出不同于境内机构的合作性和竞争性。以 QFII 为代表的境外机构更偏好"长期投资"且受资金流量影响下的绩效约束可以无限趋近于零，因此更似绩效约束下的有限套利模型（PBA 模型）假设中的资金流量对业绩敏感性无限大的特殊机构投资者。QFII 是否能如同理论所推导的，可以不随标的资产价格受噪声交易者认知偏差影响而产生的内在价值偏离的方向进行波动，甚至可以推动有偏的价格向内在价值回归，是值得检验和证明的。虽然已有文献对此进行了检验，但并没有在资产价格波动的影响研究中考虑 QFII 与境内机构的合作竞争关系，对 QFII 影响资产价格的渠道分析并不完整，因此笔者对 QFII 参与下的合作持股网络和竞争关系进行了全面的测度与交互项影响下的检验。

由以上分析可知，本书主要研究内容为绩效约束下的机构投资者合作持股行为以及合作持股投资给标的资产价格带来的网络影响效应，文中（1）机构投资者，均以主动、偏股开放型公募基金为代表，如无特殊说明，均指该类型基金；（2）机构投资者合作持股网络，表示机构间不同合作程度的两种连接的集合，指定为因同期共同重仓持股构成的机构投资者网络和连续两期 Louvain 算法提取出的相同网络连接下的合作持股团体；（3）绩效约束，定义为机构投资者为满足资金流量的短期偏好而追求短期业绩，进而使其投资套利行为受到资金流量对业绩敏感性的影响，形成绩效约束。如果机构投资者不依照资金委托者短期业绩的偏好去投资，就会遭到"非理性"赎回，资金规模和管理收入也随之降低；（4）机构投资者合作持股的网络效应，指基金在绩效约束下采取的抱团投资行为对所持标的资产价格的影响，且资产价格的相关风险特征可以指定为股价崩盘风险和短期价格波动，是机构间合作和竞争关系共同作用于公司治理与信息透明程度的结果。

1.2.2 研究思路与章节安排

根据主要研究内容，本节将全书研究思路与章节安排陈述如下。

第一章为引言。分别对选题背景和意义、主要研究内容与框架、研究方法、创新、贡献及不足等进行了具体的阐述。研究背景是，中国资本市场多年来的波动性指标平均换手率长期居于世界平均水平之上，呈现出长期极端震荡的态势，而在中国机构投资者参与市场程度不断加深的推动下，金融市场的极端状况不仅未能得到控制，反而更具波动性，背后的原因及影响机制值得深入研究。研究主要内容、思路及框架则主要侧重于对全书研究内容进行铺垫式介绍，定义主要概念并介绍各章节主要内容，为后文的具体研究进行概念的明晰和章节间关系的梳理，最后指出本书的创新与不足之处。

第二章为文献综述。从机构投资者与资金流量相关关系的研究文献出发，梳理了影响资金流量供给选择的相关因素，将机构投资者为应对资金流量特殊"处置效应"特征及可能采取的系列措施进行了文献梳理，接受了机构投资者投资行为受资金流量特征影响并会放大资金流量"非理性"行为特征作用于所持标的资产价格的效应等相关文献研究的结论。机构投资者可以采取持有现金及提升主动管理能力等措施来应对资金流量的赎回和偏好，但会增加基金持有现金的机会成本和资金流量对基金业绩的识别困惑，并不能有效满足资金流量的短期需求，因此，更多学者开始偏好研究机构投资者合作关系下的网络与合作持股连接。已有研究证明机构投资者网络能带来资金流量网络溢出效应，不仅会因为相同的资产配置带来的信息和资金流入，还会因为合作持股可以防止"非理性"下的份额赎回，避免因持有现金而导致的机会成本增加和激烈竞争下主动管理能力提升未能被识别的限制。然而，资金流量带来的不仅仅是对合作关系的驱动，更多的是竞争关系的形成，"稀缺"的资金流量会导致基金间信息共享意愿的下降，而合作持股网络中的竞争性则会更直接影响机构间的信息传递。最后一系列文献虽然已经验证了机构投资者合作持股会加大股价信息的不透明度和股价崩盘风险，但未深入阐明这种影响机制的诱因，本书在这些文献基础上针对不足之处进行了下一步的研究。

第三章为概念的界定与理论模型推导。通过对所要研究的目标进行翔实的概念定义，并对相关概念的市场现状进行描述，更直观地阐述所要研究的核心内容。本章第二节对绩效约束下的有限套利模型（PBA 模型）进行了推导，解释了 PBA 模型中所暗含的核心理念，并将模型推导结论与文章所要研究的内容进行了匹配分析，阐明了研究内容间的经济逻辑关系，为之后的实证检验提供了经济理论与逻辑基础。

第四章为绩效约束下机构投资者合作持股驱动因素分析，是本书核心实证章节的第一部分，分析了资金流量对业绩敏感性与机构投资者合作持股策略之间的影响机制，对资金流量可以通过与机构投资者之间的委托代理关系来影响机构投资者策略作出假设，构建合作持股网络和资金流量对业绩敏感性的代理指标，并利用面板回归模型证明资金流量敏感性带来的绩效约束会驱动机构投资者进行合作持股投资，机构投资者也可以利用这种合作持股投资策略来获得资金流量的网络溢出效应，应对高敏感性约束下的资金流量"非理性"赎回。本章随之利用 RPI（Reliance on Public Information，公开信息使用程度）指标作为工具变量，降低了回归实证中可能存在的内生性，证明了影响的稳健性，并最终得出资金流量会对合作持股投资策略产生驱动影响的结论。

第五章为机构投资者合作持股的网络效应研究，是本书核心实证章节的第二部分，在已有文献和第四章研究的基础上，用固定效应面板回归验证了机构投资者合作持股投资对股价崩盘风险的影响机制，并对比了合作持股长期与短期网络效应的差异，弥补了相关文献研究的不足之处。随后，本章借助资金流量对业绩的敏感性指标作为工具变量，降低了主回归中的内生性，并利用合作持股网络的中心度指标证明了回归结果的稳健性，得出合作网络下的合作持股投资对股价风险特征指标的真实影响。

第六章为机构投资者合作持股网络的竞争性研究，是本书核心实证章节的第三部分，对合作持股网络的不同组别进行了主动管理能力和风格差异的组间检验，证明了合作关系下的机构连接存在因竞争导致的无效性，且各组别竞争性存在显著差异。本章同时利用 QFII 持股数据重新测度了机构投资者合作持股网络和网络内竞争性，证明了 QFII 参与下的合作及竞争性网络对股票价格的交互性网络效应，以及 QFII 的加入对已有机构间合作与竞争关系的影响。

第七章为结论与政策建议。对全文核心内容进行了逐章总结与概括，着重阐明了资金流量、机构投资者合作持股网络、机构投资者合作持股网络效应及机构间竞争性之间的关系与影响机制，并基于此提出了相关政策建议。

1.2.3　研究框架

根据整体研究内容，本书研究框架如图 1-5 所示。

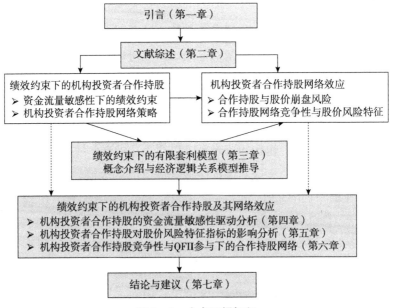

图 1-5　全书逻辑框架

1.2.4　研究方法

文献研究。对机构投资者合作持股网络、基金资金流量及影响因素、资金流量的网络溢出效应、机构投资者合作持股的网络效应、机构投资者竞争性关系、股价崩盘风险等相关文献进行回顾和梳理，并据此提取出主要研究思路，阐述研究背景和学术意义。

理论研究。首先，借鉴绩效约束下的机构投资者有限套利模型（PBA 模型），阐述各研究变量之间的关系，推导出机构投资者与噪声交易者共同作用下的资产价格波动和偏离的相关结论，为各研究内容间的经济逻辑关系提供理论基础。其次，扩展了 PBA 模型中单个市场参与者的假设，将不同机构投资者之间的博弈机制加入其中，构建投资者合作与竞争网络，研究不同绩效约束程度与不同规模的机构投资者行为对资产价格波动性的影响。

实证研究。以 2008—2020 年中国资本市场上的国内外机构投资者持股数据和上市公司的数据为基础，借助面板模型、空间计量模型、组间均值回归模型及交互项方法，实证研究机构投资者合作持股、资金流量敏感性与市场价格风险特征指标之间的定量关系，同时借助工具变量（IV）降低了回归中存在的内生性。

1.2.5　创新与不足

研究主要有以下五个方面的创新。

第一，本书首次从基金资金流量的视角验证了机构合作持股对股价风险特征的网络效应和内在影响机制。通过引入资金流量敏感性对合作持股策略的驱动效应，证明了机构投资者合作持股策略依旧受到资金流量供给者短期情绪的影响，进而通过网络连接的方式更显著地作用于股价风险特征。同时，股价出现崩盘并不是合作持股团体投资的目的，合作持股是为了满足具备"处置效应"特征的资金流量对短期平稳业绩的要求，协助上市公司管理层共同掩盖负面信息，促使股价短期小幅波动。然而，这种动机会阻碍股价对信息的反映，增加信息不透明程度，最终会提高未来股价崩盘的可能性。

第二，对机构投资者合作持股团体的识别方法进行了更明晰的界定，将 Louvain 算法下的共同重仓持股合作关系延伸至两期，并将两期 Louvain 均识别为相同组别的机构定义为合作持股团体成员。共同投资行为时间上的延续更能体现出机构投资者策略的一致性和信息的共享性，进一步降低了因偶然和自身主动管理能力判断等产生的共同持股可能性。

第三，借助 PBA 模型，推导了市场中"非理性"噪声交易者与受绩效约束的机构投资者两者共同作用对资产价格波动产生的影响。该模型可以用来解释机构投资者未在市场价格出现基本面价值偏离的情况下进行理性套利的原因：机构投资者因担心投资方向与市场短期走势相悖会对自身当期市场排名和下期资金流量产生影响，而不得不保持与市场趋势相同的方向进行操作。机构投资者的这种追随市场短期波动的投资策略进一步加剧了资产价格因认知误差产生的波动。PBA 模型从行为金融学的角度阐述了中国市场中机构投资者行为散户化的原因，说明了简单扩大机构投资规模并不能有效地将资产价格推回基本面价值，需要引进更多具有长效投资资金的投资者参与到市场交易中，为中国中长期增量资金入市提供了理论基础。同时，通过引入 PBA 模型，解释了各变量间的经济逻辑关系，为资金流量敏感性、机构投资者行为策略、标的资产价格波动之间的实证联系提供了坚实的理论基础。

第四，增加了对机构投资者合作持股网络中竞争关系的测度与分析。本书通过对因主动管理能力差异和相似风格而产生的机构间竞争连接的测度识别，证明了机构投资者合作持股网络不同组别间存在显著的竞争性，这种组间竞争性的存在直接解释了机构投资者未成为统一合作持股团体的原因，并进一步识别出合作持股网络中那些因竞争导致的无效网络连接，证明了竞争性下的网络密度对资产价格风险指标的影响效应。

第五，引入合格境外机构投资者（QFII）的持股数据，构建以 QFII 为代表的外资机构参与下的机构投资者合作持股网络及网络间的竞争连接，通过有无 QFII 参股投资的虚拟变量分别与合作持股和竞争网络密度组成的交互项，回归检验了 QFII 参股对股价风险特征的影响，以及 QFII 参与下机构投资者合作持股及竞争性对标的资产价格波动的影响。相关研究弥补了 QFII 持股参与下的合作持股网络及网络效应等相关研究的空白，为我国金融开放政策的方向提供了一定的实证数据支持。

本书对机构投资者合作持股及其网络效应的研究存在一定的不足之处，整理如下。

　　第一，机构投资者合作持股团体的识别采用的 Louvain 算法是一种集群模块度最大化的划分办法，在识别过程中存在一定的随机性，虽然在机构合作持股分组时进行了三次 Louvian 算法归类，但仍不能保证合作持股隐性网络连接的准确性。同时，Louvain 算法在归类时，理论上已经剔除了因公开信息而同期重仓持股的可能性，以此来保证同期团体的模块度不会再因与其他机构的连接而增加，但是，这种理论的假设随着算法的不一致性结果存在偏差，并不能完全剔除因非信息共享因素而产生的合作持股连接，这就导致面板回归过程中出现控制变量系数估计结果有偏的现象。

　　第二，因实证数据的可得性不同而存在周期性偏差，在检验资金流量对业绩的敏感性时，为了更好地识别出因交易基金份额而产生的资金流量变动比例，本书采用了资金流量敏感性的半年度数据，并将合作持股网络指标进行了季度向半年度数据的平均移动转化，因此回归估计结果中存在因短期交易而无法识别的变量间事实关系。在对机构投资者研究时，因数据可得性，仅采用了特定条件下的公募基金数据，并未使用全市场下各类型的机构投资者持股数据，基金数据的代表性存在一定限制。同时，境内机构季度性持股数据披露程度有限，虽然不妨碍重仓持股网络的构建，但仍存在一定的缺失值。对于 QFII 数据，仅可获得其国内资本市场持股季度数据，对境外机构的资金流量数据和资产配置数据收集不完全，导致实证回归结果与现实存在一定程度的偏差。

　　第三，较为详细地描述了机构投资者网络间竞争性，但并未通过机构投资者之间竞争性组成的"基金风格箱"进行二次组别划分[①]，也未对基金竞争网络和"基金风格箱"两种组别划分方法间的相似性和差别进行对比分析，对基金机构投资者之间的竞争性及影响研究相对较浅，需要更加翔实地挖掘与分析。

---

　　① "基金风格箱"区别方法及影响来自罗荣华和田正磊（2020）对基金网络竞争性的相关研究，指根据基金投资持股风格直接进行组别划分的一种方法，无须进行竞争网络连接的识别和组别再划分。

第二章 机构投资者合作持股行为研究现状

本书研究的内容是机构投资者合作持股及其网络效应，是基于"机构投资者与资金流量""机构投资者之间的竞争与合作""机构投资者与所持标的资产价格风险特征"这三种关系的相关研究进行的扩展分析。在市场出现极端波动和价格异象时，众多学者会根据传统金融模型和实证数据深入地分析与刻画市场事实，帮助监管者和市场投资者更加理性地认识市场，引导市场疏散风险，平稳发展。但因处于不同的市场阶段和政策环境，各学者得出的学术结论各不相同。因此，有必要对相关文献进行梳理与分析，总结相关优秀学者的思想、研究方法及未明确问题，更加严谨地探讨目前中国机构投资者之间的行为策略以及其如何影响市场价格波动，分析资本市场的发展逻辑。

2.1 机构投资者与资金流量研究

对机构投资者行为策略及其影响的研究绕不开资金流量与机构投资者之间的相互影响关系。基金的资金流量（Fund Folws）指特定时期内基金资金的流动，在本书中可指与基金签订资产委托管理合同的资金供给者，也可作为一种描述基金份额持有人交易行为的指标。自基金集合投资模式设立以来，机构投资者就与基金的资金流量供给者之间建立了资金委托代理关系，在这种"代理投资"（Delegated Investing）制度下，基金资产的"所有权"和"管理权"如同公司股东和管理层那样存在分离，导致基金与"基民"间存在显著的委托代理问题（Allen，2001；Menkhoff，2002）。正是因为基金与资金流量是以一种契约的方式产生联系，对这两者的研究形成了相互影响下的两条主线。

2.1.1 资金流量供给的影响因素研究

基金资金流量供给决策影响因素研究指对影响资金流量投资判断的相关因

素进行分析，国外学者根据多年的基金市场实时交易数据，提出了 PFR（Per-formance – Flow Relationship）理论。Sirri 和 Tufano（1998）对 PFR 理论进行了具体描述，认为高收益的基金比业绩差的基金更能吸引资金流量，亏损的基金则会遭到基金投资者的赎回，而且投资者对基金近期的投资业绩更敏感，即使前期一直处于亏损状态，本期的高投资收益率仍会给下期的基金机构带来充足的资金流量供给。Froot 等（1992）利用美国数据同样显示出基金突出的历史业绩能吸引更多的资金流量供给者投资。但是 Chevalier 和 Ellison（1999）、Del Guereio 和 Tkac（2001）等发现，相对于"盈利—申购"的正向反馈机制，同等水平的亏损不会引起相同规模的资金流量赎回，申购与赎回对业绩的反馈呈现出一种非对称性关系。这种"赎回异象"在行为经济学中被称为基金资金流量的"处置效应"（Disposition Effect），被 Berk 和 Green（2004）等表述为资金流量会因短期亏损而不愿意赎回所投资的基金份额，却会因基金业绩短期上涨而即时进行处置和变现，满足一种"落袋为安"的心理需求。"处置效应"理论来源于 Odean（1999）等对股票市场投资者行为的一种观察与总结，该理论认为投资者倾向于卖出盈利股票，而继续持有亏损股票，该理论也是对 Tversky 和 Kahneman（1992）提出的"前景理论"的另一种解释——股票投资者面对收益会产生"落袋为安"的风险规避心理，面对亏损则更偏好风险，愿意"赌一把"来抵补损失甚至期望获得收益。当基金资金流量的研究者根据这些理论来研究基金份额投资者时，发现了相同的现象，被众多学者称为"赎回异象"。

中国主动偏股开放型公募基金的发展历史并不长，但资金流量供给者的相关特征已经吸引众多国内学者对其展开研究。姚颐和刘志远（2004）就通过早期基金资金流量表现出的申购赎回行为，借助截面和面板数据工具证明了中国同样存在资金流量的"赎回异象"，并进一步发现对于基金份额的申购，基金投资者更偏好在业绩较差的时候"入场"，而非某只基金业绩持续上涨时。李曜和于进杰（2004）则从基金净值增长率角度更具体地证明净值的上涨会带来更高赎回的可能性，陆蓉和陈百助（2007）首先利用固定效应的平衡面板模型对基金原始投资回报率与资金流量供给之间的关系进行回归检验，进一步证明了这种"反向制约"关系的存在。之后的学者分别从基金净值变化、分红、基金成立时间长短、品牌、投资者结构等多角度验证了基金申购赎回与基金异质性特征之间的关系（任淮秀等，2007；汪慧建等，2007；张建江等，2009），得出了类似的"赎回异象"结论，证明了中国基金资金流量确实存在"处置效应"。虽然肖峻和石劲（2011）从基金公司的异质性角度下的"明星效应"出发，认为资金流量仍表现出一种对基金前期业绩的均衡考量与偏好，对业绩的看重程度要高于基金其他特质性要素，滞后期投资回报率对资金净流量仍具备最强的吸引力，且并不因明星基金的存在而放弃对自我认知下的未来高收益基金的申购，最终得出"赎回异象"是一种继续"追逐业绩"假象的结论。张宗新和缪婧倩（2012）根据更多的市场基金实践数据，开始了对资金流量影响因素的综合研究，证明了即使控制影响资金流量变动的其他因素，基金投资者对业绩的反馈仍表现出较强的"处置效应"。结合中国市场中资金流量本身行为特征的相关研究，众多学者更偏向于认可"处置效应"带来的"赎回异象"存在于基金投资者和基金份额的交易过程之中，随之多数学者便不再为这种现象作更多的争辩，转而关注影响资金流量供给的更具体的因素。

不同于基金个人投资者，投资基金的机构投资者更加看重剔除风险因素后的超额收益（左大勇和陆蓉，2013），两者对基金业绩的不同评价标准引发了学者对基金等机构投资者业绩更深刻的剖析。Barber 等（2016）对美国的共同基金交易数据进行了收益率的多因子模型拆解，对比了能被风险因子补偿解释的投资收益部分和与风险敞口无关的超额收益部分两者对美国基金资金流量的影响，并得出结论：资金流量对 CAPM 调整后的主动管理能力收益（Alpha 收益）的敏感性较高，基金投资者更愿意依据 CAPM_ Alpha 收益来选择基金。Cao 等（2017）对更多拆分基金收益的因子（三因子和五因子）模型下的 Alpha 收益进行了测度，同样得出 CAPM 分解后的 Alpha 收益能更好地估计未来可能流入的资金流量，但随着 Smart Beta ETF 种类的不断增加，越来越多的基金难以通过市场整体 Beta 带来更多的超额收益，CAPM_ Alpha 对资金流量的解释能力在不断下降。中国关于基金业绩分解的研究较少，仅有李志冰和刘晓宇（2019）等对这种基金业绩归因进行了具体分析，并利用中国数据得出原始超额收益（基金净值增长率减去无风险收益率）和 CAPM 调整后的 Alpha 最能解释基金资金流量的流动情况，而且中国投资基金的资金供给者中个人投资者占比常年维持在 80% 以上，个人基金投资者并不具备较高的风险因子识别能力，仅能从最简单的收益角度来审视基金所表现出的超额收益水平和基金经理主动管理能力。但是持有基金份额的机构投资者更有能力分析四因子和五因子模型调整下的超额收益，能更好地识别基金主动管理能力的真实强弱水平。而且相对于各种 Alpha 收益的敏感性，市场 Beta 带来的风险补偿对"基民"的吸引力更强，更容易导致个人基金投资者跟风购买，这就使受"基民"情绪影响下的机构投资者行为也会表现出风格相同的投资趋势。

资金流量影响因素相关的研究结论证明了中国"基民"在进行基金申购赎回的交易过程中的确存在"处置效应"，且这种效应产生的主要依据是基金管理者最原始的投资收益，最终导致契约关系下的机构投资者受到资金流量流动特征的影响，衍生出了一系列的主动行为策略。

2.1.2 资金流量影响下的基金行为策略研究

自 2001 年监管当局提出了"超常规发展机构投资者"的策略之后，中国基金业随着市场行情的波动也经历了跌宕起伏的发展历程，但是没有达成跨越式发展中国机构投资者的初衷。更多机构投资者的参与不仅没有发挥稳定市场的功能，反而进一步加剧了市场震荡，这种现象直接引起了众多市场参与者和学者的反思。

从 Brennan 和 Li（1993）等开始，学者们就已经从基金委托理财和代理投资这种模式下的基金投资行为本质的角度出发，研究机构投资者的目标函数。研究发现，机构投资者受托管理资金的模式同公司治理一样，存在委托代理问题，偏离了基金资金委托人的投资目标，导致管理资金的代理人为追求下期资产管理规模最大化而根据自身对资金委托人行为的认知，作出损害资金流量供给者利益的市场投资行为。Cornell 和 Roll（2005）对这种目标差异下的利益冲突产生的影响进行了深入的研究，发现基金管理人为了实现管理费收入最大化目标，会通过"老鼠仓"、内幕交易、关联交易、市场操纵等方式来吸引资金流量，并利用"基民"的"处置效应"情绪来抑制份额持有人及时进行止损的意愿。李建国（2003）和蔡庆丰（2006）在对中国基金交易数据进行研究时，发现国内存在"基金黑幕"。在基金投资受监管约束的程度不高时，与资金委托人利益存在冲突的基金管理者也不会因为本应具有的信托责任意识而放弃自身利益最大化的目标。蔡庆丰和宋友勇（2010）将这种基金投资策略对资金流量的反馈机制用"期权"的方式进行了更全面的分析。他们认为，基金管理者损害资金流量供给者利益并不是基金本身意愿导致的，而是基金个人投资者行为特征引发的，正是"基民"对短期波动产生的交易偏好（收益过高进行赎回，收益过低继续申购）驱动资金管理者更有动力和条件"应用"基金投资者情绪，实现利益最大化。他们随后利用"期权"分析模式，将这种资金流量特征驱动下的基金管理策略解释为：基金公司的管理费用收入主要是根据基金管理资产的规模大小来确定的，但是这种激励措施因资金流量"赎回异象"的存在而产生了盈亏报酬的不对称性，相当于给了基金管理公司一个"看涨期权"，"期权"的价值不仅与所持标的资产的价值有关，而且与资产的波动率有关。基金公司受资金流量供给者的委托投资于股票市场，当所投资的标的资产价格稳定上涨时，会形成"上升业绩—申购"的正向促进，价格下降时"下降业绩—赎回"的负向反馈。股票波动率的加入，使持续上涨的基金业绩受到资金流量"前景理论"下的"非理性"赎回，反而当业绩急剧下跌时，基金份额持有人会因为"处置效应"而继续持有。这种正负向波动率对基金管理者收入反馈的不对称性，使基金经理有意愿通过短期内加大股票向下的波动性来稳定资金流量，却不愿意所持有的标的资产价格快速上涨，同"看涨期权"一致，倾向于借助更大的波动率来获得更高的收益。在这种意愿下，股票价格的波动不仅不会因为机构投资者的加入而降低，反而会被进一步扩大。

"看涨期权"分析模式下的机构投资者更愿意"主动"加大所持资产价格的波动性，以获取业绩上涨带来的资金流入和制约具有"处置效应"的资金赎回意愿。但是，随着监管制度的不断发展，基金管理者通过操纵股价波动来获得更大利益的这种原始方法是不可持续的，机构投资者即使有控制股价波动率的动机，却因受监管和自身规模的约束无法长期干预股价波动。因此，有些学者发现，即使受到监管制度的影响而不能控制股价波动，机构投资者也会频繁以同市场相同的趋势来交易股票，表现出类似散户"追涨杀跌"的行为模式。Shleifer 和 Vishny 于 1997 年提出了一种被称为绩效约束下的有限套利模型（PBA 模型），从行为金融学的角度解释了上述问题。

PBA 模型将绩效约束作为一种特殊的有限套利来源，认为机构投资者在市场中的套利行为会受到资金流量对业绩敏感性的影响，不仅不能发挥套利者推动资产价格向内在价值回归的作用，而且会为了迎合资金流量对资产价值的有偏认知，而跟随与认知误差相同的方向进行交易，导致认知误差下的"非理性"交易对资产价格的影响扩大，资产价格距离内在价值越远。模型在解释这种影响机制时，主要假设依旧是资金流量与机构投资者之间的委托代理关系，以及资金流量会将自身对股票价值的判断强加给机构投资者，如果机构投资者不跟随散户基金投资者的认知偏差方向进行投资，就会被资金流量所抛弃，而去追逐那些行为策略符合自身预期的机构投资者。在 PBA 模型中，机构投资者行为是直接受资金流量认知偏差的影响的，它们采取被动的投资策略，并不以基金管理者自身对资产价值的识别为基准。这种影响机制与"看涨期权"分析模式不同的是主导性产生了易位，机构投资者行为是受影响的一方，使基金为了满足资金流量偏好而进行投资，进而导致所持标的资产价格会间接受到散户基金投资者"非理性"情绪下的认知偏差的影响，出现股票散户投资者和基金散户投资者共同主导市场方向和波动性的现象，以及机构投资者并没有能力稳定市场波动的事实。

可以看出，无论是主动影响还是被动跟随，机构投资者的投资决策都受到资金流量行为特征的影响。随着资本市场的不断发展，基金业监管水平和专业性都有了大幅度的进步，国内外学者对资金流量与基金投资策略的影响关系研究也在不断深入。开始的研究源于资金净流动对基金持有现金比例的影响，当本期出现资金流量的赎回时，机构投资者就会预期这种赎回具有一定的惯性，会增加更多现金的持有以应对未来可能的赎回。Constantinides（1986）研究认为，资金流量流动本身就会对基金行为策略产生影响，如果不能通过其他方式来应对未来可能的资金流出，就会出现违约，但持有更多现金会降低在市场有利可图时获得收益的可能性。Yan 等（2009）利用美国共同基金数据直接验证了现金持有比例会受到来自资金净流动频率的正向促进影响，也会受到资金波动带来的正向驱动影响。作者解释为基金份额交易越频繁，交易金额波动的幅度越大，机构投资者就越愿意增加持有现金的比例，来应对未来可能发生的基金份额交易。Brandon 和 Wang（2013）则认为资金流量的变化其实是一种可投资资金多少带来的流动性风险，机构投资者会根据以往的流动性风险大小改变本期现金持有策略，应对未来可能发生的资金流量波动。作者同时解释了流动性风险与基金业绩的关系，认为基金业绩的主要组成部分是承担了流动性风险所获得的风险补偿，超额收益主要来自流动性溢价，因此资金流量直接作用于基金投资策略。罗荣华等（2017）利用国内数据证明资金流量波动对基金资产配置的影响，发现当基金因赎回比例超过申购比例而出现流动性降低时，基金管理者会受到这种流动性紧缺的预期约束，调整持股结构特征，卖出流动性较高的股票并持有流动性差的股票，以获取资金流量流动性溢价，弥补因增持现金产生的机会成本。机构投资者投资策略的改变，主要是为了获得因资金管理规模扩大而增加的管理费用收入及流动性溢价，防止未来可能发生的"非理性"赎回和持有过多现金而导致的机会成本增加。

李志冰等（2019）在对资金流量影响因素的研究中发现，机构投资者也会通过提高资金委托人认可的主动管理能力来吸引下期更多的资金流量，但是国内的基金资金流量并未对基金真正能衡量自身主动管理能力的三因子和五因子 Alpha 表现出显著的敏感性，反而对基金的原始累计净值增长率敏感，这让根据市场行情进行投资且仅为获得市场 Beta 的基金比那些根据自身主动管理能力提高来获取超额收益 Alpha 的基金更容易获得资金流量的认可。徐龙炳等（2019）构建了基金经理"逆境投资能力"指标，验证了市场下跌行情时主动管理能力才能被真正地识别出来，在市场"顺境"上涨时主动管理能力并不能被资金流量所辨别，因此提升非市场风险补偿的主动管理能力下的超额收益并不能有效地应对资金流量的短期需求。肖峻等（2011）、姚颐等（2013）则从基金经理的"明星效应"角度来研究基金对资金流量的吸引力，认为我国的"基民"对明星基金的偏好程度不高，特别是早期业绩评估，更不被资金委托者所接受，资金流量在上涨行情中更偏好短期的快速收益，以主动管理能力为评级代表的明星基金是不能通过自身的历史业绩表现来满足资金流量短期偏好下的需求的。

随着市场监管的进步和机构投资水平及专业能力的提高，基金逐渐开始选择更多更合适的策略来达成自身利益最大化的目标，合作持股网络即为其中之一。

2.2　机构投资者合作持股网络研究

通过整理资金流量与机构投资者关系的相关研究可知，资金流量供给者具备一定的行为特征，且这种行为特征会通过基金激励机制和流动性溢价等方式影响机构投资者投资决策，也会催生出更多符合基金当前自身利益的行为策略。本书研究的主体是一种机构间的合作投资策略——合作持股投资，其被多数学者研究并证明可以影响资金流量流动性，帮助机构投资者实现更多目标利益。本章对机构投资者之间的这种合作投资关系进行文献整理，以更好地理解机构投资者合作持股网络投资策略的本质和效应。

2.2.1　机构投资者网络与合作持股行为研究

机构投资者之间的关联性研究经历了从笼统的定性分析到简单的数量解释再到社会网络方法刻画等多个阶段的演变。Kraus 和 Stoll 在 1972 年就提出了平行交易（Parallel Trading）的概念，对机构投资行为同质性进行研究。后来学者将这种操作的同质性称为"羊群效应"。Lakonishok 等（1992）以及 Wermers（1999）将这种效应定义为机构投资者对标的资产的同买同卖行为，Avery 和 Zemsky（1998）认为所谓羊群效应就是机构投资者会放弃对自身信息的使用而跟随外界其他投资者行为的一种表现形式，这种信息的选择会导致市场投资者系统在一种正确或错误的方向持续运行下去。但也有学者（Bikhchandani 和 Sharma，2000）发现，市场中这种投资行为一致性是由投资者专业内容相同及对公司前景判断一致引起的，市场对公司的判断及偏好相同，也会导致相同的投资行为，这种行为是一种"伪羊群行为"。虽然许年行等（2013）开始利用机构投资者买卖股票的不平衡性研究这种羊群行为存在与否，但其依旧难以获得众多学者的认可。为此，一些经济学家开始利用传染病及地理网络模型解释这种机构投资者同质性行为，机构投资者网络模型应运而生。

投资者网络（Investor Network）的研究与运用可以在 Hong 等（2005）、Cohen 等（2008）、Pareek（2011）、Ozsoylev 等（2011）的文章中初见端倪，这些学者将这种社会学网络的方法应用于对机构投资者之间建立的关联性关系的解释中。学者们首先阐述了投资者网络的概念，投资者网络方法源于社会学网络，是投资者通过社会关系、业务合作、投资标的联系等途径共同分享网络中信息的一种关系集合。投资者们会通过这种"内部人网络"来对投资标的进行更加深入的判断，而这种信息的扩散方式会增强"内部人"的行为一致性，形成羊群效应，进一步影响市场资产价格。Pareek（2011）证明了多数处于投资者网络中的投资者会在进行投资时偏好网络中的共享信息而忽略自身对公开信息的判断。Colla 等（2010）则进一步研究了网络中处于不同地位的投资者对网络判断的差异，认为与网络关联越紧密的投资者的投资同质性越大，越分散的投资者网络出现投资差异的现象越多。Kacperczyk 等（2007）发现一些基金投资团体的资产组合及配置策略并不能由股票市场上的公开信息来解释，反而依赖相关投资者的投资行为。Carne（2019）运用网络方法测度了这些通过内在信息分享而产生的联系，并证明了这种联系会对公司信息产生一定的影响，说明了网络间存在的信息沟通。这些研究都证明了资本市场中投资者网络关系的存在，且投资者网络关系会给标的资产价格以及公司治理带来一定的影响。

中国的资本市场发展不成熟给了很多学者研究其投资者关系的空间。肖欣荣等（2012）首先运用基金相同重仓股构建了投资者关系网络，重新定义了机构投资者的羊群行为及内在形成机制，并利用我国公募基金的有效数据，发现在市场动荡时基金网络关系与基金经理的仓位调整呈正相关，但基金网络的密度对股票的动量或反转趋势的影响并不明显。刘京军和苏楚林（2016）首次借助空间计量模型测度我国基金网络的溢出效应，发现基金的行为在很大程度上受到网络中信息的影响，而且基金的资金流量也会随着网络中其他机构投资者和基金持有人的行为变化而变化。郭晓冬等（2018）则在基金网络的基础上评测出网中占据中心位置的机构投资者，从网络的中心性特征和其他非中心性网络投资的差异角度，测算出网络特征及其对股价崩盘风险的影响。作者认为处于网络中心的机构投资者会更加积极地配合管理层掩盖不利于公司股价的信息，以便在其他投资者高估标的资产价格时获得更多超额收益。

在对网络进行研究时，学者们对信息网络连接与"羊群效应"之间的异同产生了分歧，笔者对相关文献进行了对比分析。"羊群效应"首先来自心理学家对个人从众行为的定义，随着对资本市场研究的深入，众多学者开始将这种思想应用于对市场参与个体行为的解释。凯恩斯在 1936 年的《就业、信息和货币通论》中就提出，股票市场中存在一种"选美"的情绪，个体投资者会倾向于投资那些群体偏好的资产标的，无论自己是否真的认可这种资产的投资价值，这种群体性偏激左右着市场参与者的行为，被之后的学者称为"凯恩斯选美理论"。随后 Festinger（1957）等在研究个体从众心理时提出了认知失衡理论（Cognitive Dissonance Theory），得出从众会给个体带来某种心理平衡，削减了个体与群体认知差异带来的冲突感，个体潜意识下会剔除那些与群体选择关联性较弱的认知，产生"羊群效应"。有效市场假说（Efficient Market Hypothesis，EMH）更是将这种行为融入"理性人"的假设中，认为"理性人"不会因跟随大众决策与放弃私有信息而作出具有较大不稳定性和传染性的非理性行为，但对 EMH 的放开又使行为经济学家开始着手于对这种行为的深入研究。Kraus 和 Stoll（1972）等在对资本市场研究的过程中发现，不仅市场中的散户投资者存在"羊群效应"，基金等机构投资者同样会出现在同一时间内交易股票的行为。但 Bikhchandani 等（1992）通过对资本市场"羊群效应"的深入研究，提出了 BHW 模型，认为"羊群行为"的本质应为跨期模型，而机构投资者的同向投资行为发生在同一时间。虽然 Bikhchandani 在 2000 年指出机构投资者"羊群效应"存在特殊性，本质上是基金管理者在私有信息和群体信息之间在不同情况下的差异化抉择，但多数学者仍认为两者不能混为一谈。理论方面，Shleifer 和 Vishny（1997）首次将机构投资者从理性假设中独立出来，认为这类投资者的行为会对资产价格产生差异化影响，随着网络测度技术在经济学参与者关系中的应用，Assenza 等（2008）首次提出机构投资者会通过共同持股来形成投资群体网络以促进"合作"，虽然现实中一些资产管理公司已经在实践中验证了这种集体行为带来的好处，但学术研究并未对此进行区别化深入研究，仍将其视为一种类似个体"羊群效应"的机构投资者表现形式。Pareek（2011）在引入社会关系网络方法来刻画机构投资者内在连接后，首次将这种信息交互行为同"羊群效应"进行了区分，认为基金投资经理之间通过对重仓股的共同选择组成的市场社会网络，是用来提高参与者之间的信息传递与风险规避能力，表现出一种同期共同行为，并非"羊群效应"表现出的主导与跟随的关系，而是一种合理的潜在合作关系。根据相关研究，接受网络合作与"羊群效应"的区别，并认为通过网络连接的机构比通过跟随"羊群效应"能获得更多的有效信息。

但投资者网络的构建并未反映到市场中机构投资者的合作持股投资行为上，众多学者主要是从网络的信息传递性角度探究投资者之间的联系。直到 2019 年，Crane 等学者结合现有文献，定义了机构投资者合作持股行为，并将这种机构的行为描述为机构通过两两同期重仓持股形成的机构投资者网络连接的集合。可以看出，合作持股团体源于机构投资者网络，却对连接的集合有更高的要求，需要团体中任意两家机构都存在直接的网络连接，而非通过中间机构产生间接连接。Santos 和 Pacheco（2005）利用无标度网络（Scale - free networks）证明了机构间的合作程度会随着连接距离的缩短而提高，且核心的合作会集中在某个团体中。Assenza 等（2008）拓展了这种无标度网络，直接对这种网络中的集群群体进行研究，并认为加入某种集群会提高原有的合作程度。Marcoux 和 Lusseau（2013）则将数学网络研究中的模块度（Modularity）概念引入节点间合作关系的测度之中，认为通过节点网络连接后，可以用模块度来测算网络连接的结构强弱关系，在一组联系形成后，再加入一组节点的连接以检验被加入组的模块度变化，直至不能再加入任何一组连接使模块度增加，机构投资者连接所组成的团体就具备这个团体最大的模块度，且相同模块度中的团体连接程度比其他团体更高。随后这种识别网络中团体的方法就被Crane 等（2019）引入机构投资者抱团团体的研究中，采用 Louvain 算法计算并提取出各期网络中不同模块度最大化下的抱团团体结构，定义了抱团团体投资并认为抱团这种两两间紧密联系的机构集群能在内部更好地进行信息沟通与投资合作。Louvain 算法下的模块度测度不再简单地将两两连接这种显性关系作为判断是否进行了抱团的唯一评判标准，而是利用更具深度的网络挖掘方法来识别节点间可能存在的隐形联系可能性。

国内学者受合作持股团体提取测度方法的启发，逐步加深了对国内机构间合作持股行为的研究与分析。于上尧等（2015）对我国机构投资者抱团行为进行了描述与概念界定，从交易性角度将其与"羊群效应"作了区分，并借鉴 Cohen 等（2008）的方法，将依据公开信息投资、跟随投资剔除后的共同持股定义为抱团持股，并测度了抱团持股比例对基金业绩的影响。吴晓晖等（2019）则利用最新的机构投资者网络和 Louvain 算法，将我国各类型机构投资者组成的网络进行了抱团团体的识别与提取，并证明了抱团持股会给标的资产带来一定风险。葛瑶（2019）借鉴了抱团网络的测度方法，检验了国内机构投资者抱团团体的存在，测度了抱团持股与公司盈余管理的影响关系。郭晓冬等（2020）开始利用抱团网络中的机构中心性特征证明抱团群体的存在，以及中心性体现出的机构网络连接程度对所持标的资产价格信息反应效率的影响。娄清青等（2020）则对机构投资者网络中不同抱团团体的提取方法进行了检验，证明了 Louvain 这种"全通式"网络连接组成的团体能最有效地交流

"私有信息"，提高合作投资能力。

对机构投资者网络和合作持股连接的测度是一种对机构投资者之间合作关系的刻画。因为监管越来越严格和市场竞争越来越激烈，传统的合作方式已经被逐渐淘汰，但机构间仍需要通过相应的对策来实现自身经营目标，合作持股投资此时作为一种隐性的机构间合作方式呈现在基金管理决策集中，成为众多机构投资者青睐的策略之一。而合作持股投资策略获得机构投资者青睐的原因则是能满足机构资金管理规模最大化的条件。

2.2.2 资金流量的网络溢出效应研究

机构投资者进行合作持股投资是带有一定的目的性的，这种目的存在的前提是合作持股投资能给机构带来更多的资金流量供给。关于机构间合作能为机构投资者带来更多利益的研究举不胜举，Bushee 和 Goodman（2007）认为基金经理间存在一种"私有信息"交互渠道，且在大仓位投资时对内在交互渠道上的信息认可度要大于市场信息。Jiang（2010）同样持有这种观点，并认可存在合作关系的机构投资者能更便利地交换这些信息，以进行更有效的投资。Cohen 等（2008）在研究市场中信息传导机制时发现，基金经理更愿意与曾经合作过的其他基金进行信息交流，且获得过相同教育机会的基金经理间具有更高的合作可能性，合作投资也能产生较好的回报收益。Pareek（2011）认为正是机构间这种合作关系的存在，基金个体挖掘且独自具备的"私有信息"才可通过某种合作连接进行传递，以获得更高的超额收益。Pool 等（2015）认为机构间合作下的信息交流不仅能给参与者带来更高的投资回报，而且可以提前规避风险，甚至降低监管成本。但是，肖欣荣等（2012）通过机构投资者网络的构建发现，正是机构间合作关系的存在导致了基金间的行为具有较高程度的传染性，这种传染性主要体现在重仓持股的仓位变化一致性，虽然在不同市场行情下合作网络连接程度表现不尽相同，但仍存在信息优先传导下的行为显著相关的特质。随着社会网络这种测度机构间合作的方法越来越被学者们所认可，更多研究利用机构投资者网络证明了共同持股下的隐性合作会导致基金未来投资行为一致的可能性增加。然而就合作持股投资网络带来的正向影响，所有信息的分享和投资收益的增加都是为了获得更多的资金流入。

如果假设机构投资者的经营目标是资金管理规模最大化，那么机构合作持股投资就是目前最"流行"的稳定资金流量的策略，不仅能通过提高基金业绩吸引未来更多资金流入，还可以通过合作持股网络的资金流量溢出效应，直接带来资金供给，使资金流量流入具有"传染性"。Gervais 和 Odean（2001）通过研究发现，基金合作带来的收益会让谨慎的基金份额投资者更加认可，可以提高投资者的信心并认为这种收益是可持续的。Pollet 等（2008）对机构投资者规模与基金业绩相关性进行研究，发现机构投资者规模越大，越容易获得资金供给和更高的业绩，且当资金流量进行申购和赎回时会驱动基金按比例扩张或收缩目前的资产组合配置，进而影响基金的业绩，规模越大的基金受资金流量变动的影响越小。Stein（2009）认为个人资金流量供给者很难对所要投资的基金的真实情况进行有效的判断，信息不对称使投资者"处置效应"更突出，且投资者的不确定性情绪会影响其基金份额的交易行为，使基金套利行为受到限制。Campbell 等（2014）证明了具有好的投资业绩并不一定能获得可观的资金流量，只有资金流量认可的业绩才能真正实现基金管理规模最大化的目标。Blocher（2016）则首次利用机构投资者网络的方法证明了资金流量存在网络的溢出效应，指出由于资金流量自感对基金的认识不足，存在明显的信息不对称，就会偏好投资规模更大或多只基金共同行动的机构，并且根据 Solomon 等（2014）关于资金流量会跟随被市场媒体关注高的基金进行投资的研究结论，证明了资金流量具有明显的"羊群效应"，这种特质会引起更多的资金供给向更多资金流量认可的基金机构流入，机构投资者网络可以发挥这种吸引力，使具有相同配置的网络中其他机构投资者同样可以获得同等水平的资金流入。

刘京军等（2016）就资金流量的网络溢出效应进行了中国基金数据下的检验，通过机构投资者网络的构造和空间计量模型的使用，证明了通过网络信息传递下的相同持仓和资产配置，资金流量会因为对网络中某只基金的高认可度而将这种"信任"下的资金流供给至投资网络中的其他机构参与者。作者同时验证了这种网络结构对基金业绩的影响，发现即使通过机构投资者网络进行连接的基金业绩没有得到明显的改善，也依旧可以获得与网络机构相同资产配置下的资金流量的流入。网络结构的连接直接满足了机构投资者资金规模目标最大化的需求。相关结论在之后的研究中虽然被大量引用，证明了资金流量对基金业绩存在多渠道的影响，但对这种资金供给影响机构投资策略的研究相对较少。杜威望和刘雅芳（2018）利用"SIR 传染病社会网络模型"对资金周转率和业绩波动问题进行了探讨，认为基金间的联动投资会引起资金流量周转率的变化，并最终使业绩波动存在"传染性"。罗荣华等（2020）利用基金网络的构建证明了网络是可以分享"私有信息"的，且这种信息分享并不一定被参与网络的机构投资者所使用，甚至在多数情况下不使用网络中的信息反而能获得更高的投资业绩。但是非机构投资者网络可获得的资金流量并未表现出明显的偏好，反而会更青睐参与网络投资的基金，这就证明了资金流量对投资基金的偏好并非完全来自基金投资业绩，而是源自对基金的认可。这方面的研究更是凤毛麟角。

根据已有文献的研究，资金流量对机构投资者行为策略具有决定性的影响，合作持股网络投资也不例外，但是因为机构投资者网络更加紧密的连接方式是很难被资金流量所察觉的，所以市场中对合作持股的定义更加宽泛，例如板块份额持有比例和持股机构数量达 50 家及以上。但无论如何界定机构间的合作持股联系，作为共同持股网络中的一部分，合作持股行为会受到资金流量的影响，且应该同网络带来的资金溢出一致，合作持股团体的资金溢出效应该更强。目前的研究忽略了不同程度网络连接受资金流量影响的差异，也忽略了合作持股与网络的成因是否有所不同，在业绩并非吸引资金流量的唯一评判标准时，就需要利用新的测度方法来验证基金合作持股与资金流量的真实作用关系，不能借用合作持股投资能带来资金流量流入的结果来证明机构合作持股的成因。同时需要注意的是，合作持股策略是否受到来自资金流量更深层次的影响，因为一旦合作持股行为同样受到资金流量行为情绪的影响，就有可能发挥更大的外在网络效应。

2.2.3 机构投资者合作持股网络的竞争性研究

机构投资者之间的联系并非只有合作这一种状态，在市场稀缺的资金流量供给和基金锦标赛制度的约束下，竞争关系才是市场中各机构间相互联系的常态。竞争时刻存在于市场多方参与者之间，合作持股网络中的机构同样避免不了，因此需要对网络内外机构存在的竞争性进行补充分析与研究。

在对机构投资者的竞争关系研究中，Baumol 等（1982）发现基金之间的竞争主要表现在风格相仿的基金产品之中，当基金经理发现某一风格的股票在未来能够获得较高的投资收益时，会加大本期对该股票的投资，以期获得未来更多的投资回报。但当有其他基金同时配置了这只股票，且市场对这些基金的基本认可度一致的情况下，就会使市场能流入每只基金的资金流量出现分流，从而降低了基金经理能管理资金的规模和规模带来的管理费用收益。同时，Brown 等（1996）提出了基金的锦标赛理论，认为基金的每期排名会使机构投资者像一个锦标赛选手一样去追逐比赛靠前的排名，同时会不断地与周围的"选手"进行攀比，特别会注意那些与自己有同一评判标准的竞争者，而最大的竞争者是与自己风格相似的"选手"。锦标赛理论之所以获得众多学者的一致认可，是因为在现实市场中资金流量对基金的认可度主要是根据锦标赛的排名，这就导致基金的经营目标与锦标赛排名的一致性，如何在高竞争环境中脱颖而出，成为基金不断调整自身投资策略的主要动力和影响因素。Chan 等（2002）在锦标赛理论的基础上运用美国的基金股票策略数据发现，基金如果在上期期未获得较高的排名，在本期就会采取更加激进的竞争策略，利用"风格漂移"来转换以往的策略，博取短期更高的收益和排名。

随着基金竞争研究的深入，一些学者发现机构投资者之间的关系在不断变化。Hong 等（2005）、Cohen 等（2008）发现，机构投资者自身转换风格在短期内不仅大概率无法取得预期的收益，而且会加大资金流量对自身风格的误判，产生不确定性赎回效应。因此，Pareek（2012）利用社会网络的方法来研究高竞争环境下的基金合作，发现在自身竞争力下降时仍可使用跟随投资者网络配置策略的方法来稳定本期可能产生的资金流量"非理性"赎回。可以看出，如果机构投资者参与到一个网络甚至是合作持股团体中，就能通过私有信息的共享方式来获得通过自身竞争力无法达到的投资规模收益，而合作持股也是一种市场高度竞争带来的结果。Pool 等（2015）则从投资者网络的形成开始研究，发现即使有些机构投资者通过同期共同重仓持股的方式存在于某一个网络中，依旧与持有相似标的的投资者具有较大的竞争，并不能完全"无私"地分享自身所有的信息。这说明机构投资者网络中存在无效连接，虽然两只基金可以通过分别与第三只基金同期重仓某两只不同的股票而被归入某个网络中，仍会因相似资产配置策略导致彼此间竞争的存在，而不会共享信息。或者说 A 基金和 B 基金是因为分别与 C 基金产生联系而存在于 A – C – B 的网络中，但 A 和 C 并没有直接联系，甚至因为锦标赛同组竞技的关系存在直接竞争。此时的网络连接是弱有效的，并没有真正实现信息共享下的网络效应，需要用另一种网络描述方式来刻画这种机构投资者竞争关系。

合作关系下的竞争性差异自此引起了众多基金研究者的关注，其测度主要包括两个方面——基金超额收益率和基金所持股票的风格。自 Sharpe（1988）起，基金超额收益率的计算就作为一种判别基金投资风格的直接方法，广泛应用于关于基金的研究中。学者们认为，借用公开市场特征指标去解释投资收益率后，截距项带来的不能被各种风险因子解释的收益即为该基金主动管理下的超额收益，是基金风格的一种体现，也是基金产生竞争性的主要原因。随着 Fama 和 French（1993）等对市场因子模型的深入研究，公开市场特征指标就可以更为简单地被多因子所替代。之后，Brown 和 Goetzmann（1997）提出了 K 均值聚类（K - means Clustering）的方法，认为可以通过确定超额收益的阈值来对各期机构投资者进行分组，进而得出不同层次下的超额收益竞争团体的组成特征。

但是，超额收益代表的竞争性更多的是一种对竞争能力的测度，并未有效地描述出机构投资者之间的竞争性关系，仅仅反映了单只基金的能力。于是 Chan、Chen 和 Lakonishok（2002）等开始从另一个共同持股的角度对竞争性进行分析，认为可以通过所持有股票的风格对基金进行分类。所持股票的自身特征是一种投资风格的直接描述，Chan、Dimmock 和 Lakonishok（2009）等认为股票的规模（Size）和账面市值比（Book - to - Market，B/M）可以很好地评价一只股票的自身风格特征，但根据基金对投资标的的偏好，Grinblatt、Titman 和 Wermers（1995）认为市场上的主动管理基金具有较大的"动量"特征，股票的"动量因子"同样可以较好地反映出投资管理基金的投资风格。之后 Harris、Hartzmark 和 Solomon（2015）又将股票分红特征加入所持股票风格的描述中，但考虑到中国上市公司分红政策的特殊性，中国一些学者在构建竞争模型时未将此因素加入该竞争关系的测度中。

在之后的机构投资者竞争性的研究中，Hoberg 等（2018）就依据基金竞争和基金网络两方面研究构建出基金竞争网络，从基金持股的风格角度出发，将共同持股下的基金网络分为多个竞争群体，以分别检验不同竞争群体间的特征和对股票信息延迟程度的影响。根据基金持股的收益性，Hoberg 等学者从基金网络中选取出处于最核心位置的基金，将其命名为中心基金

（Focal Funds），认为网络中最核心的位置才能获得最全面的信息，并得到最大的投资收益。随后，Hoberg 等将网络中存在而彼此有无竞争性连接的基金分别命名为合作基金（Partners）和内部竞争基金（Inter Rivals），无论这两种基金是否与核心基金存在竞争，都在该期与核心基金共同重仓持有了某些股票。但是，内部竞争基金所产生的连接是弱有效的，在存在竞争关系的情况下是不可能完全分享自身信息的。然后，Hoberg 等又将基金网络外的基金分为两部分：一部分是因为竞争性而无法参与到核心基金组成的网络中的基金，命名为外部竞争基金（Out Rivals），另一部分是其他所有基金，为外围基金（Outsides）。由此可见，在基金的网络中并非所有基金都可以随意进行组合，竞争的存在直接导致外部竞争基金无法参与到网络中而获得网络间信息。同时，网络内部竞争基金的弱有效性连接也同样会使信息的传递出现阻碍。如果信息的传递不受任何阻隔，那么当一只股票出现盈利机会，合作基金会表现出相同的股票买卖强度，不同竞争性的基金则会出现差异化的买卖时期和买卖力度。

罗荣华等（2020）借鉴 Hoberg 的研究方法，用中国的公募基金数据进行了基金间竞争网络的测度，证明了基金间的竞争会阻碍机构间信息传递，而且竞争网络中弱有效的竞争连接会进一步延缓信息融入股价的速度，导致股票信息透明程度变差。在此之前，中国学者陈新春等（2017）研究基金网络中的信息密度对股价风险特征指标的影响，认为网络的信息共享会导致所持有股票的风险特质增加，且对极端下跌具有更大的促进作用。由此可见，网络对股价的作用并未表明是来自合作还是竞争。对此，田正磊等（2019）解释道，基金通过网络产生的合作会在市场出现极端下跌情况时表现出更加紧密的关系，即当市场出现下跌倾向或风险时，机构投资者倾向于采取更加一致的组合策略，出现"集体踩踏"并加速股价崩盘，使系统性尾部风险在更短时间内爆发。

整合这些研究后发现，机构投资者形成的合作持股网络不仅具有合作性，也会因竞争关系而导致合作程度存在强弱之分，因此要想真正研究合作持股网络的特征就需要对合作连接的真实关系进行更加深入的分析。然而，对机构投资者合作持股网络的研究既不是起点也不是终点，本书主要侧重于探索机构投资者采取合作持股投资策略的原因，以及这种策略对我国资本市场中资产价格

的真实影响。根据合作持股网络与资金流量关系的文献分析，合作持股的目的
是获得未来更多的资金流量流入，虽然多数学者已证明两者间的实证关系，但
未真正验证这种机制形成的真实原因，没有将业绩与资金流量偏好共同作用下
合作持股对机构投资者行为对策的影响进行比较分析。同时，也需要考虑机构
投资者合作中的竞争性，要探究不同合作群体竞争性的不同，以最终真正识别
这种合作关系的强弱程度以及影响。对机构投资者合作持股网络及内在竞争性
的研究主要是为了证明机构间竞合关系下合作持股对所持资产价格的影响。这
种竞合网络的连接对持股标的自然产生同单个机构投资者持股不同的影响，机
构间关系连接的强弱和有效程度不仅能直接对股价产生影响，而且会向市场传
达出不一样的信号，放大普通机构持股的影响效应。机构投资者合作持股群体
与资金流量之间的关系是否仍同普通机构投资者一样，会受到资金流量"处
置效应"的影响，进而对股票价格产生不同程度的影响。同时，也需要识别
股价波动所处的市场环境，在不同的趋势下机构投资者行为也会发生改变，进
而对所持标的资产价格产生差异化的影响。但目前的研究并未真正区分这种合
作与竞争共存的基金间关系，这种关系的变化对股价的影响研究更是少有，值
得进一步探索和研究。

机构投资者网络是一种机构同期共同重仓持股组成连接集合，合作持股则
是集合中连接程度更加紧密且信息分享程度更高的团体，处于不同集合中的机
构不仅拥有不同的网络位置和信息获取程度，而且在竞争性方面也存在明显的
区别。这种合作竞争网络下的机构投资者特征已经获得了相当多的学者关注，
相关测度方法也在不断创新，但是相当一部分研究忽略了合作持股网络策略背
后的资金流量因素，且未对资金流量通过业绩压力或排名压力传导至机构行为
策略的途径进行深入探索，更多关注合作持股网络对所持标的资产价格及特征
的影响。

2.3　机构投资者合作持股的网络效应研究

目前研究的关注点主要在于机构投资者合作持股的影响，笔者将这种合作
持股对标的资产价格的影响作用称为合作持股网络效应，与资金流量的网络溢
出效应不同，合作持股网络效应可以更简单地理解为一种外在影响，作用于机

构投资者所持股票价格特征的变化。股票价格及波动会给机构投资者带来业绩的变化，不同时期业绩的趋势会左右资金流量对机构投资者的判断，众多研究已经证明了基金投资者对基金业绩的偏好要高于机构投资者的其他特征，因此为吸引资金的流入就需要满足投资者对业绩的要求。但随着市场竞争越来越激烈，机构投资者通过主动管理获得超额收益的空间在逐渐缩小，只能利用合作持股投资等隐性合作策略来干预标的资产价格，向市场传递出自身投资业绩在未来可能更高的信号，虽然不一定真正使基金份额持有人获得较高的投资收益，但可以吸引更多资金流入并防止"非理性"赎回。自此，资金流量、合作持股投资、标的资产价格三者便形成一种相互影响的关系，而最值得关注的则是这种关系对价格风险特征指标的真实作用和机构投资者合作持股网络的效应。

2.3.1　金融危机理论与股价崩盘风险

为了研究机构投资者与股价波动风险的关系，首先要梳理股价崩盘风险的起因和导致的金融危机可能性。金融危机指与货币、资本相关的活动运行出现了某种持续性的矛盾，例如票据兑现中出现的信用风险和买卖脱节造成的货币危机等。一旦市场上的交易预期出现重大的偏差，市场价格就会出现急剧的上涨和下跌，给市场投资者带来无法弥补的损失，再加上一些信用杠杆在市场中的高度参与，资产价格的崩溃甚至会直接动摇一国甚至是整个世界金融体系的稳定，形成全球性的金融危机。

虽然每次危机被引发的条件不一样，经济背景和使用的金融工具也不尽相同，但随着数据样本的增加与金融理论的发展，呈现出更多共性因素。首先，金融危机的出现离不开各时期经济基本面的衰退。1933 年欧文·费雪（Fisher, 1933）根据 1929 年大萧条出版了《大萧条的债务——通货紧缩理论》，认为市场中存在的过度负债会引起经济的通货紧缩，反之又进一步加大应偿还债务的真实规模，最终导致企业破产和股市投资者信心的丧失。凯恩斯 1936 年的《就业、利息和货币通论》① 则为解决当时的经济与金融危机导致的失业与产能过剩并存的问题，提出了有效需求理论，认为市场中的消费需求不足和投

---

① 凯恩斯的代表作《就业、利息和货币通论》（*The General Theory of Employment, Interest and Money*）。

资需求不足会使市场的总有效需求小于总供给，导致企业停产甚至破产，直至出现生产过剩的经济危机。不过，《就业、利息和货币通论》及之后的"凯恩斯主义"学者解释了如何通过宏观调控手段来应对市场价格调节机制的失灵和充分就业的无法实现，却忽略了对金融危机理论的深入讨论，缺少对股市危机的研究。

直至20世纪60年代，弗里德曼（Milton Friedman）和施瓦茨（A. J. Schwarts）首次根据美国历史宏观经济数据，系统地解释了金融危机的诱因、发生机制和影响，认为货币供给及货币政策不稳定会导致危机爆发和扩散[①]。而1978年金德尔伯格（Charles P. Kindleberger）的《疯狂、惊恐和崩溃：金融危机史》则从市场大众投资者的"狂热"或群体心理角度，阐述了金融市场这种随机性危机。这两部著作是对金融危机研究的里程碑式研究，启发了更多经济学者对金融理论与价格急剧波动逻辑的探索。

到了21世纪，学者们根据对经济及金融理论研究的不断深入及对各危机共性的深度挖掘，发展了五种货币金融危机理论[②]。第一代货币危机模型理论，是由 Krugman（1979）在 A Model of Balance - of - Payments Crises 中提出的，认为外汇储备的不足会导致财政赤字的不断扩大，最后引发固定汇率制度的崩溃和货币危机。Salant 和 Henderson（1978）、Obstfeld（1986）、Blanco 和 Garber（1986）、Flood（1996）等利用事实数据验证并支持了这种理论的发展。Obstfeld（1994）等通过对1992年英国货币危机的思考，利用一个博弈模型发现，金融危机具有市场参与者自我实现的特点，政府和居民唯所得信息的自信化处理策略表现出"多重均衡"的状态，交易信息的偏差会导致资产价格的剧烈波动及金融危机的爆发。这些研究形成了第二代货币危机理论。第三代金融危机理论则更加微观，McKinnon 和 Pill（1997，1998）、Dooley（2000）等根据1997年的亚洲金融危机的现象，发现市场参与者的道德风险，例如企业和政府的合谋，会扭曲资产价格和加大市场价格泡沫，最终在某一时刻维持不住泡沫的膨胀而引致巨大的金融风险。第四种理论模型则以 Sachs 等

---

① 引自 Milton Friedman 和 A. J. Schwarts 于1963年出版的 A Monetary History of the United States（1867—1960）一书。

② 对于金融危机模型的分类，不同学者有不同的方式方法，笔者采用刘明兴和罗俊伟（2000）划分方法。

（1996）将银行挤兑和货币流动性危机加入对金融危机模型的研究中为代表，扩展了金融机构在模型中的作用与影响，表明当市场不同参与者的差异化预期无法有效协调时，就会出现群体性恐慌，进而出现挤兑和流动性危机。而最近的危机模型则是由 Banerjee（1992）、Calvo 和 Mendoza（1997）等提出的"传染"（contagion effect）和"羊群效应"（herding behavior）。学者们认为不同银行等金融机构会通过信息的传播、贷款媒介的角色和业务相关性等构成一种网络体系，使在一个机构出现恐慌性危机时，网络中其他机构参与者也会受到牵连，放大了这种危机的播散程度。更有甚者，金融机构及资产价格的波动会通过银行业务及股票金融市场"传染"给所有市场相关部门，最终导致系统性风险。由此看来，股票市场是危机扩散的最重要渠道之一。

随着股票市场在经济活动中的地位越来越重要，股票价格短期内的持续极端波动不仅会影响市场参与者的收益，甚至会通过"传染"和"羊群效应"影响全球金融和经济系统，诱发更为严重的全球性金融危机。随着市场参与者结构越来越复杂，各股票市场出现极端价格波动的频率也越来越高，股价崩盘导致的股市危机俨然已成为目前金融危机的一种主要表现形式。在 1720 年，英国"南海泡沫"事件让人们第一次认识到股票价格泡沫所带来的全球系统性风险，这种由股市崩盘引起的国家和世界经济危机，在 1929 年的美国股市危机、1987 年的美国"黑色星期一"、1990 年的日本泡沫经济、2001 年的美国互联网泡沫和 2008 年的次贷危机等危机中不断重复出现，引发了社会动荡，但同时促使相关学者对众多危机背后的原因与逻辑进行深入的探索。

为了预防未来可能出现的股市危机，大量学者首先对导致这些危机的诱因进行了深入研究。Gennotte 和 Leland（1990）、Caplin 和 Leahy（1994）等最早从信息不对称的角度研究股价突然出现的崩盘风险，认为投资者在交易时对资产价格的认知存在偏差，导致股票价格所反映的信息不充分，知情交易者会利用信息优势，如果负面信息聚集到一定程度，在同一时间集中爆发，就会造成股价崩盘。虽然 Gabaix 等（2003）证明大型金融机构参与股票市场交易会导致股市成交量和回报率短期内剧烈波动，但更多学者还是将这种现象归因于信息的不对称，认为不同市场投资者之间的信息存在差异和各自非理性行为是股市危机的关键因素。Gorton（2008）等也随之提出，2007 年次贷危机带来的金融市场恐慌同样可从信息不对称的角度来解释。

众多学者的进一步研究发现，投资者行为同样是一个股市危机的重要诱因。Van Norden 和 Schaller（1996）通过对美国 20 世纪股票数据的分析发现，大多数的危机伴随着投资者的疯狂与恐慌。Hong 和 Stein（1999）构建了投资者观点多元化模型，将投资者按照多空两头进行分类，验证了股票价格下跌会引发空头投资者的参与并助推股价进一步降低。这种行为会导致更多的空头投资者加入做空阵营中，用理性套利引发市场危机。

为了预测股市可能发生的危机，大量学者开始从股价波动和股价泡沫的角度讨论股市危机的性质和规律。如果股价发生超乎寻常的波动，或者股市出现泡沫，那么就可以预期可能出现股市危机。市场的频繁波动是股票市场最显著的特征之一。Shiller（1981）最早系统地研究了股市波动问题，认为可以从基本面变化和投资者行为差异化角度来解释股价波动，但如果股价波动并不能准确地反映资产的内在价值，就说明股价出现"过度"波动，这种非正常的"过度"波动会在积累到一定程度时诱发股市危机。Schwert（1989）、Bulkley 和 Tonks（1989）等之后的学者，则主要侧重于对过度波动的评判与测度。Black（1976）、Christie（1982）、Pindyck（1984）、French 等（1987）则提出了波动反馈假说（Volatility Feedback Hypothesis），发现股市的短时间内下跌也会带来股票收益的剧烈波动，波动率的上升会引发投资者提高对未来风险溢价的预期，放大了负面信息对市场的影响，导致投资者进一步抛售股票，增大股票崩盘风险。

部分学者发现资产价格波动只能在短期内描述股市风险且不能准确地度量，因此 Blanchard 和 Watson（1982）等提出了随机泡沫模型假说（Stochastic Bubble Models Hypothesis），将股票的崩盘归因于非理性行为产生的投机性泡沫。所谓的资产价格泡沫指资产价格长期偏离其自身基本面价值。根据传统的有效市场理论（Fama 和 French，1997），资产价格能体现出资产所有的可得相关信息，能完全地阐释资产的基本价值。但市场中频繁出现的价格与基本价值偏离以及价格巨大波动性的现象表明市场中存在偏离有效市场假说的异象，学者们将这种长期偏离描述为资产价格存在泡沫。

为了更加全面地解释造成崩盘风险的原因，学者们从微观企业视角开始研究公司股价崩盘。Jin 和 Myers（2006）利用传统的公司委托代理理论，从公司所有权和经营权分离会造成股东和公司管理层利益冲突的角度研究发现，公司管理层存在掩盖负面信息的动机，阻断了价格对坏消息的反映，最终导致股票价格在负面信息成本高至无法继续隐藏时出现极端波动。Marin 和 Oliver（2008）、Kim 等（2011）则从交易成本、管理层避税行为及内幕购买等角度进一步表述了管理层有掩盖负面信息的动机。Kothari 等（2009）随后用经理人的信息披露数据与股价波动的数据发现，公司的管理策略，如信息披露时间、财务数据稳健性、企业社会责任等，以及 CEO 的个人性格都会影响信息能否通过股价来有效地传达公司真实基本面情况。相关文献主要从信息不透明和价格信息反映不完全角度解释了股价崩盘的可能性。在此期间，Bleck 和 Liu（2007）则认为坏消息的隐藏会导致企业的会计信息质量下降，无论是股东还是投资者均未能及时发现非盈利项目在公司中长期合理存在的事实，导致改善公司财务的监管力量不能有效地发挥。Hutton 等（2009）、曹胜和朱红军（2011）分别借助美国和中国市场的数据，也得到了相同的结论。Stickel（1992）认为，分析师会为了获取更好的经济业务而发布有偏的分析报告，增加自身佣金收入，同时 Mehran 和 Stulz（2007）也认为这种分析师带有乐观因素的分析偏差会误导市场投资者，进而导致股价崩盘风险。

随后，King 和 Wadhwani（1990）研究发现，这种单只股票产生的崩盘风险会通过共同基本面因子、乘数效应、交易成本、市场再均衡等因素传染给其他相关股票，导致市场出现局部或系统性崩盘风险，甚至蔓延至其他市场。Kodres 等（2002）得出同样的结论，并紧接着研究发现这种传染性的强弱程度取决于市场对宏观经济风险的敏感程度和信息不对称程度。

2.3.2　机构投资者与资产价格风险研究

资产价格波动与泡沫是目前对股市危机的两种主要刻画方式，而寻求股价异常波动与价格泡沫两者形成的原因则是众多学者的重要研究方向。其中，关于资产价格泡沫形成的理论主要可以分为两种——理性泡沫学派和行为金融学派。理性泡沫的理论基础是期望效用理论，是在遵循理性经济人的经典假设下分析证券市场的价格偏离。从 Miller（1977）的投资者异质信念到 Ofek 和 Richardson（2003）的卖空约束都是从投资者信息不对称并秉持理性套利的角度来解释市场中的泡沫的。但从 Shleifer 和 Vishny（1997）的绩效约束下的有限套利理论开始，对现实中不同类型投资者行为的差异导致的泡沫研究开启了行为金融学派对资产价格的学术探讨。而对股价波动原因的解释同样可以分为两种理论线索，Diebold 和 Yilmaz（2008）建立了基于理性信念投资的行为模型，在市场有效和投资者理性的假设下，认为多元化观点和经济基本面变化才是股市波动的主要原因。作者同时将经济周期和实体经济等因素引入研究中，证实了宏观供给需求的变化与股价波动存在显著的相关关系。但更多学者更倾向于认为，股市短期的剧烈波动来自投资者的过度乐观或悲观，行为金融下的投资者认知偏差及从众行为才是导致股价异常波动的原因。De Bondt 和 Thaler（1985，1987）、Daniel 等（1998）较早地讨论了反应不足及过度反应问题，Lambiotte 等（2008）则建立一个行为金融学模型，证明了投资者认知偏差会导致股价过度波动。

从传统股市危机理论的研究中可以看出，从行为金融学的角度来定义投资者行为是解释资产价格波动与泡沫存在最合适的工具。其实从套利理论（Arbitrage Pricing Theory）开始，各学者就已经寄希望于投资者中的机构投资者通过专业的定价手段发现市场中价格与基本价值的偏离，利用相对定价（relative pricing）发现套利机会并将市场推向无套利或理性的状态。但在现实中，存在与传统定价理论相悖的多种非理性因素，如套利者的套利行为会受到基本面、实施成本、资金约束和模型依赖等的限制，使套利者的行为只能在一定程度上发挥作用，资产价格的定价效率降低。Shiller（1984）、Pontiff（1996）、Mitchell（2002）从套利成本角度，发现套利者在套利过程中因存在交易成本、买卖价差、买空卖空的冲击成本等而不能完全实施套利措施，甚至因为寻找市场不理性定价而花费的时间及机会成本会或多或少地使市场错误定价在短时间内无法获得修正，形成套利约束。De Long 等（1989，1991）、Dow 等（1994）也发现，套利者很难在市场上找到完全适合套利的替代资产，更难以通过反向交易被错误定价的资产来消除其基本面风险，这种来自未来资产收益的不确定性构成套利资产的基本面风险，使套利者不能在同一时间找到合理的对冲措施来获取套利收益，形成基本面方面的套利约束。Miller（1977）、Kupiec 等（1991）、Chowanry 等（1998）从不完备市场角度重新阐述有限套利的原因，认为卖空限制、特定交易机制、抵押或担保品规则等会导致套利者在面对套利机会时选择不进行套利或有保留的套利，也会因市场出现分割，产品及资金对冲的机会受阻而出现套利限制，这些都会导致套利者的行为出现分歧，降低市场资产价格回归内在价值的效率。对有限套利的深入讨论表明相关理论模型更贴近事实，能作为一种研究手段去分析价格波动与偏离背后的原因，将机构投资者行为纳入股价模型的研究中。

Shleifer 与 Vishny 在 1997 年首次将市场中的投资者分为噪声交易者和机构投资者，并通过理论模型模拟出噪声交易者认知偏差对套利者①套利行为的影响。Shleifer 与 Vishny 模型（后文简称为 SV 模型）将这种特殊的有限套利现象称为"投资绩效约束下的有限套利"（Performance Based Arbitrage，PBA），提出套利者因套利资金源于基金持有人，资金来源受到基金持有人情绪和认知的影响，若套利者在短期内不"迎合"持有人对收益的认知偏差，就会被迫清算所持有的头寸，甚至在之后具有更大套利机会时而无法获得充足的套利资金，造成巨大损失。这种有限套利的形成不仅会使套利者在当期进行套利时有所保留，以防止资金份额的非理性赎回，甚至会加大资产价格偏离基础价值的程度，成为资产价格波动的"扩张器"。Officer（2007）、Arnold（2009）在SV 模型的基础上，逐步放开各种假设，从"最大化期望收益""all‐or‐nothing 策略"等角度对该模型进行了理论扩展，孔东民等（2007）则引入了趋势交易者，认为套利者当期可得资金量取决于套利者往期的绩效。这些理论的研究充实了 SV 模型的均衡条件，扩大了套利者和噪声交易者的适用范围，为之后的研究打下了坚实的理论基础。

从上述研究中可以看出，有限套利的存在使套利行为无法有效地消除价格偏离并导致泡沫的存在，而绩效约束下的机构套利者的存在甚至会进一步加大由价格偏差导致的价格过度波动，导致股价崩盘。在一些研究利用理论模型阐明机构投资者对股价崩盘存在影响之后，大量学者通过市场数据多角度分析了机构投资者与资产价格之间的关系。

首先，一些基础研究是从公司及信息的角度来探究两者之间的关系。Shleifer 和 Vishny（1986）等根据西方国家的市场数据进行了初步研究，认为个体投资者具有专业知识匮乏、信息获取不充分、投机心理严重等特征，并不如机构投资者有优势且理性，故机构投资者的参与能有效地平滑市场价格异常波动。Chen 等（2001）利用美国的并购重组数据证明了机构投资者会因为自

---

① 按照行为金融学的传统惯例，套利者特指机构投资者。

身长期持有目标公司股票而从多方面对公司进行监管，提高公司的运营能力，进而稳定股价和公司的市场表现。Field 和 Lowry（2009）之后使用新股发行时认购者的持股比例数据，发现机构投资者能对所持有的公开信息进行更加深刻与专业的分析，从而偏好业绩优良且前景好的公司股票，而这些机构投资者的参与也使公司的股价能更好地反映公司的真实情况，降低了股价的异常波动。薄仙慧等（2009）、祁斌等（2006）、盛军锋等（2008）、王咏梅等（2011）运用中国的数据，从机构投资者对公司的监督、对股票分红的模式要求及盈余管理等角度，验证了机构投资者可通过持股来提高公司的治理水平，进而减少管理层的机会主义行为，使公司的股价波动符合公司的真实信息，平滑股价异常波动。

然而，有一些学者利用数据发现，机构投资者并不能像理论假设的那样真正约束公司管理层的行为，Maug（1998）、Kahn 等（1998）发现机构投资者持股比例与对公司的监督能力呈正比，一些持股比例不高的投资者并不能在真正意义上对公司进行有效的监督，反而会进行短期投机，加大目标公司的股价波动。但是，随着市场的变化与研究深入，Chen 等（2007）发现机构投资者大股东在多数情况下缺乏对公司进行管理的意愿，反而会同公司管理层进行合谋来一同欺骗个人投资者甚至是小股东，隐藏公司不利信息或夸大公司业绩来为自身投资行为谋取不合理利润。在我国，机构投资者的短期投机行为更加明显，杨海燕等（2012）发现，我国机构投资者持股比例越高的公司越具有"修缮"财务报表的能力，报表可靠程度越低。雷倩华等（2012）认为我国资本市场发展程度不高，多数基金投资期限较短，中国资本市场实践经验不足，使市场机构与个人投资者都很难基于专业和经验获取超额收益，只能寄希望于短期交易，股价波动剧烈也就随之产生了。

综上所述，市场中机构投资者的投资行为的确同传统理论中"价格稳定器"的作用有所不同，一些受限制的套利行为不仅不能有效地降低价格波动，而且在市场情绪导致价格偏离基础价值时，甚至会进一步驱动价格的扭曲。机构投资者是否能真正有效地降低资产价格波动和平滑泡沫存在较大的争议，因此，学者们又从市场中机构投资者行为并不是独立而是合作与竞争的角度出发，开启了更深入的研究。

2.3.3 机构投资者合作持股网络与股价风险研究

虽然关于机构投资者对市场资产价格的影响已经获得了多数研究的验证，但是也有学者根据市场事实认为，机构投资者并不能像假设中那样，仅作为一个单位整体而产生行动或套利，而是呈现出一种集群现象，存在显性和隐性的合作或竞争关系，这种相互关系的作用会对股票等资产价格产生与单一机构投资持股不同的效应，且并非仅简单地扩大单一机构的规模。与此同时，随着市场的发展与监管的趋严，很多合作是不可以宣之于众的，需要研究者和监管层去识别这种隐性合作。如果合作下机构投资者仍与资金流量保持相同的委托代理关系，团体合作与单一机构投资对资产价格的影响程度区别同样值得深入探讨。

在之前的文献分析中可以看出，机构投资者合作持股网络是一种描述机构间合作关系的方法，如果将竞争性关系加入网络测度中就可以最终表达出不同机构彼此间真实的强弱联系，进而会产生不同程度的资金流量网络溢出效应。市场中往往被忽略的一点是，大范围群体的共识是有价值的，这种价值被称为"流动性溢价"，网络溢出效应是其中一种"流动性溢价"，会引发更多基金投资者参与到众多资金流量认可的资产配置组合投资中，而对股价的影响同样是溢价的一部分，股票受到更多来自机构投资资金的关注，必然反映出差异化的价格特征。Kyle（1985）、Holden 和 Subrahmanyam（1992）在对机构交易行为进行研究时发现，机构之间的相互关系会影响机构投资与交易行为，而且现实中机构在更多情况下不是独立的，合作或竞争关系充斥在机构投资者所有行为对策中。Shleifer 和 Vishny（1986）就发现单个机构投资者对参与所持股公司经营管理过程动力不足，此时不仅不能通过提升标的公司治理水平来增加股票内在价值，反而会因放弃"发声"的权利而抑制公司的管理能力。但合作下的机构则更有参与公司治理的意愿，能克服单一机构下的"自由骑手悖论"（Free Rider Problem），真正为股东"发声"进行治理干预。但是也有学者指出，机构间的合作会降低"退出威胁"对公司管理层的影响，削弱"用脚投票"督促公司管理层改善经营管理环境的效果，甚至会与管理层进行合谋（Edmans 和 Manso，2011）。"退出威胁"理论来自 Admati 和 Pfleiderer（2009）以及 Edmans（2009）等的相关研究，认为机构投资者在不认可上市公司治理能力时会通过出售手中股份来退出对该公司的参与，并以此来威胁公司管理层更好地经营。然而，Edmans 和 Manso（2011）利用理论方法证明了合作关系下的机构退出行为与单个机构退出的影响效应不一致，作者认为机构的退出是一种对股价有强烈影响的行为，会导致股价在短期对信息产生剧烈的反应，激进、独立的机构投资者才愿意且能够通过这种方式对公司管理层造成"威胁"。合作关系下的机构投资者并不会过于激进，虽然也会在不满公司管理水平的情况下退出，但会将这种退出期限进行延长，以防止股价过于激烈的波动，否则就会受到其他还未撤出的合作投资者的抵制。可是，此时缓慢的退出就不再能发挥"退出威胁"的效果了，合作关系下的机构通过退出对公司治理水平产生的影响就会受到抑制。这种不同关系下差异化的影响机制在 Foster 和 Viswanathan（1996）等相关研究中也有涉及。Crane 等（2019）利用机构投资者网络测度了机构间的合作关系，并利用合作与非合作机构一次性卖出股票的程度证明了合作网络下的"退出威胁"机制的差异，验证了机构出售与其他团体成员共同持有的股票时，交易的自相关系数比那些团体中只有机构成员的交易自相关系数高出 6%。研究同时借助了 Bharath 等（2013）以及 Edmans 等（2013）关于测度公司价值对股价流动性敏感程度的指标方法，证明了合作下的投资者买卖股票会降低公司内在价值对流动性的敏感程度。吴晓晖等（2019）、葛瑶（2019）、郭晓冬等（2020）利用中国机构投资者数据检验了合作持股投资的存在，出现合作持股投资会通过降低交易带来的"退出威胁"效果削弱对公司治理的监督效率，最终导致公司内在价值降低和增加股价下跌的风险。

以上的研究是通过机构合作对公司治理的影响关系来分析机构间合作网络关系对股价产生的影响效应，还有一些学者从机构合作下的信息共享角度来探究两者之间的关系。Shiller 和 Pound（1986）在研究基金经理投资偏好时发现，共同持股下的基金经理间存在私下交流与联系。Hong 等（2005）认为基金经理间存在一种信息网络，制定基金投资策略时会参考网络上"私有信息"的交流。Pareek（2012）最终利用社会网络的方法将基金间"私有信息"交流网络定义为机构投资者网络，并认为网络上的机构通过公共持股产生联系，并且在以后的投资过程中也存在较强程度的一致性。"私有信息"的使用会对所持有的标的资产价格产生显著的影响。Jin 和 Myers（2006）认为股价崩盘风险主要来自股价信息的不透明，且上市公司披露公司特有信息程度较低导致的股价不透明程度较高，会使股价在未来面临更高的崩盘风险。Hutton 等（2009）利用多国数据检验后得出相同的结论，认为市场分析师能通过对公司信息的挖掘有效地降低这种信息不透明带来的崩盘风险。但是许年行等（2012）认为中国的分析师存在明显的"乐观偏差"，并不能发挥信息挖掘提高股价透明度的作用。随之，Brown 等（2014）从机构投资者投资角度检验了其与股价崩盘风险的关系，并认为"羊群效应"下的机构投资者不仅不能发挥自身"用脚投票"效果，使股价反映公司的真实信息，反而会利用自身能获取更多公司内在信息的优势进一步增加股价的不透明程度，甚至会因为"羊群"状态下的交易扩大股价波动。许年行等（2013）总结了合作下的机构投资者对股价崩盘风险的影响机制，认为公司管理层会因为与公司股东存在的委托代理关系而具有较强的掩盖"坏消息"动机，来获取更高的期权价值和奖励收益。但是，负面消息在股价上的释放仅仅是一个时间问题，一旦负面消息难以被隐藏，或对"坏消息"的容存超过阈值，就会出现股价极端震荡下的崩盘风险。随之，机构投资者会因为对公司信息的了解更加全面，不仅不会因为股价未来会出现风险而规避，反而更愿意"骑乘泡沫"，获得更高的收益并在股价崩盘前提前撤离，加大了股价崩盘带来的损失。最后，"羊群效应"的存在加大了机构投资者对股价波动的影响，使更多投资者跟随投资，进而扩大崩盘现象。孔东民和王江元（2016）从机构投资者信息竞争的角度证明了机构投资会因为市场信息的争夺而加剧股价崩盘风险。郭白滢和李瑾（2019）却认为机构投资者之间的"私有信息"分享不仅会降低股价崩盘风险，而且会提高市场的定价效率，这是因为机构投资者之间的合作关系更似一种"假羊群效应"，并没有真正分享信息，而是因为存在竞争而"各自为战"。但是吴晓晖等（2020）提出，机构投资者通过抱团网络形成的合作连接是具备真实"私有信息"共享功能的，并且为了获得短期利益，具有与上市公司监管层共同掩盖负面消息的动机，会进一步降低股价的信息反映效率，导致未来崩盘风险的增加。

关于机构投资者合作关系导致的股价崩盘风险增大的机制分析还有很多，例如陈新春等（2017）从因机构合作产生的投资严重同质化和市场流动性匮乏的角度，证明了信息共享下的机构合作关系会加大股票出现"黑天鹅"的概率。但相关影响机制并未真正对机构投资者行为的本质进行探讨，对其对崩盘风险的影响研究更多基于实证数据角度，资金流量通过机构投资者抱团行为对股票价格崩盘风险的作用与效应值得进一步挖掘与分析。

2.3.4　机构竞争对股价的影响研究

在关注机构投资者合作关系对所持标的资产价格特征影响的同时，机构投资者之间的竞争关系产生的影响也不应该被忽略。Foster 等（1994）开始研究机构投资者之间的信息不对称性对资产定价的影响，认为上市公司的"私有信息"具有较强的排他性，不会完全向所有机构投资者进行公开。受不同公开程度影响下的机构投资者之间存在信息不对称下的竞争。Akins 等（2012）对机构交易收益最大化相关理论进行了梳理，发现机构投资者若已经将内在信息通过交易体现在股价当中，其他机构投资者是无法继续通过相关信息来获取新的交易收益的，这种基于信息获取程度和时间先后的机构间对立关系可被称为投资者信息竞争。Black（1993）认为，竞争关系的存在会限制机构共同行动的可能性，导致集体同期交易难以达成。Kahn 等（1998）更进一步证明了机构投资者之间竞争会导致机构股票交易的频率提高，提高股价对信息的反映水平，却会降低机构通过交易可获得的收益规模。Maug（1998）则检验了机构间竞争关系的强弱能更好地预测股票的流动性，且流动性大小也会反过来作用于机构投资者的交易积极性。随后 Gillan 等（2000）、Neubaum 等（2006）则在研究机构投资者合作投资时关注机构间竞争关系的影响，认为机构集体行为能对公司管理层产生更大的影响并产生有利于集体的回报，但是合作中存在关于信息的竞争会降低合作对股价的影响，进而增加股票交易和降低合作投资的收益。Folkinshteyn 等（2015）对机构间的竞争性进行了更深入的研究，发现竞争会对机构"羊群效应"产生抑制作用，并认为从其他机构获得的信息可靠程度不高，因此不会轻易使用。这种抑制作用会直接防止股价因"羊群效应"规模而产生的信息过度反应，提升市场信息效率。

但是，孔东民等（2016）利用中国数据得出差异化的结论，认为机构合作会促使对公司的负面信息采取更加稳健的交易策略，而竞争关系下的机构则交易更为激进，使股价在短期更快地反映内在信息，加剧股价波动。罗荣华等（2020）也认为过度的机构竞争会阻碍基金网络中的信息传递，降低网络间信息效率。同时，这种竞争阻碍会使持股机构忽略自身对公司治理监管的职责，更希望从股价交易中获得规模收益，不仅不会改善股价环境，还会提高股价对信息的反映程度，从而加大股价的短期剧烈波动。

2.4 文献评述

笔者主要研究的内容为机构投资者合作持股及其网络效应，在总结了机构投资者与资金流量的关系、机构投资者合作持股网络、机构投资者合作持股网络对股价的影响、机构合作持股网络中的竞争性等文献内容后，发现目前文献更多的是关注机构投资者合作持股这种合作关系对上市公司股票价格风险的影响，认为机构投资者会因共同投资于某只股票而对上市公司治理方面产生更强的干预，不仅不能发挥对上市公司的监管督促作用，还有可能同管理层一起掩盖负面信息，防止股价短期过度波动和对自身仍持有的股份造成损失，进而在未来造成更大的崩盘风险。但是，机构投资者合力干预上市公司信息向股价传递的动机并没有被深入地研究，按照套利均衡理论，股价因短期信息而产生偏离均值的波动，是机构投资者可以获得更多长期投资回报的机会，但机构为什么更愿意追求短期投资回报而帮助公司管理层掩盖负面信息呢？相关研究并未给出合适的解答。

为此，笔者从机构投资者的真实目标出发，借助绩效约束下的有效套利理论，整理了资金流量对机构投资者行为策略的影响研究，发现机构投资者因与资金流量供给者委托代理关系的存在而存在最大化目标的差异，不仅主动利用资金委托人"处置效应"的特点来造成股价更剧烈的波动，以实现自身管理规模最大化的目标，损害资金流量供给者的投资收益，还为了满足基金投资者对资产价值的认知偏差而被动放弃未来更大的投资回报，跟随市场并放大波动。在主动和被动原因共同作用下，机构投资者的参与最终加大了标的资产的价格波动，恶化了市场环境。但是，为了应对资金流量的"非理性"赎回，机构投资者不再仅愿意持有更多的现金来提高自身投资的机会成本、降低流动性效应，反而愿意以一种更加隐性且可以获得资金网络溢出效应的合作持股投资方式来吸引资金流入和降低赎回概率。资金流量与机构投资者合作持股投资模式的相关研究依旧凤毛麟角，对于股价风险特征指标的影响也更多关注的是影响的结果，并没有深入分析合作持股网络效应的动机，机构投资者并非以造成股价崩盘风险为目的而进行持股投资，行为策略背后的资金流量驱动因素值得更加深入的研究，资金流量与绩效评级共同作用下的机构投资者合作持股合作及竞争联系同样不可忽略。

第三章　绩效约束下的有限套利模型

为了更好地分析所要研究的机构投资者合作持股网络和其带来的网络效应，本章对相关概念进行界定并对各定义下的市场现状进行分析，引入了绩效约束下的有限套利模型及相关结论，解释各概念间的经济学逻辑关系，并为本书所研究的相关内容提供理论基础。

3.1　机构投资者合作持股网络的相关概念界定

3.1.1　公募基金代表下的机构投资者网络

本书所指的机构投资者均为我国主动型开放式公募基金，即在金融市场中主动管理交易且可以被基金份额投资者随时申购和赎回的公募基金。选择这种类型的公募基金作为市场机构投资者的代表，是因为公募基金是除了海外资金和保险资金，对上市公司流通股份持有最多的机构投资者，而且不受海外资金投资额度和保险资金配置监管的限制，更能体现资金管理者的投资和资产配置能力，以及与资金流量供给者之间的委托代理关系，较私募基金数据更加公开透明。而相对于跟踪指数等标的指标进行被动投资的公募基金，主动型基金更体现出基金经理这种基金管理者的投管能力和获得超额收益可能性的高低，并且会影响资金流量的判断与选择。资金流量对基金的选择主要是对主动型基金经理的选择，只有那些能获得稳定收益和具备高超主动管理能力的基金经理才能真正地得到资金流量供给者的"青睐"。同时，本书对主动管理型公募基金的设定还仅限于开放式基金，开放式基金是世界大多数国家基金运作的主要模式，不同于封闭式基金，开放式基金具有更高的流动性和信息透明度，能更快地体现资金流量供给对基金业绩的关注程度和敏感性，符合对基金市场参与者之间关系研究的要求，也更符合机构投资者受委托进行资金管理的角色的设定。然后，为突出研究机构投资者合作持股这种行为对策，尽可能地剔除其他策略的影响，将合作持股策略限于对金融市场中股票市场的投资，排除债券等其他市场资产配置带来的投资决策影响。于是本书中定义的主动开放式公募基金以股票型投资基金和偏股混合型投资基金为主要数据来源①，以区分不同类型投资标的带来的机构投资者行为策略差异。股票型基金依据证监会发布的《公开募集证券投资基金运作管理办法》及其实施规定，需要将其80%以上的基金资产投资于股票，改变了原来60%最低仓位线的规定。相对于80%以上的基金资产投资于债券的债券基金和仅投资于货币市场工具的货币市场基金而言，股票型基金具有较高的投资收益率以及更高的风险系数。但正是偏股票型基金的投资标的的高波动性特征，才让更多愿意参与股票市场投资却缺乏经验和专业能力的散户以投资公募基金的方式加入金融市场中，获得更多金融服务，同时促进了金融市场的发展，为机构投资者之间通过资产管理能力吸引更多资金流量而产生的竞争博弈提供了平台。

机构投资者网络在本书中指基金网络，是通过社会学中网络的方法来刻画与分析机构投资者之间的合作联系。机构投资者在参与市场投资时会采取多种行为策略以实现自身利益最大化的目的，机构间进行合作投资也属于众多策略中的一种。值得注意的是，随着对资本市场的监管逐步成熟和精细化，机构投资者之间的连接方式不再显而易见了，为了合理规避更加严格的监管的影响、减少公开信息后竞争加剧的可能性，机构投资者更愿意以一种更加隐性的方式来进行投资与合作，基于此，关注相关问题的研究者也需要通过更加专业的方式来刻画与描述这种隐性联系，而本书采取的是其中一种社会网络研究方法。

在传统的社会关系学研究中，集群间的联系可以通过各成员间的同期共同行为的同步程度来描述（Assenza et al.，2008；Marcoux et al.，2013），资本市场的研究者们将这种方法引入资本市场中的机构投资者行为研究中时，可表述为共同投资。Hong 等（2005）、Pool 等（2015）通过研究发现，机构投资者对同一家上市公司流通股进行持股，投资者之间就可以通过共同出席标的公司股东大会和参与投票等方式产生更进一步的联系，形成非大量持有该股票投资者所不具备的深入的内在连接，这种连接同样存在于那些持有某只股票的市

---

① 两种基金类型投资于股票市场的最低资金要分别占自身可操作资产净值的80%和60%以上。

值占基金总资产比重较高的机构投资者之间。而 Shiller 和 Pound（1989）在早年就发现，具有类似投资组合的投资者之间存在隐性的直接交流。机构投资者之间产生共同持股的原始原因有很多，之间存在内在联系的可能性很高，例如基金公司经营距离近，基金经理是校友、老乡等。但是，如果抛弃形成连接的源头，仅从共同持股的结果出发，可以证明机构间存在内部交流。在剔除一些公开信息和"意外"等原因后，可将同期持股形容为一种低概率事件。这种低概率事件发生则表明机构投资者之间并不是通过"真价值投资"和巧合进行同期共同重仓持股，而是大概率借助机构间"私有信息"沟通而产生隐性联系，通过这种联系可以进行"私有信息"的交互和风险的相互承担，形成更加稳定的团体合作联系。笔者将这种低概率条件下基金同期共同重仓持股现象定义为一种内在网络联系，而机构间交易的显著一致性就是网络存在最关键的证据。

Pareek（2012）在研究美国市场中机构投资者信息传递时，首先借用了社会网络的方法来研究机构间的隐性内在联系，并定义了重仓持股的阈值，将超过阈值后的网络定义为一种更低概率条件下才能形成的内在信息连接。网络连接可以同样解释为，如果不是存在"私有信息"的内在交流，机构间是很难形成这种同期共同重仓持股的。机构投资者在同一家上市公司中持有大量股票所产生的隐性联系显著且不能被传统的关联风格投资（style - investing）和地理接触便利因素（geographic location）所解释，因此将同期共同持有占各自基金净值5%及以上相同资产头寸的投资者定义为一种投资者网络连接，某期所有机构投资者之间网络连接的集合即为该期的机构投资者网络。机构投资者网络可以捕捉各参与主体之间的信息扩散过程，并给网络参与者带来更多有益的网络效应，且在基金净值占比5%的阈值条件下，机构投资者网络关系要严格优于其他比例的持股网络。肖欣荣等（2012）在描述机构投资者行为的"传染性"时，同样采用了这一共同持股比例，认为基金持有一只股票的市值占机构自身资产净值的5%及以上是一种基金重仓持股行为。

为了检验该假设的合理性，笔者根据 CSMAR 提供的公募基金数据整理了2005—2019 年我国公募基金持有上市公司股票的市值占比，表 3 - 1 展示了单个机构投资者在每年 12 月 31 日所持有的上市公司流通股市值占自身资产净值的比重平均值。以 2019 年为例，年内 68734 只股票型基金和偏股混合型基金中，基金持股市值占自身资产净值的比重平均值约为 1.484%，90% 的单个机构持股占净值比重小于 3.13%，最大单只基金持股占净值比重为 11.18%。2005 年至 2019 年的 15 年中，单只股票持流通股市值占净值比重经历了 2007 年的金融危机和 2015 年股价崩盘滞后期的影响后产生了极值点，在其他时间段均处于上升趋势，也从另一个角度验证了我国机构投资者对市场的信心和参与程度在逐步恢复。

表 3 – 1   单个机构持股占资产净值比重分析

年份	占净值比重均值（%）	机构数（个）	25%（%）	中间值（%）	90%（%）	最大值（%）	最小值（%）
2005	1.535641	3909	0.43	1.0453	3.15	10.02	0
2006	1.612517	6659	0.33	1.04	3.25	10.15	0
2007	1.020532	14100	0.14	0.59	3.42	9.75	0
2008	0.9868699	14506	0.19	0.61	2.35	10.18	0
2009	1.117309	21045	0.2	0.71	2.59	9.79	0
2010	1.262272	21783	0.3	0.88	2.97	9.91	0
2011	1.232969	24834	0.23	0.76	3.2	10.66	0
2012	1.293883	28193	0.23	0.83	3.24	10.01	0
2013	1.433025	27423	0.25	0.9	3.84	25.8	0
2014	1.441157	34043	0.18	0.87	3.86	19.58	0
2015	1.459801	45953	0.26	0.94	3.98	25.99	0
2016	1.013831	78837	0.02	0.32	2.43	13.61	0
2017	1.254143	77119	0.02	0.47	2.86	37.47	0
2018	1.462614	60930	0.19	0.87	3.09	31.72	0
2019	1.484147	68734	0.1	0.8	3.13	11.18	0
年均	1.30738073	—	0.205	0.77569	3.157	16.388	0

更有价值的结论是年均持股占比为 1.3%，且 90% 的基金不会持有超过自身资产净值 3.157% 的流通股市值，因此，两只基金共同持有某只股票流通市值占净值比重超过 5% 并非高频率出现的偶然现象，大大降低了因为巧合而持有这只股票的概率，存在一种非显性的连接事实。

随着研究的深入，Crane 等（2019）认为机构投资者之间形成的网络连接需要将同一基金公司下的基金连接剔除出基金网络，因为在同一家基金公司下本身就具备内在信息共享的可能性，彼此形成的网络连接是一种重复且无效的联系表现。在剔除同一家公司层面的基金网络连接后，上述研究提出，基金公司层面的连接比单只基金的连接更具有代表性，多数监管条例对基金持股比例的限定是基于公司法人层面的，以防止某家基金公司通过二级市场过多持有上市公司股份而规避战略投资者持股方式下的监管要求，故而需要对基金公司二级市场持有流通股比例进行严格监管和更透明的信息披露。笔者借鉴 Crane 等学者的社会网络连接判定方法，也从公司层面的持股比例角度，定义两家基金公司在某期同时持有某只股票流通股市值占该股票总流通股市值比重达 5% 及以上，则两家机构即在该期形成一种网络连接。同样根据 CSMAR 提供的公募基金数据，表 3－2 统计了一家公募基金公司通过下属多家基金共同持有某一只股票市值占该股票流通股市值比重的相关数据，剔除了由于共处一家公募基金公司名下而产生的共同持股行为的可能性。可以看出，即使从基金公司层面来分析对一只股票市值的持有比例，5% 的流通股市值占比仍是多数基金公司不愿意持有并超过的比例。同时我国公募基金持有单只股票的流通股市值占比也在逐年下降，这从侧面说明了我国机构投资者的投资更加分散，市场中机构投资者的专业水平在逐年上升。

表 3－2　　　　　公募基金管理公司持股占流通股市值比重分析

年份	占比均值（%）	公司数（个）	25%（%）	中间值（%）	75%（%）	最大值（%）	最小值（%）
2005	1.61	42	0.86	1.34	2.19	4.86	0.26
2006	1.54	50	0.41	1.02	2.23	5.28	0.04
2007	1.76	56	1.09	1.61	2.26	5.18	0.09
2008	1.58	59	0.76	1.37	2.16	4.10	0.02
2009	1.11	60	0.50	0.93	1.56	3.51	0.03
2010	1.38	60	0.73	1.13	1.76	3.96	0.06
2011	1.34	64	0.60	1.27	1.91	3.40	0.03
2012	1.07	69	0.36	0.79	1.47	5.50	0.01
2013	1.01	69	0.39	0.77	1.47	4.63	0.01
2014	0.72	74	0.14	0.50	0.96	4.14	0.01
2015	0.64	91	0.14	0.36	0.92	4.49	0.00

续表

年份	占比均值（％）	公司数（个）	25%（％）	中间值（％）	75%（％）	最大值（％）	最小值（％）
2016	0.42	96	0.08	0.27	0.56	3.48	0.00
2017	0.29	104	0.03	0.16	0.39	2.37	0.00
2018	0.31	104	0.02	0.16	0.40	2.21	0.00
2019	0.27	104	0.02	0.13	0.40	1.89	0.00
年均	1.00	—	0.41	0.79	1.38	3.93	0.04

证监会颁布的《上市公司信息披露管理办法》规定，上市公司应在年报中披露持股5%以上股东的情况，可以看出，若机构投资者在某一时间共同持有5%以上的某上市公司流通股股票的概率并不高，仅因为巧合而产生这种现象的概率较低。

因此，笔者根据不同的连接方式构建两种机构投资者网络——通过共同持有标的资产5%及以上流通市值形成的投资者网络和单个标的资产占基金净资产比重大于5%形成的机构投资者网络，以在不同状况下进行使用与研究。

3.1.2　机构投资者合作持股与资金流量

机构投资者合作持股是基金网络中一种特殊连接的组合，代表机构间最通畅的内在连接团体，集群团体中成员能以一种直接且全面的方式同其他成员形成联系。如图3－1a所示，各成员间直接的联系使信息可以很快地在任意两者之间流转，不会产生信息的损漏和延迟。而简单的机构投资网络连接的形式可表示为图3－1b，虽然集群的所有成员都与A产生了联系，但均需要通过A才能实现信息的传递，实现信息在任意两成员间的连接，因此这种集群方式并非合作持股群体。

当机构投资者之间组成合作持股团体时，彼此之间的信息会加速共享，并在一些存在共识的市场环境下紧密配合来进行共同的投资和决策。在对合作持股团体进行数据描述时，笔者根据各元素之间的连接权重和关系强弱，对基金之间的网络连接程度进行聚类划分。具体的方法是借鉴Blondel等（2008）开发的基于模块度（Modularity）的社区发现算法——Louvain算法，将社区结构

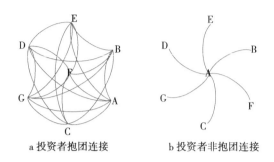

a 投资者抱团连接　　　　b 投资者非抱团连接

图 3 - 1　两种投资者连接方式

进行层次划分，以区分出整个社区网络模块度最大化下的网络结构①。Louvain 算法能较好地从基金网络中区分出不同的网络团体，且依据团体间信息交互程度对整体网络进行社区划分。笔者之后利用 Gephi 可视化软件将机构投资者网络中不同团体的组成形象化展示出来，以 2019 年底我国股票型和偏股型基金公司重仓持股数据为例，将各基金公司构成的基金网络可视化为图 3 - 2。

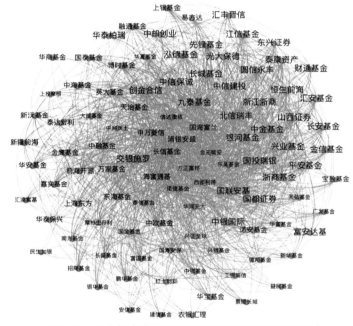

图 3 - 2　机构投资者共同持股所构成的合作持股网络

---

　　① Louvain 算法源于 Blondel et al.（2008）的文章 "*Fast Unfolding of Communities in Large Networks*"，被广泛应用于社会网络的聚类分析过程中，可实现快速聚类。

Louvain 算法可将一期机构投资者网络中的不同合作持股团体区分开来，各团体内部信息交互相较于与其他团体的网络的连接，程度更高。受限于可视化程度，笔者仅将 2019 年底基金公司持有上市公司流通市值占比超过 5% 所产生的基金网络进行了 Louvain 算法区分展示。但是，这种将基金网络进行整体团体划分的方法并不能显示出真正具有合作持股性质的机构投资者，因此笔者进一步定义，如果两家基金公司在连续两期通过重仓持有某一只股票并被 Louvain 算法归类为同一组别，则将两家基金公司在第二期末定义为合作持股连接。将各期所有机构投资者合作持股连接所组成的基金集群称为机构投资者合作持股团体。

根据上述机构投资者合作持股团体的定义，笔者将机构投资者网络和合作持股团体（两者可简称为机构投资者合作持股网络）在中国各期的趋势整理为图 3-3（a）和图 3-3（b）。

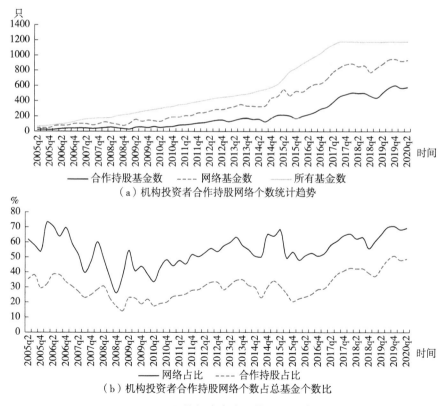

（a）机构投资者合作持股网络个数统计趋势

（b）机构投资者合作持股网络个数占总基金个数比

图 3-3　机构投资者合作持股网络统计

在笔者对机构投资者合作持股网络的相关定义下，中国公募基金中因同期共同重仓持股而产生的网络联系近年来呈逐渐上升的趋势，且在不同市场行情状态下表现出差异化的波动态势。在 2008 年国际金融危机前，市场上的机构大多数处于一种共同持股的状态，恰逢股权分置改革实施的效果在不断完善，对基金的管理经验也相对缺乏，市场监管环境的不成熟导致机构投资者更倾向于直接合作持股投资于那些具有高速增长的股票，更加野蛮和激进地随市场行情进行变化。当市场中那些优质股票被接受同等水平教育的机构投资者挑选出来后，就会被一窝蜂地购买，再加上 2005 年底开始的国外"热钱"的涌入，基金第一次通过共同持有金融板块的股票获得了丰厚的回报。直至金融危机爆发，合作持股团体出现了瓦解，机构开始大规模出逃并改变了投资策略，虽然之后"4 万亿"刺激政策又给合作持股投资者带来了一定回报，但让资金分散投资的理念逐渐被一些机构投资者所接受。可以看出，此时机构投资者进行合作持股投资的目的仍是获得较大的投资回报，合作持股程度也随着之后市场环境和优质标的的不断轮换而平稳上升。合作持股程度在 2015 年第二季度和 2018 年都出现了一定的极端波动，这同样受到了市场波动带来的影响，当红利政策收紧和中美贸易摩擦开始升温，这两次类似泡沫的市场行情终于带着机构投资者踩踏式的离场而出现显著回调。由此可见，机构投资者合作持股行为虽然相对滞后于市场行情走势，但依旧在相似的宏观环境表现出相同的投资策略。

合作持股行为并非是独立于宏观经济环境而自发产生的，其背后同时也有资金流量供给者等"基民"情绪的影响。申购赎回占期初份额的比重如图 3 - 4 所示。

在图 3 - 4 中，将一些年份中异常申购和赎回值剔除。赎回份额占期初份额的比重大于 1 表示该基金在某季度被频繁交易，申购赎回规模已经超出期初份额原始值。由某些年份异常的波动性可以看出，资金流量供给者并非理性基金投资者，同股票市场中的散户交易者一样，会受到市场环境的影响而表现出较偏激的波动性①。在市场行情较好的年份（如 2007 年第二季度和 2015 年第一季度），资金流量表现出强供给的态势，市场认为通过基金能获取超过正常风险补偿的更多收益，基金市场情绪火热。但随着市场风险的暴露，"基民"

---

① 自 2005 年起，基金份额中个人份额持有比例在逐渐上升，并于 2006 年年底正式超过机构持有的份额比例，并将个人持有基金份额比例大于 80% 的状态维持至今。

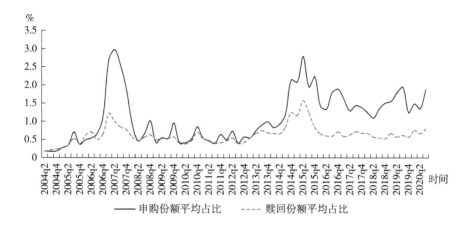

图3-4 各期基金申购/赎回份额占期初份额的比重平均值

申购意向急剧下跌,基金资金流量的供给出现巨大波动。值得关注的是赎回比例,在市场收益较高的年份,赎回比例也随着行情水涨船高,这与众多学者关注的"赎回异象"不谋而合,即中国资本市场中存在明显的"处置效应","基民"会在基金业绩增长时表现出较强烈的赎回意向,将基金投资收益变现来实现确定性收益,市场行情越好,基金收益越多,这种"处置效应"就表现得越明显。而当处于市场行情较差的年份时,"基民"反而失去了继续赎回的意愿,更倾向于继续持有基金并寄希望于市场行情的好转与基金经理主动管理下的超额收益提升。"处置效应"体现了基金个人投资者的"非理性"情绪——在有收益时厌恶风险,希望"落袋为安",在面对亏损时出现"赌一把"的风险偏好特征。这种"非理性"情绪会十分负面地影响我国基金行业的发展,资金供给的不确定性使基金经理不仅忙于应对复杂的市场变化,也要防止业绩过高带来的"非理性"赎回,甚至要留存更多现金限制自身投资能力以保证未来资金充足,加大了投资的机会成本,同时削弱了机构投资者的"套利"能力。这种资金流量供给的不确定限制了基金行业投资能力的发挥,也促使机构投资者采取更专业的投资策略来应对这种"基民"的"非理性"情绪。

    因此,笔者在进行机构投资者投资策略研究时,始终将资金流量因素考虑在内,防止脱离基金行为中内在资金流量供给因素而孤立地分析,并利用投资绩效约束下的有限套利模型进行经济逻辑推导,为机构投资者行为及其影响的研究提供理论基础。同时,笔者也在此定义资金流量为:一期申购赎回后基金资产净值的变化，并不包括基金投资收益或亏损带来的净值变化，以剔除非"基民"资金供给因素带来的基金行为策略影响。

根据机构投资者合作持股网络及资金流量的定义和图 3 - 3、图 3 - 4 的对比可以发现，机构投资者合作持股行为和资金流量的申购赎回波动程度有较大的相关性。在之后的 PBA 模型中，笔者定义一种资金流量对基金业绩敏感性程度的变量 a，用来表示资金流量供给对该基金上期投资业绩的反映程度，a 越大，基金受到的绩效约束越大，就越会考虑资金流量的情绪波动性对自身资金管理规模的影响，也反映了对基金认可程度和忠诚度不高的事实。机构投资者会通过多种行为策略来降低这种高敏感性约束、吸引更多的资金流量，也防止"非理性"赎回带来的负面效应。维持现金比例是一种较为常见的应对措施，在 2015 年以前机构投资持有现金比例在逐年上涨，平均持有比例几乎未低于 10%，且市场行情越波动持有比例越高①。但 2015 年之后，这种现金持有比例呈现出逐年下降的趋势，2018 年市场行情阶段性下跌时持有比例的上升说明此时基金并非是应对"处置效应"而持有现金，而是为了应对市场优质资产减少采取的预防性策略。相反地，2015 年以后机构投资者合作持股程度攀升，这虽然并不能说明机构投资者的合作持股行为是对持有现金防止资金流量流失策略的替代，但为研究资金流量和机构投资者合作持股行为之间的关系提供了一定的现实基础。

在之后的研究分析中，对"资金流量、机构投资者合作持股网络、资金流量对基金业绩敏感性"三类变量间具有的显著经济逻辑影响关系进行了较为严格的理论和实证模型证明，在此不再赘述。

3.1.3　机构投资者合作持股的网络效应

机构投资者可以通过合作持股策略来应对资金流量可能发生的"处置效应"，以吸引未来更多的资金流入，防止"非理性"赎回带来的流动性风险，笔者在之后的篇章中详细论证了该作用机制。但是，较少有学者研究资金流量—业绩敏感性对资本市场价格的影响路径，需要将绩效约束下机构投资者行为对所持标的资产价格的影响作进一步分析。在此，笔者将合作持股网络对股

---

① 基金现金持有比例趋势图详见第一章图 1 - 4。

价指标的影响定义为机构投资者合作持股的网络效应。

现实中，公开市场对机构投资者合作持股行为的分析不胜枚举，这些分析的主要关注点为合作持股对股价及股价风险特征的影响。公开市场分析机构（券商研究机构）对基金等机构投资者合作持股行为的定义侧重点在于对市场板块的持有比例，当连续两个季度集中持有某一板块超过30%，则被认为形成了资金合作持股。被合作持股持有的板块随着市场环境的变化也在改变，主要包括"2007—2009年"的金融地产、"2010—2012年"的大消费、"2013—2015年"的信息科技和"2016—2018年"的第二次大消费合作持股板块。但无论是资金开始合作持股投资，还是合作持股的瓦解，都伴随着被合作持股板块整体价格的剧烈波动。

总结四次合作持股，资金集中的目标主要是业绩增速高或具有增速潜力的板块，这些板块业绩的增长得益于宏观货币的超发和通货膨胀升温，这些板块是市场各时期中的优质资源。对优质资源的集中持股，体现了机构投资者受业绩考核和资金流量敏感性约束的市场事实。但是，合作持股后，这些优质资源板块的价格呈现出明显脱离内在价值的现象。以中证消费指数的历史估值数据为例（见图3-5），在所谓的机构投资者合作持股阶段，除去市场行情的影响，消费板块的市场估值出现短期波动上升的态势，明显脱离了平均的估值水平。虽然不能仅通过估值走势图来说明合作持股投资对资产价格的影响，但可以直观地观测到两者之间的关系。股价估值的波动与机构投资者合作持股投资的程度呈现出较高的同步性。

图3-5　中证消费指数历史估值（PE）走势

（资料来源：Wind数据库、招商证券）

根据资金流量与机构投资者之间的关系，基金持有的股票短期内过高的价格上涨并不符合机构投资者的短期目的，"赎回异象"的存在反而会限制机构投资者获取更高投资收益的动力，以致理论上被机构投资者持股的股票并不会表现出特别明显的向上波动。反之，当股价缓慢下跌时，资金流量有充足的时间对基金业绩作出反应，会及时止损或减少浮盈。此时机构投资者不得不持续抛售股票，基金净值和管理规模持续下跌。但是，当股市出现短期内快速下跌时，基金资金流量供给者无法在短时间内对继续持有还是赎回作出判断，同时受到"处置效应"的影响，不愿及时止损反而会继续持有，寄希望于市场的回暖和基金经理高超的管理能力来挽回损失。对于机构投资者而言，在短期剧烈的向下波动时期反而能继续管理规模缩水程度较低的资产，较市场连续阴跌，能获得更多的管理费用收入。作为理性的"经济人"，基金经理更偏好市场剧烈的波动。这种现象在蔡庆丰（2010）等的研究中被认为是一种"看涨期权"的基金薪酬结构激励机制：投资业绩好可以获得较高的管理回报，业绩差却不一定使管理费用收入直接降低，这种盈亏收益不对称下的薪酬回报结构给了基金公司一种基于基金资产净值的看涨期权，净值波动率越大，越能获得可观的薪酬回报，使其投资持股的目标更倾向于具有激烈波动性的市场。

对我国资本市场四次合作持股的市场研究表明，每次合作持股瓦解时板块会出现大幅跑输市场的现象，相对于合作持股给股票带来的波动性影响，合作持股瓦解带来的风险更大。但图3-4中表现出的合作持股瓦解时相对平滑的赎回比例，让市场研究者更倾向于相信机构投资者并不畏惧这种短期急剧的下跌，反而更关注在行情较好时如何获得资金流量认可的投资收益。由此看来，合作持股团体并没有克服"非理性"资金流量供给者带来的"处置效应"影响，反而通过合力投资将这种间接影响更大程度地放大到所持有的标的公司股票价格中，合作持股投资网络效应的存在最终使市场潜在的崩盘风险逐渐增加。

本书研究的主要内容是围绕绩效约束下的机构投资者合作持股及其网络效应展开的，在定义相关概念之后，就需要对概念间的经济逻辑关系和实证结果进行推理和估计。机构投资者合作持股的绩效约束驱动因素和合作持股真实网络效应影响是之后篇章主要论述的内容，本章虽然对两部分核心机制依靠市场数据进行直觉解释，但没有深入地验证这种机制解释的合理性和可靠性，亟须进行科学的理论推导和实证验证。

3.1.4 机构投资者合作持股网络的竞争性

如果说绩效约束会在一定程度上促使机构投资者进行合作持股投资,那么稀缺资金流量带来的竞争性则更是机构间不可避免的问题,可以说竞争性是资金流量敏感性约束下的机构投资者之间最明显的特征。根据 Hoberg 等(2018)的最新研究,竞争性主要源于抢夺市场中稀缺的资金流量,以达到自身资产管理规模最大化的目标,而这种竞争主要表现在两个方面:(1)竞争能力的大小,主动开放型基金管理能力的强弱直接体现了其竞争力的大小,越具备高超管理能力的基金越能吸引更多基金个人投资者,实现与其他具备不同管理能力的基金间的直接竞争;(2)投资风格的相似性,资金流量在选择某种投资风格的基金进行投资时,会选择在同一风格下更被自己认可的基金,导致相同投资风格下的基金之间具有更激烈的竞争。通过合作持股网络进行信息连接的基金同样受竞争性的影响,无论是竞争能力,还是竞争风格,都应表现出明显的组间特征,值得进一步研究。因此,笔者将合作持股网络内外不同组别间具有的差异化竞争特征定义为机构投资者合作持股网络的竞争性。

本书的主要研究是基于机构投资者在绩效约束下的行为及影响,而以 QFII 为代表的境外投资者在中国资本市场的投资则可以假设无限接近于不受绩效约束,是一种特殊机构投资者。市场监管层认可外资本身具有的高超专业性和"长期价值投资"理念的特质性,并不断放开相关管制,出台鼓励政策,以期借助外资投资的力量来改善中国资本市场环境。在假设 QFII 的中国境内投资不受资金流量敏感性约束的前提下,QFII 持股特征、持股影响、与中国境内机构间的合作与竞争关系都值得进一步研究。因此,笔者对 QFII 参与下的机构投资者合作持股网络及竞争性进行了重新构建与测度,并将外资参与投资后对标的资产价格风险特征指标产生的综合影响定义为交互型网络效应,不仅检验了 QFII 参与对机构投资者合作持股合作性和竞争性的影响,也验证了 QFII 参与下的机构合作持股投资与竞争性对股票价格风险特征指标影响的变化。

3.2 绩效约束下的有限套利模型

投资绩效约束下的有限套利(Performance Based Arbitrage,PBA)模型是

Shleifer 和 Vishny 在 1997 年提出的一种特殊有限套利来源的模型①。该模型认为资产价格的形成不仅源于资产自身基本面因素的差异化特征，而且受到市场参与者行为及情绪的影响。这种有效市场下均衡价格的形成机制不仅解释了一些市场异象，而且为资产价格的影响因子研究提供了一条新思路，开创了行为金融学领域研究的先河。本章希望借助 PBA 模型的基础框架，推导机构投资者合作持股行为对资产价格的影响机制，为机构投资者合作持股及其行为影响的研究提供理论基础并阐述经济逻辑。

基础的 PBA 模型根据市场事实，将机构投资者设定为以下期资金管理规模最大化为目标的套利者，其与资金流量供给者之间的委托代理关系使机构更倾向于满足资金流量委托者的短期业绩需求和市场认知，甚至为此改变能在未来获得更多投资收益的套利及择时策略。资金流量会根据自身对市场和投资业绩的判断进行非理性申购和赎回，进而影响机构投资者的理性套利行为，形成绩效约束下的有限套利。虽然之后大量学者对 PBA 模型进行了改进，使其更符合市场状况，但模型基本结论内核并未发生变化。本节依次对 PBA 模型的基本设定以及噪声交易者和套利者最优状态下的均衡价格确定进行详细的描述。

3.2.1 模型基本设定

首先假设市场中存在三类参与者：噪声交易者（Noise Traders）、套利者（Arbitrageurs）、基金资金流量的供给者（Fund Investor）。噪声交易者可以简单地设定为市场中的股票散户投资者，无论是投资相关的专业能力，还是情绪方面的控制都很难达到专业基金套利投资者的水平，信息的挖掘能力也有限。而套利者则可设定为市场中管理主动开放型证券投资基金的机构投资者，因为他们具备专业的资金管理能力，无论是利用专业性还是利用信息挖掘渠道，都能在各期准确地知道标的资产的内在价值。但套利者唯一无法判断的是噪声交易者的下期行为和这种"非理性"行为对股价的影响程度。因此，笔者进一步假设不同类型的市场之间是分割的，套利者仅能在一个市场中获得资金，这就需要套利者对该市场噪声交易者行为进行判断后才能作出相应决策，而不能

---

① 引自 Shleifer A，Vishny R W. The Limits of Arbitrage ［J］. The Journal of Finance, 1997, 52（1）: 35 – 5，PBA 模型又被称为 SV 模型。

通过其他市场来补充资金流量的流出。而为套利者提供资金流量的即为基金份额持有人，资金流量供给者是通过投资基金而参与到市场交易中的，基于行为和判断将其归类为噪声交易者。虽然我国 2001 年才拥有第一只开放式基金，且基金份额持有人主要以国家机构为主，但随着开放式基金的形式被更多人接受，2005 年以后的基金个人投资者逐渐占据主导地位，因此之后的基金份额交易者又可统称为"基民"，他们以上期基金在市场中的投资回报为标准，进行基金持仓份额的调整。在原始模型中，基金的资金流量供给会受到当期绩效的影响，本书借鉴孔东民等（2007）对中国资本市场相关事实的研究，认为资金流量对上期业绩的敏感性要高于对本期的敏感性，虽然最后结论与 PBA 模型一致，但在较大程度上简化了推导流程，故本书沿用了此设定。

第二类基本假设是关于市场价格与噪声交易者行为的设定。模型中设有三个时期：$t = 1$，2，3，其中，资产价格在 3 期会回归内在价值 V，即 $p_3 = V$。基金套利者会通过自身专业优势和私有信息渠道，获知资产 3 期末的支付会以内在价值 V 为基准。但在前两期中，噪声交易者会以他们认为的价值进行交易，这种多期认知偏差下交易价值可表示为 $(V - S_t)$，其中 S_t 表示噪声交易者对当期资产价值的误判程度。为了简化模型推导流程，笔者沿用 PBA 模型的假设并认为噪声交易者总是悲观的，认为资产达不到本身所具有的内在价值，只愿意以低于 V 的价格对资产进行交易，即 $S_t \geqslant 0$。模型在之后推导出的结论均表示为一种散户悲观情绪下的支付对套利者行为及资产价格的影响。当噪声交易者在 1 期和 2 期认为 3 期的资产价值为 $(V - S_t)(t = 1, 2)$ 时，就会分别以 p_t 价格来支付，此时市场价格 p_t 就会在市场中噪声交易者"非理性"投资行为影响下偏离内在价值 V，且受悲观情绪影响而存在 $p_t < V$。可见，噪声交易者对资产价值的悲观认知，会通过以更低价格交易而影响资产市场价格，使价格在当期偏离内在价值。同时，可进一步将噪声交易者对资产的需求量 $N(t)$ 表示为

$$N(t) = (V - S_t) / p_t \qquad (3-1)$$

该需求函数并非是从噪声交易者效用最大化模型中推导出的，因为噪声交易行为的不可描述性，且"非理性"行为很难通过最优化模型设定出来，所以将 $N(t)$ 设定为这种简单模式，以表达与 3 期资产价值 $(V - S_t)$ 间的正向关系。需求函数可具体描述为：当噪声交易者认为未来（3 期）资产价值为

$(V - S_t)$ 时，就会在 1 期、2 期以 p_t 的价格支付总量为 $(V - S_t)$ 的资产，来交易并获得该资产。

第三类假设是对套利者，套利者能通过自身能力获悉资产的真实未来价值 V，但对散户可能发生的价值认知偏差 S_t 无法进行准确的判断。当资产价格在 1 期因认知偏差 S_1 影响而交易至 p_1 时，套利者可以根据这一信息为未来投资决策作部署。但 2 期认知偏差和资产价格不可知的前提下，仅可通过经验认为 S_2 具有以下概率分布：

$$S_2 = \begin{cases} S > S_1, \text{概率为} q \\ 0, \text{概率为} 1 - q \end{cases}$$

该分布表达了 2 期噪声交易者可能发生的两种认知偏差及概率，在 q 的概率下认知偏差加深，认为 3 期资产的价值仅为 $(V - S)$（小于 $(V - S_1)$），且愿意以更低的价格 p_2（$p_2 < p_1$）进行 2 期的资产交易支付。同时有 $(1 - q)$ 的概率噪声交易者的认知偏差消失（$S_2 = 0$），愿意以资产的内在价值 V 进行交易，此时价格在 2 期回归至内在价值 $p_2 = V$。但长期来看，在有效市场的假设下，无论噪声交易者如何判断与影响，3 期的资产价格最终会回归至 V，认知偏差也随着价格的回归而消失，形成市场均衡。将上述过程简单地刻画为如图 3-6 的过程：

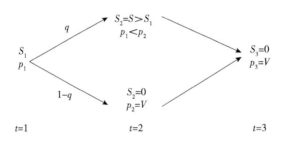

图 3-6　各期噪声交易者认知偏差与资产价格

在三期过程中，套利者总是知晓 3 期的内在价值会回归至 V，因此尽管噪声交易者在前两期对资产内在价值的认知存在误差，仍可以根据各期信息进行最优策略下的套利交易。因此，2 期市场价格不仅由噪声交易的认知偏差来确定，而且同时会因套利者的交易而发生相应的变化。假设在 1 期，套利者进行套利所使用的资金供给为受托管理的资金 F_1，该资金为外生给定的，是"前期"业绩取得的结果，而 2 期的资金流量 F_2 则不再固定，是由 1 期投资绩效和 2 期阶段性投资回报共同决定的。在市场分割和无折现和流动性交易风险、无风险利率为零等前提假设下，套利者会通过各期信息及可支配资金进行套利交易。

当 2 期噪声交易者认知偏差消失，认为未来内在价值为 V 且愿意以 $p_2 = V$ 的价格来进行交易时，套利者并无套利机会，会继续持有现金直至 3 期以 V 交割。但当 2 期噪声交易者认知偏差 S_2 进一步加深（$S_2 = S > S_1$），价格会更加偏离 V 至 p_2，套利者就会在已知 3 期价格为 V 的前提下将所有资金投至被低估的资产，以获取未来最大可能的投资收益，故此时 2 期套利者资产总需求为 $A(2) = F_2 / p_2$，市场参与者所有的需求应满足资产市场总供给量为 1 的条件，可表示为

$$\frac{V - S_2}{p_2} + \frac{F_2}{p_2} = 1$$

该等式可简化为

$$p_2 = V - S_2 + F_2 \qquad (3 - 2)$$

式（3 - 2）表示 2 期资产价格最终由噪声交易者认知偏差和基金套利者行为共同决定。因为市场事实中第三类基金资金流量供给者的资金规模远小于股票市场中的散户投资者，所以 $F_2 < S_2$，即套利者 2 期的套利行为并不能使资产价格回归至内在价值 V。相同的推导步骤可以得出 1 期资产价格的相关等式：

$$p_1 = V - S_1 + F_1 \qquad (3 - 3)$$

值得注意的是，由于套利者并不知道 2 期噪声交易者的真实认知误差 S_2 的大小，无法对 2 期资产价格作出确定性判断，并不会将所有可支配资金投入该资产中。因此，可假设 1 期套利者最终的投入为 D_1，即 $D_1 \leqslant F_1 < S_1$，小于 F_1 部分即以现金的方式持有至 2 期，且没有无风险收益率来实现资金增长。此时，1 期套利者对该资产的需求量为：$A(1) = D_1 / p_1$，进而可得 1 期价格为

$$p_1 = V - S_1 + D_1 \qquad (3 - 4)$$

式（3 - 4）体现了 1 期实际套利资金推动低估资产回归均衡价格的有限程度。

3.2.2 基于投资绩效的套利

基于上节相关假设，基金套利者所能获得的资金流量供给主要来自基金份

额个人投资者,而资金流量的规模则主要受基金上期业绩的影响,但并非相同业绩的基金都能获得相应水平的资金流入,还应考虑到资金流量的投资分配问题。因此,模型引入了一种衡量"基民"投资认可度的指标,来描述资金流量 F_2 和上期基金总投资回报率 R 的关系,如模型(3-5)所示:

$$F_2 = F_1 \times [1 + a \times (R-1)]$$
$$= F_1 \times (1 - a + aR) \tag{3-5}$$

其中,a 表示资金流量对基金往期业绩的敏感性程度,在此假设 $a \geq 1$,即资金流量会因上期机构投资者正向投资业绩($R > 1$)而追加更多的基金投资份额,使基金2期管理的资金流量规模大于1期,且大于投资收益的总规模($F_1 R$),基金经理能获得更多管理费收益;同时资金流量会因上期投资回报为负($R < 1$)而进行基金赎回,使 $F_2 < F_1 R$。如果总投资回报率不发生变化($R = 1$),则套利者最终两期可支配资金水平相同①。

然后,模型进一步定义了套利者在1期的投资总收益率 R,将其用以下两部分来表示:套利的资金 D_1 所带来的总收益($D_1 / F_1 \times p_2 / p_1$),和以现金形式留存下来的闲置资金 $[(F_1 - D_1) / F_1]$,即

$$R = \frac{D_1}{F_1} \times \frac{p_2}{p_1} + \frac{(F_1 - D_1)}{F_1} \tag{3-6}$$

单位套利的回报率可表示为 p_2 / p_1。其中,若 $p_2 > p_1$,代表基金判定对了套利方向而获得收益(因为1期噪声交易者是悲观的,作为套利交易方可通过2期认知偏差消失带来的资产价格上涨获得套利收益)。反之,若 $p_2 < p_1$,则表示基金套利未实现收益,反而因2期资产价格进一步下降出现亏损。剩余未被投资的资金则以现金的方式存于机构资金账户中,在无风险利率为0的假设条件下,该部分资金并未增值,仍为1期的资金价值。结合上述假设,可将总投资回报率 R 的公式代入至2期基金可支配资金规模 F_2 的模型(3-5)中,整理为

$$F_2 = F_1 \times (1 - a + aR)$$
$$= F_1 \times a \times [D_1 / F_1 \times p_2 / p_1 + (F_1 - D_1) / F_1] + (1 - a) F_1$$
$$= F_1 + a D_1 (p_2 / p_1 - 1) \tag{3-7}$$

---

① 公式推导可表示为:当 $R > 1$ 时,应有 $F_2 = F_1[1 + a(R-1)] > F_1 R$,展开可得 $a \geq 1$;当 $R < 1$ 时,应有 $F_2 = F_1[1 + a(R-1)] < F_1 R$,同理展开可得 $a \geq 1$。故可设定 $a \geq 1$。

由模型（3-7）可以看出，2 期资金量由 1 期外生给定的资金流量 F_1 和所使用的 1 期套利资金 D_1 及其获得的收益率（p_2/p_1-1）共同决定。

3.2.3 套利者的最优化过程

资产均衡价格的形成还需要满足基金套利者的最优化条件，PBA 模型即为 3 期获得资金管理规模最大化的过程。在模型所有设定中，2 期噪声交易者对 3 期资产价值的认识偏差 S_2 是唯一不被套利者所确定的，S_2 所表现出的概率分布不仅影响 3 期基金资金流量水平，也对 1 期基金套利者进行投资的比例 D_1 产生影响，套利者会依据自身对 S_2 的判断来决定 1 期套利参与力度。

在推导套利者效用最大化过程之前，模型假设套利者在各期收取的资金管理费用率不变，交易成本也不变，S_2 有 q 的概率增加至更大的 S，有（$1-q$）的概率消失为 0。当 2 期噪声交易者的认知误差消失时，$S_2=0$，市场均以 $p_2=V$ 的价格来交易资产，套利者因资产价格回归而获得 1 期套利资金的收益，但无论套利者在 2 期选取多少比例的资金进行套利，市场上都不存在真正意义上的套利机会，资金流量不会也无须改变。此时套利者可支配资金的规模即为 W：

$$W = F_1 + a D_1(V/p_1 - 1) \qquad (3-8)$$

但当 2 期噪声交易者的认知误差扩大时，$S_2 = S > S_1$，套利者理应将 2 期的资金全部用于 3 期的套利，以实现 3 期投资收益最大化和未来管理规模最大化。此时基金套利者已知 3 期资产价格会回归内在价值 V，为了获得 2 期资产价格下跌和 3 期资产升值回归带来的全部收益，有动力将 2 期所有资金进行套利配置，因此，3 期套利者可获得的最终资金量为[①]

$$W = \frac{V}{p_2} \times \left[F_1 + a D_1\left(\frac{p_2}{p_1} - 1\right) \right] \qquad (3-9)$$

进而可将套利者在 3 期资金量的期望表示为

$$EW = (1-q)\left[F_1 + a D_1\left(\frac{V}{p_1} - 1\right) \right] + q \times \frac{V}{p_2}\left[F_1 + a D_1\left(\frac{p_2}{p_1} - 1\right) \right]$$
$$(3-10)$$

---

① 此处值得注意的是，由于 3 期是模型假设中的最后一期，资金流量不会仅将基金上期业绩收益作为基金份额投资的唯一根据，也会根据 3 期基金表现作出最后所有资金供给与否的选择。

式（3－10）中套利者唯一可以依自身判断而进行调整的是 D_1，因此可用套利者 3 期资金流量期望值对 1 期投资策略下的套利资金 D_1 求一阶导，可得：

$$\frac{\partial EW}{\partial D_1} = a(1-q)\left(\frac{V}{p_1} - 1\right) + aq\frac{V}{p_2}\left(\frac{p_2}{p_1} - 1\right) \qquad (3-11)$$

该一阶偏导数是在 $0 \leqslant D_1 \leqslant F_1$ 的约束条件下对期望资金流量模型进行的库恩—塔克求导结果，可以用来衡量 1 期单位套利资金对 3 期套利者所拥有期望资金量的边际增量。式（3－11）中，p_1、p_2 相对于偏导数来说是外生既定常数，虽然各期资产价格均受到基金套利投资资金量的影响，但此处并非求取所有假设等式下的均衡，仅借用基金 1 期决策的变化来考量未来基金可能获取的资金流量变化。此偏导数由两部分组成：一是 2 期噪声交易者的资产价格认知偏差消失 $S_2 = 0$，套利者获得的 1 期资产价格基本面回归带来的套利收益；二是 2 期噪声交易者对资产价格的认知偏差加剧时 $S_2 = S > S_1$，资产价格进一步降低（$p_2 < p_1$）带来的 1 期套利损失。套利者 1 期套利投资金额对 3 期期望资金管理流量的最终偏导数影响取决于这两部分之和。

可以证明，当 $\partial EW/\partial D_1 > 0$ 时，最优解为 $D_1 = F_1$，此时 1 期套利者会以最大可投资资金量去套利，以获得 3 期资金管理规模的最大化；当 $\partial EW/\partial D_1 < 0$ 时，最优解为 $D_1 = 0$，套利者 1 期不会进行任何套利投资，来防止对 3 期资金流量产生负面影响。同时，此函数连续，故其存在一个内点解 $0 < D_1 < F_1$，使 $\partial EW/\partial D_1 = 0$。因此，在给定其他外生参数（$V, S_1, S, F_1, a$）时，存在一个 q^*，使当 $q > q^*$ 时，$D_1 < F_1$；当 $q < q^*$ 时 $D_1 = F_1$。由此说明，q 越小时，噪声交易者的认知偏差加深的可能性越小，资产价格回归内在价值的可能性就越大，套利者用于套利的资金 D_1 就会逐渐接近 F_1，产生更大的套利均衡可能性，直至 q 接近于 0，$D_1 = F_1$，套利者将所有 1 期所掌握资金全部用于 1 期的套利。

由上述推导可以看出，1 期套利资产规模的选择主要取决于套利者对噪声交易者认知偏差程度的判断，认为认知偏差加深的可能性越小（q 越小），就会更倾向于投资更多资金来获得 2 期更多的投资收益和 3 期更多的资金流量供给。但当套利者通过经验对噪声交易者行为判断出现误差时，就仅能获得 1 期投资资金产生的收益甚至是 2 期资产价格上升带来的更大程度的亏损。也可以看出，基金套利策略最终的落脚点是对散户投资者情绪的判断，而非资产内在价值。

3.2.4 套利行为对资产价格的影响

在满足机构投资者最优化条件的前提下，对资产均衡价格的影响更吸引学者们的关注。由 p_1 和 p_2 的形成等式可以看出，各期价格均受到噪声交易者认知偏差和套利者投资修正两种力量的影响。本节为了分析套利者行为对资产价格的作用机制，将 1 期套利者投资金额设定为 F_1（$D_1 = F_1$），认为 2 期资产价格将大概率回归基本面价值，忽略对噪声交易者情绪的判断，直接使套利者达到某种状态的最优，将 1 期资产全部进行投资。故 2 期用来套利的资金流量为

$$F_2 = F_1 \left[1 + a \left(\frac{p_2}{p_1} - 1 \right) \right] \tag{3-12}$$

2 期资产价格越接近回归基本面价值，套利者 2 期就能获得更高的资金流量，反之则仅能获得更少的资金流入。由此可见，当 2 期噪声交易者认知偏差消失至 0 时，2 期资产价格即可回归至内在价值，1 期价格对价值的偏离随之得到修复，市场达到均衡。若 2 期散户对 3 期资产价值认知偏差进一步加深（$S_2 = S > S_1$），更悲观地认为资产价值会继续下跌，此时 2 期资产价格就会因散户的"非理性"交易而下降，在 1 期套利者全投资的假定下，可将其表示为

$$\begin{aligned} p_2 &= V - S + F_2 \\ &= V - S + F_1 \left[1 + a \left(\frac{p_2}{p_1} - 1 \right) \right] \end{aligned} \tag{3-13}$$

可以将上述 2 期价格简化为

$$p_2 = \frac{p_1 [V - S + F_1 (1 - a)]}{p_1 - a F_1} \tag{3-14}$$

等式中 p_1 1 期认知偏差 S_1 已知而确定，a 由资金流量对基金业绩的认可度确定，仅有 S 的变化会直接影响 2 期的价格，因此用 p_2 对 S 求导可得：

$$\frac{dp_2}{dS} = - \frac{p_1}{p_1 - a F_1} < -1 \tag{3-15}$$

至此，PBA 模型就得出各方参与者共同作用下对资产价格的影响途径。噪声交易者对未来资产价值判断误差 S_2 增大时，会使 2 期资产价格进一步偏离

内在价值（$p_2 < p_1 < V$）。同时，基金套利者初始具有的资金规模或套利资本越大，市场交易参与程度越高，资产价格受噪声交易者认知偏差的负向影响程度就越深（$d^2 p_2 / dS dF_1 < 0$，F_1 越大，dp_2/dS 越小，dp_2/dS 绝对值越大）[1]，价格会更加偏离资产内在价值。这种与传统套利截然相反的结论，不仅对套利者的均值回归推动功能进行了否定，还强调了套利者对市场价格的负面作用。PBA 模型的结论认为，套利者的参与不仅没能将资产价格推至基本面价值，反而因为自身套利投资行为加大了噪声交易者"非理性"交易产生的价格波动，使 2 期价格对噪声交易者认知偏差更加敏感，且仅有当 $F_1 = 0$ 时，套利者对价格波动的影响才最小，$p_2 = V - S$，$dp_2/dS = -1$。[2]

PBA 模型得出的套利行为对资产价格认知偏差敏感性的负向影响结论，成功解释了多种市场异象。其中被大多数学者论证并认可的模型解释为：在 2 期噪声交易者认知偏差进一步扩大时，1 期价格 p_1 会进一步下降至 2 期价格 p_2，套利收益为负，对基金业绩敏感的投资者会赎回所委托的资金，进而导致套利者 2 期可获得的套利资金流量不足，不能在 3 期套利机会最好的时候（$V > p_1 > p_2$）发挥应有的套利能力，形成套利限制，并最终使受资金流量认知偏差影响下的标的资产价格并未因套利者的参与而回归基础内在价值。而这种特殊的有限套利来源会因机构投资者防止资金流量进一步流出而加大资产价格的内在价值偏离。当套利者在 2 期已知噪声交易者的认知偏差为 S 且大于 S_1 时，会改变自身对 3 期更高超额收益的需求，反而按照当期资金流量的认知偏差去抛售资产。这是因为在全投资假设的前提下[3]，套利者并没有闲余资金来应对资金流量的赎回要求，仅能通过出售已投资的资产来避免自身被市场清退。于是，套利者在获知 S_2 的方向后，更倾向于迎合噪声交易者的认知偏差，以更低的价格进行交易并减少该资产的持有比例，最终导致资产价格受认知偏

---

① 该结论蕴含着 $p_1 - aF_1 > 0$ 的假设。因为噪声交易者认知偏差进一步加深的缘故，有 $S_2 = S > S_1$，进而使 2 期价格低于 1 期价格，$p_2 < p_1$，将模型（3 - 14）代入该不等式即可得出 $p_1 - aF_1 > 0$ 的推论。

② 此处并非表明 2 期价格会因套利者的参与而直接下降，而是价格受噪声交易者悲观认知偏差的影响程度随着套利者的加入而加深了。

③ 该结论均是基金在 1 期进行全资产投资的前提下进行的推导，如果将 D_1（$< F_1$）套利资金量代入模型中，可以得到相似的结论，D_1 情况下的套利者未加大资产价格的短期波动，但 $dp_2/dS < 0$ 的结论依旧成立。

差影响而产生的向下波动进一步加剧，而且机构投资者起初持有的资金量越大，价格偏离程度就越大。

在以上过程中，资金流量供给者的偏好起到了决定性作用。套利者迎合噪声交易者认知偏差下"非理性"交易行为，证明了资金流量的供给者其实也是一种噪声交易者，他们会偏执地认为自己对资产价格的判断或众多噪声交易者对价格的判断是正确的，即使在3期时价格回归至内在价值 V，他们也会更容易原谅他们自己接受市场结果，更不会对自己基金份额的"非理性"赎回作出任何补偿。可以看出，PBA模型即是对资金流量约束机构投资者套利行为的一种简单描述，而这种有限套利的决定性因素和纽带就在于"基民"对业绩的敏感性指标" a "。

在PBA模型中，a 是资金流量对基金上期投资业绩的反应程度。a 越大表明套利者获得的资金流量对套利者往期业绩的敏感度越高，对基金的要求就越高，因为一旦基金本期不能获得预期的投资收益，资金流量下期的供给就会大幅降低，市场基金资金流量供给者就会大量赎回，对该基金的认可度和忠实度不高。Shleifer和Vishny将资金流量对短期业绩的要求定义为一种通过绩效对套利行为的约束（Performance Based Arbitrage，PBA）。a 越大，PBA约束程度越大。在价格波动等式中，a 越大，dp_2/dS 就越小（绝对值越大），资产价格受噪声交易者的影响越大[①]，"基民"就是以这种方式来间接影响市场中资产价格及其波动的。绩效约束为零（$a \to 0$）并不代表基金不再需要资金流量的供给，而是"基民"愿意无条件地投资于该基金，表现出绝对的忠诚度和认可度。此时，套利者存在与否都不会再加剧资产价格的短期波动，套利者完全可以依据自身判断来进行套利和投资，不再受资金流量供给者的"非专业性"影响，这种资金的委托代理关系在此时达到某种程度的和谐。

由此可见，资金流量对业绩的敏感性程度大小不仅会直接影响机构投资者的行为，还会通过机构投资者受约束下的套利行为传导至资产价格的波动，使资产价格对噪声交易者认知偏差的敏感程度随之发生变化。资产的市场价格在三类市场投资者的共同参与下，表现出一种约束条件下的均衡特征。

---

① 受 $p_1 > aF_1$ 的约束，a 的取值范围受到一定的限制，并不能无穷大（$a \to \infty$）来达到 $dp_2/dS = 0$ 的状态。

3.3　PBA 模型框架下的机构投资者合作持股与资产价格

　　根据 PBA 模型的推导结论，机构投资者的行为会在一定程度上对标的资产的价格产生影响。机构投资者在对某一资产进行投资时，会受到资金流量供给者的认知偏差影响，不仅不能在市场套利机会最佳时获得完全套利的资金以推动资产价格回归内在价值，反而会跟随噪声交易者进一步以更低的价格抛售该资产，应对资金流量的"非理性"赎回的同时却加剧了资产价格相对于内在价值的偏离。随着资本市场的发展和成熟，机构投资者合作持股作为一种投资策略已经普遍存在于市场活动中，但其对标的资产价格的真实影响一直存在争论。本节通过对 PBA 基础模型的进一步推导来探究合作持股策略的价格影响机制，为之后的回归实证模型及检验奠定经济逻辑、提供理论基础。

　　首先，从模型（3 - 15）中可以看出，套利者主要是通过期初所持可投资产的规模（F_1）对资产价格波动产生影响，2 期的可投资产规模以及 2 期价格也分别与套利者的原始禀赋有关。现实中，机构投资者合作持股是一种多期同买同卖的投资行为，相当于扩大了某一套利者对标的资产的交易规模，符合 PBA 模型对套利者初始资金规模的假设。因此，一旦机构投资者通过合作持股的方式投资某一上市公司股票，即打破了单一机构持有该资产份额的上限，提高了该资产交易过程中套利者的初始资金规模，以及可交易份额中套利者的占比[①]，F_1 增加。而 PBA 模型中 F_1 增加的结果与多数学者在市场中观测到的市场事实较为符合，合作持股投资的程度越高，标的资产价格受影响下的波动幅度就越高，越偏离内在价值（Crane 等，2019；罗荣华等，2019）。

　　然而，众多学者在研究机构合作持股对资产价格影响时仅关注合作持股行为本身，忽略了机构投资者背后的资金流量因素，未对两者共同作用下的资产价格变化有所关注。因此，笔者借助 PBA 基础模型，将外生变量资金流量敏感性指标假设并转化为与套利者资金管理规模相关的内生变量，从资金流量视角重新定义套利者行为影响下的价格变化。

　　关于资金流量对基金上期业绩敏感性指标 a 内生化的问题，多数学者受

---

　　① 本节假设二级股票市场中的主动型公募基金符合 PBA 模型中套利者的假设条件，并可用套利者在模型中的推导结论证明市场中合作持股公募基金的选择及影响。

Shleifer 等行为金融学研究的启发，验证得到了多种影响市场资金流量变化的因素。例如 Kacperczyk 和 Seru（2007）认为资金流量受到机构投资者资金管理规模、成立年限、管理费率、分红水平及市场收益率等因素的影响；而李志冰等（2019）则根据中国市场数据测算出"基民"对公募基金的偏好更多来自对基金经理管理能力的判断，即声誉。资金流量供给者在大多数情况下同样符合基金市场中的"噪声交易者"假设，虽然交易时总表现出"过度自信"的特征，但情绪上更倾向于从众，呈现出明显的"羊群效应"。这与经济学中的"流动性溢价"概念相同，即投资者的一致性偏好可以为资产价格带来溢价。应用于资金流量的供给认知中，就可以将其解释为更多"基民"申购的基金具有独特的优势，无论想要进行基金份额投资的"基民"是否能发现该优势，都会更倾向于购买被更多"基民"青睐的标的基金。资金流量规模的聚集也从侧面证实了该基金认可度的提升。在对机构投资者合作持股动机的研究中，学者们同样发现团体投资带来的更多资金流量流入和认可（刘京军等，2016）。

由此可见，资金流量对某只基金的认可程度，或者对该基金业绩的敏感程度与该基金具备的初始资金管理规模有显著的相关性。而且，基金期初管理规模越大，"基民"对该基金的认可度越高，相应的业绩敏感性就越低。更多初始资金流量的关注体现出基金个人投资者对该基金高流动性水平的认可。因此，a 可以表示为 F_1 的函数，且相关关系为负向。

结合以上论述，可将 a 内生化为 F_1 的函数并将模型（3-15）改述为

$$\frac{dp_2}{dS} = -\frac{p_1}{p_1 - a(F_1)F_1} \tag{3-16}$$

此时，机构投资者合作持股带来的初始投资规模 F_1 的变化，可对资产价格认知偏差下的波动通过两种途径产生影响，对模型（3-16）求对 F_1 的二阶偏导数[①]。

$$\frac{\frac{dp_2}{dS}}{dF_1} = \frac{-p_1}{\left(p_1 - a(F_1) \times F_1\right)^2}\left(\frac{da(F_1)}{dF_1} \times F_1 + a(F_1)\right)$$

[①]　此处仍存在 $p_1 > a(F_1)F_1$ 的假设，认知偏差在 2 期进一步加深，使 2 期价格明显小于 1 期价格，即可使函数（3-16）连续且可导。

$$= \frac{-p_1 \times a(F_1)}{\left(p_1 - a(F_1) \times F_1\right)^2} \times \left(\frac{da(F_1)}{dF_1} \times \frac{F_1}{a(F_1)} + 1\right) \qquad (3-17)$$

在此，引入弹性的概念。弹性主要应用于具有因果关系的变量之间，表示一个变量的变化对另一个变量变化的反应程度，且惯例以正数来表示。于是，对资金流量的敏感性指标与基金初始规模变化之间的关系进行简化。

令 $e_{F_1} = -\dfrac{da(F_1)/a(F_1)}{dF_1/F_1}$，$e_{F_1} \geqslant 0$。可将模型（3-17）整理为

$$\frac{d^2 p_2}{dSdF_1} = \frac{-p_1 \times a(F_1)}{\left(p_1 - a(F_1) \times F_1\right)^2} \times (1 - e_{F_1}) \qquad (3-18)$$

此时 F_1 对资产价格波动的影响就取决于资金流量敏感性的初始资金规模弹性 e_{F_1} 大小。式（3-18）中的 e_{F_1} 越大，资金流量认可度的规模弹性就越大，说明机构投资者初始投资规模增加 1%，资金流量对业绩的敏感性程度 $a(F_1)$ 下降更多，"基民"对机构投资者资金规模变化的敏感性就越高[①]。"基民"认可度的规模弹性越大，直至处于高弹性状态（$e_{F_1} > 1$），就会因机构投资者的合作持股行为而呈现出更高的"忠实"度，进而使合作持股状态下的各基金绩效约束程度降低，且约束降低的幅度要大于规模增加的幅度。此时，a 变小的比例要大于团体可控资金规模扩大的比例，模型（3-16）中的 aF_1 会随着机构投资者合作持股规模的增加而变小，dp_2/dS 随之变大（绝对值变小），资产价格受噪声交易者认知偏差的负向影响会有所改善。"基民"高规模弹性条件下的机构投资者合作持股虽然不能将资产价格最终修复为内在价值[②]（$dp_2/dS < -1$，最大程度的修复就是没有套利者参与的情况），但可以减少因套利者参与导致的资产价格更大幅度的偏离（下跌）。

相反，如果"基民"对于机构投资者合作持股程度上升或资金规模增加

---

① 资金流量对基金业绩的敏感性指标 a 与机构初始投资规模 F_1 呈现负相关关系，即规模越大，"基民"就会越认可该基金，对基金业绩的敏感性也会随着认可度的增加而降低。e_{F_1} 越大，$da(F_1)/dF_1$（小于 0）就越小，单位 F_1 上升带来的 $a(F_1)$ 下降幅度就越大，"基民"对该基金的认可度也会因规模增加而有一个更高程度的上升。

② 因为在 $p_1 > a(F_1)F_1$ 的约束下，$dp_2/dS \leqslant -1$，套利最大程度的修复就是资金流量敏感性 a 为 0 时的状态，此时资产价格受噪声交易者认知偏差的影响最小，却无法因机构投资者的参与而使价格回归均衡。

的反应程度不强烈，规模弹性较低（$e_{F_1} < 1$），或者完全没有反应（$e_{F_1} = 0$），此时机构投资者的合作持股行为不仅不能有效地降低绩效约束（a 的下降幅度极低或为0），反而会在 2 期高绩效约束的情况下进一步以低价格出售自身更大规模的标的资产，使"基民"的"非理性"认知借助基金规模更大程度地影响资产价格的波动，价格对噪声交易者认知偏差的敏感性也会被随之放大，进而导致在散户情绪更加悲观的情况下，资产价格向下波动的程度越深，离内在价值的距离越远。在模型（3 - 16）中体现为 aF_1 随着机构投资者合作持股规模的增加而变大，使 dp_2/dS 变小（绝对值变大），资产价格受到市场中噪声交易者"非理性"情绪的影响程度更大，机构投资者合作持股的参与不仅未能修正资产价格的负向波动，还进一步加剧或放大了这种价格的内在价值偏离。

结合以上论述可以看出，机构投资者合作持股行为对标的资产价格的影响机制并不是简单的资金规模增加带来的价格负向波动，而是和资金流量业绩敏感性的变化共同作用于资产价格的波动程度。资金流量规模弹性 e_{F_1} 的引入将机构投资者合作持股行为对资产价格的影响进行了具化，区分了合作持股带来的简单规模效应，并突出了资金流量对基金投资绩效敏感性 a 的重要性。可以看出，a 的变动幅度直接决定合作持股策略对资产内在价值回归的作用是优化还是反向拖累，弥补了现有研究中资金流量业绩敏感性在行为策略作用于资产价格时的缺失。同时应该看到，合作持股投资并没有显著地增加市场中机构投资者整体所拥有的资金量和规模占比，只是具有更加紧密的联系的多家基金进行了资金聚集投资，因此合作持股带来的影响更多是改变了资金流量对标的资产中机构投资者聚集行为的认知和态度，是一种"流动性溢价"带来的"基民"认可程度的修复①。

弹性大小影响下的机构投资者合作持股作用，首先是建立在市场噪声交易者认知存在偏差的前提下。当噪声交易者不存在认知偏差，且投资持股行为都很理性或专业，就不会存在内在价值的偏离和无风险套利的机会，机构投资者没有任何主动套利的动机。在资产价格因认知偏差而偏离内在价值时，机构投资者的套利行为才更有讨论的意义，资金流量规模弹性大的基金不仅能通过合

---

① 在这里假设"基民"会因为多数基金共同投资而提高对该基金的认可度，因为个人认为市场大多数人的行为即正确的选择，本书在第四章通过实证的方法来证明该假设。

作持股降低资金流量带来的绩效约束，同时可以借助价格的均值修复来减少 2 期资产价格下降带来的损失，进而避免更多的资金流量"非理性"赎回，以在 3 期获得可观的套利收益和未来更多资金流量的流入。其次需要注意的是，F_1 是套利者初始掌握的投资资金，并非某资产内套利者资金规模的组合，因此合作持股团体对某一资产进行套利投资，会提高 F_1，且通过资金流量对规模的识别而影响 a 的变动。

3.4 模型应用与讨论

PBA 模型提出了一种特殊的有限套利来源，资金流量对基金业绩的敏感性使套利者（机构投资者）在最适合投资的阶段失去了套利资金，不仅无法实现套利和标的资产内在价值的回归，反而会因套利者追随噪声交易者认知偏差的方向进行交易，致使资产价格偏离程度进一步加深。在短期不利价格环境下，套利者虽然表现为亏损状态，但处于最佳套利时机。然而，"非理性"资金流量此时会因业绩亏损而进行赎回，随之使套利者失去可用来无风险套利的资金，形成绩效约束下的有限套利。同时，绩效约束的强弱决定了机构投资者套利对资产价格波动性的影响程度，"基民"对基金认可度越低就会对其业绩越敏感，使基金不得不实现符合资金流量短期认知的投资收益，降低"基民"赎回概率的同时，也通过自身规模加大了噪声交易者认知偏差造成的价格偏离内在价值的幅度。

本书认为 PBA 模型最大的贡献是解释了机构投资者行为的"散户化"。以二级市场主动管理型基金为代表的机构投资者，受到定期业绩排名和资金委托人情绪的约束，不得不随着市场来调整自身策略，追求短期收益，不然就会被"基民"用脚投票而失去套利的资金流量，进而增加市场价格的进一步波动。本章在讨论机构投资者合作持股行为及其影响时，首先假设，受绩效约束情况不同的机构投资者会采取不同的策略来达到未来资金流量管理规模最大化这个相同的目标。随着众多学者对合作持股网络研究的深入，学者发现合作持股能带来资金流量的溢出效应，即使基金本身受市场资金流量的认可程度不高，也会因与团体内成员同期重仓持有相同股份而获得资金流量的"青睐"，降低了高绩效敏感性带来的负面影响。这些现象也从侧面证明了资金流量敏感性对基金合作持股行为的驱动机制，受绩效约束严重的机构投资者更倾向于进行合作持股投资。

因此，笔者在 PBA 模型的基础框架上引入了机构投资者合作持股投资，将具有更多资金规模的合作持股团体作为套利者来辨析资产价格变化的可能性。虽然套利者初始规模占比的增加会给资金价格带来负面影响，但同时改善了受规模影响的资金流量业绩敏感性。笔者构建了资金流量认可度对资金规模的弹性指标，将资金流量敏感性指标不同变动幅度下的资产价格波动方向进行了区分，进而验证了不同合作持股团体投资标的的资产的真实影响。资金流量规模弹性的构建阐述了合作持股投资对资产价格的影响机制，使价格在受噪声交易者认知偏差负向影响时，存在通过合作持股投资降低资产内在价值偏离程度的可能性，弥补了众多学者对资金流量影响价格机制的研究缺失，也为本书之后的实证研究提供了坚实的经济逻辑和理论基础。

PBA 的核心结论是，机构投资者的参与会对所持资产价格产生影响，这种影响的存在具有"原罪性"，无论机构投资者采取何种投资行为策略，都会因为实现资金管理规模最大化目标而"被迫"跟随市场情绪和散户认知偏差进行投资，造成股价更大程度的波动。模型结论直接解释了众多机构投资者参与下的中国市场仍具有显著异常波动性的原因，理论上证明了受绩效约束的机构投资者对资本市场的加入并不能真正改善市场环境、增加交易中的价值发现功能、提升市场有效性水平。但随着机构投资者投资策略和形式的改变，套利者逐渐倾向于改善这种绩效约束的环境，尝试提高基金的认可度以更大程度地发挥自身专业优势和吸引未来更多资金流量流入。因此，机构投资者合作持股行为并非市场的一时兴起，而是为改善资金流量认可度作出的尝试。本书在第四章深入讨论合作持股投资和资金流量之间的相互影响关系。

随着机构投资者合作持股投资形式的出现，机构投资者可以利用彼此间合作下的网络连接来分享"私有信息"并通过团体持股对所持股票标的价格对信息反映程度的影响，帮助或促使上市公司管理层稳定资产价格波动，以防止股价因信息的及时传递而短期剧烈震荡，进而降低资金流量的约束。因此合作持股团体的行为会因为具备稳定上市公司股价的能力，来降低自身可能具有的强绩效约束，获得稳定收益和未来更多的资金管理规模，但这种阻碍信息向股价传导的做法，会导致股价未来出现崩盘的可能性被无端地放大。股价短期波动的降低和未来崩盘风险的增加成为合作持股投资持股的显著网络效应特征。因此，合作持股投资对标的资产价格的真实影响会在不同环境下体现出不同的特征，本书在第五章基于资金流量的规模弹性指标，分组讨论不同资金流量特征下的机构投资者合作持股网络效应。

根据 PBA 模型中套利者的最优化过程结论，机构投资者会依据对资金流量认知误差的判断改变自身当期持有现金比例的决策。根据 Shleifer 和 Vishny 的原始假设，个人基金投资者会与直接参与市场的散户噪声交易者具有相同的"非理性"行为，因此机构投资者会因自身的排名认可度、市场情况、资金流量供给者情绪，以及资金委托人对自身认可度等方面来判断未来可能发生的基金份额交易，进而改变自身的投资策略。而增加和减少现金持有比例仅是机构应对资金流量波动性的一种策略，如果应用于其他策略中，可以得到相同的结论。由此，资金流量对市场资产价值和基金的认知偏差即可通过对机构投资持股策略的影响，进一步作用于上市公司股价的相关风险特征指标。绩效约束给机构投资者带来的并不只有合作，更多的是竞争。

为了抢夺市场上有限的资金流量供给，那些具有相同资金来源的基金机构仅能通过不断提高主动管理能力或采取合作持股投资等方式来应对竞争并获得资金的"青睐"。机构间竞争性的来源有很多种，资金流量的供给是目标资源一致化的最根本原因，这种根本竞争性的存在会使市场中的动态博弈更加剧烈，且影响所有因为绩效约束而产生的机构投资行为和策略。在研究机构投资者合作持股网络投资行为时，便不可避免地要考虑绩效约束带来的竞争性问题，主动管理能力和风格相似等原因下的竞争最终都会作用于合作持股网络的连接有效性，也为研究机构投资者之间关系对资产价格波动的影响效应提供了另一种思路。

同时，对于极端情况下的资金流量对业绩的敏感性 a，是很难通过市场事实观察到并证明其影响的，但可通过对一些特殊市场机构投资者进行近似假设。当外资机构在中国进行投资时，可以根据其资金管理的专业性和长期"价值投资"特性假设其不受资金流量对业绩敏感性的约束，并根据机构自身主动管理能力来对市场及其他市场参与者行为进行判断，以获得最大化的中国市场投资收益和最大化的所属国境内管理资金规模。以 QFII 为代表的外资机构在中国的投资行为及影响受到了众多学者的关注，但很多人忽略了机构背后的资金流量对绩效敏感性的约束，而正是 PBA 模型中对这种约束和约束带来的资产价格变动进行的具体描述，才使我们可以真正理解 QFII 等外资是如何保持更为有效的专业投资模式的。笔者将 QFII 持股数据加入机构投资者合作持股网络和竞争性网络的构建中，可以利用 QFII 参与持股的特征及参与后的股价风险特征指标被机构持股影响的程度的变化，证明 QFII 持股带来的股价波动影响效应。根据 PBA 模型的结论，QFII 这类具有较低 a 的机构投资者参与市场投资，并不会加大标的资产的价格波动，但仍不能有效地将资产价格推至内在价值，也不能影响其他机构投资者的投资行为。因此，本书在第六章基于资金流量市场的稀缺性，讨论机构投资者之间不可忽视的竞争，以及这种竞争带来的影响。

PBA 模型是一种十分重要的行为金融学模型，而行为金融学模型在很大程度上是需要极其严格的假设的，例如噪声交易者的认知偏差在 PBA 模型中就是一个变数较大的前提假设，在每一期都有可能过度悲观或过度乐观，甚至时而悲观时而乐观，若寄希望于对人的非理性行为进行准确的描述，是一种不可能也没有意义的事情。多样化的个人情绪与多样化的市场价格变动能构成成千上万种逻辑，非理性人在市场价格变动后的反应也不尽相同，因此，若想利用模型来实现预测未来的目的，就需要在预测的事件与某些可观测的变量之间建立稳定的关系，即规律。规律都是建立在推演规律时所作的假设之上的。如果任意作非理性的行为假设，那么推导出的规律就只在特定假设上才会成立，而非普遍适应。这样的规律就没有应用价值。

本章所引入的 PBA 模型只是模拟一些限定条件下可能存在的规律，并不具有普遍的适用性，因此，需要进一步结合中国市场参与者的实践数据，来更加深入地探究市场中噪声交易者、套利者和市场价格之间的潜在联系。

第四章　绩效约束下机构投资者合作持股的驱动因素分析

4.1　理论机制分析与研究假设

4.1.1　机构投资者合作持股的存在性分析

机构投资者行为一直是众多学者研究的重点，机构投资者作为市场中最专业和"个体"投资规模最大的投资者，其投资方向和交易行为对市场资产价格走势和资本市场效率都有不可忽视的影响。随着监管不断趋严，机构投资者行为对策和信息披露都在不断改进，然而众多机构投资者为了获得更多的市场资金流量的关注，就必须通过"锦标赛"排名或长期稳定业绩的口碑来保证自身管理资金规模的最大化。因此，机构投资者为了满足市场短期偏好的超额收益，不愿通过显性的投资方式导致市场一致预期出现，只能通过更加专业或隐秘的方式开展投资行动。机构投资者合作持股投资即为这种行为的代表性策略之一。

本书主要以我国偏股混合型及股票型基金代表机构投资者来进行描述与统计，因此机构投资者合作持股网络在本书中可以简称为基金网络。根据前文定义：若两个机构投资者大量持有同一家上市公司的股票，那么两者之间即存在一种投资者网络关系，相对于那些没有共同持股的投资者而言，共同持股投资者间大概率存在一种内在相互影响。这种假设源于 Hong 等（2005）和 Pool 等（2015）对基金关联程度的研究，他们认为共同持有大量的同一种股票会拉近两者间的"地理距离"，使两者能够更好地交流同一家公司的相关信息，进而具有较高的信息关联性。同时，如果机构投资者在多期同其他多家机构投资者一直保持着这种"紧密关系"，则会形成一种合作持股现象。

作为一种隐性的投资方式，合作持股在很长时间内并没有引起投资者及监管的重视，但随着合作持股行为对所持有股票及市场预期的影响逐渐加大，其受到越来越多的关注。在 Pareek（2011）等将社会网络测度方法引入对机构投资者行为的研究中后，网络中心度及 Louvain 团体识别方法也逐渐应用于对合作持股行为的刻画与描述中。本书借鉴这些研究方法首先提出一个假设。

假设 1：中国机构投资者网络真实存在于对资本市场的投资行为中，并可以用社会网络中心度及 Louvain 算法进行测度与区分。

4.1.2　机构投资者行为与绩效约束

在对机构投资行为的研究中，机构投资者行为动机是所有相关研究的出发点。在传统的金融学理论当中，机构投资者均作为市场中的主要"套利者"。弗里德曼在 1953 年提出市场中的套利行为会将市场中偏离内在价值的资产价格推回至基本面价值，使市场价格正确且市场有效[①]。但随着对资本市场的研究不断深入，研究者们发现机构套利者的行为受到多方面的约束。机构投资者在受到套利成本、基本面风险（套利替代资产的非匹配性）、噪声交易者风险等因素约束时会形成套利判断失误和套利能力受限的现象。但这些套利约束未能完全解释机构投资者的行为动机，也并未讨论机构投资者行为目标。因此，在 PBA 模型中，Shleifer 和 Vishny（1997）将机构投资者从套利者中同散户套利者区分开来，认为机构投资者投资的本质是投资人间接通过资金管理人进行代理投资，机构投资者行为目的并非是套利收益最大化，而是下期资金管理管理规模的最大化。于是，机构投资者决策便受到资金委托人"非理性"行为的影响。

资金委托人，即"基民"，对所投基金的优劣判断主要来自对基金上期业绩的判断，上期绩效超出市场预期就会在本期吸引更多"基民"的申购。但是，并非所有有卓越"套利能力"的机构投资者都能在每一期获得较好的投资收益，一些更具价值的投资标的需要经过更长期限的价值识别和更多市场对价值的"误判"。但当"基民"对每期业绩都有一个较为敏感的要求时，就会忽略长期更有价值的收益，仅仅因为短期业绩不达标而放弃一些更具投资价值

---

① Friedman，M.（1953），"The case for flexible exchange rates"，in：Essays in Positive Economics（University of Chicago Press）pp. 157–203.

的基金。这种要求机构投资者每期都获得高业绩的资金流量敏感性限制，即PBA模型中所描述的"绩效约束下的有限套利"。

以证券投资基金为例，基金份额的发售使不特定投资者的资金汇集起来，形成独立资金池，由基金管理人进行投资管理，体现出委托人和受托人之间收益共享、风险共担的集合投资关系，机构投资者主要是从市场中收取一定比例的管理费用来获得应有的收益。正是由于这种委托关系的存在，委托代理理论中产生的一系列摩擦也同样存在于机构投资者和资金委托人之间。机构投资者在市场中的行为很多时候受到资金委托人意愿的干扰，即使发现市场中存在绝佳的套利机会，也会出现无法说服委托人而放弃投资的现象，甚至会被抽回所管理的资金。因此，机构投资者在很大程度上会保留一定的资金来应对散户资金委托人这种非理性赎回风险，这就限制了机构投资者的套利能力，也降低了主动管理的收益，机构投资者的投资目标从套利收益最大化转为资产管理规模最大化。本书对此又提出一个假设。

假设2：机构投资者行为会受到绩效约束下的资金流量敏感性的影响，资金流量对机构投资者上期的业绩越敏感，机构投资者越会选择增加短期绩效的行为方式。

4.1.3　资金流量的网络溢出效应

资金流量对基金短期业绩的高敏感性同样可以理解为"基民"对该基金的认可度不高，会根据短期的业绩对基金作出最直接且短视的判断。现实中机构投资者面对这种高敏感性时，主要通过预留现金来防止散户基金投资者的"非理性赎回"，或者通过不断迎合市场短期需求，在基金"锦标赛"中获得更吸引资金流量的排名。但是，资本市场发展给了市场参与者更多机会去探究新的行为对策来稳定资金流量。李志冰等（2019）在用我国偏股型公募基金数据考察资金流量的影响因素时发现，基金自身的规模、成立年限、分红、历史收益率波动率及当期的市场牛熊市行情都会在一定程度上影响资金流量的申购与赎回行为，而 CAPM - α 及基本投资回报率最能反映出资金流量的当期偏好。这也说明了我国"基民"对所投基金整体研究能力不足，并没有通过深入分析决定自身的申购与赎回交易，导致对基金的投资行为更加情绪化，充斥着"非理性"。

机构投资者在更加成熟的资本市场中，根据自身所受到的定期考核及排名机制的约束，逐渐放弃了传统的、利用留存现金的方式来获得更加稳定的资金流量，更偏好通过一些隐秘且有效的策略规避外界约束，使下期资产管理规模最大化。Keynes 在 1936 年提出，如果一个投资者表现出与市场中其他参与者的决策存在较大偏差，无论最终结果正确与否，都很难得到公众的认可，成功会被认为是侥幸，失败则会很难被谅解。因此，跟随大众的决策优于自身特立独行的坚持。Scharfstein 和 Stein（1990）则将 Keynes 的这种观点引入资本市场中的基金机构投资者行为的研究中，发现基金经理如果在当期与多个机构投资者进行共同投资，就能在短期内获得更加稳定的投资收益，即使当期投资出现亏损，资金流量的赎回比例也远低于那些独立投资且与市场整体预期不同的机构投资者亏损导致的赎回比例。Cohen 等（2008）利用美国资本市场的机构投资者数据发现，基金经理决策与市场其他基金组合的相似程度越高，基金未来"业绩"越好，基金所能获取的资金流量就会越多。可以看出，国外早年的研究已经发现机构投资者可以通过从众投资来获取稳定的资金流量，以避免短期业绩评估带来的非理性投资者撤资风险。

受短期绩效约束或资金流量敏感性约束的机构投资者在进行从众投资时，主要采取两种策略——"羊群"跟随投资及合作持股投资。"羊群"跟随即机构投资者会推选出一只或几只核心基金，根据核心基金的投资结果进行跟随投资。但这种投资关系并不平等，也并没有真实反映出机构投资者之间的长期隐性的共同关系。因此，Pareek（2011）和肖欣荣等（2012）利用社会学中网络的构建与测度方法来进一步研究机构投资者网络的存在性及网络外部效应。然而，机构投资者网络的测度并没有考虑时间因素和网络节点间随时间变化的关联程度，于是，Crane 等（2019）就在机构投资者网络的基础上借鉴 Louvain 的社团区分方法提取出多期共同重仓持股的团体，更加明确地定义并验证了机构投资者网络中合作持股群体的存在，弥补了投资网络对投资者关系描述的缺陷。至此，对机构投资者彼此之间的关系研究又进了一步。

研究机构投资者合作持股网络，主要是探索其带来的外在网络是否符合机构投资者下期资金管理规模最大化的投资目标。于上尧等（2015）在研究我国基金抱团"取暖"的现象时就利用基金重仓股的顺序刻画了抱团团体，实证发现抱团行为会导致基金业绩上升。刘京军等（2016）在观察到资金流量对机构投资行为影响的特征时，首次借鉴了基金网络和空间计量模型，用来研究基金资金流量的溢出效应，并得出机构投资者可以通过构建投资网络来获得更加稳定的资金流量和显著的业绩增长。之后，在 Crane 等（2019）的研究中，Louvain 算法下的抱团团体持股也可以有效地稳定机构投资者的资金流。由此可见，我国机构投资者在面临市场短期竞争和非理性资金委托人时，会通过共同投资和类似资产配置的方式来稳定资金流量，获取资金管理规模的弱波动优势。这种机制的存在可以用经济学逻辑进一步解释，因资金流量存在较多的"非理性"投资行为，这种委托代理关系中委托方的短期情绪会直接作用于机构投资者的行为及应对策略。当机构投资进行合作持股投资时，资金流量若对团体投资标的或任何一只基金具有较高的偏好和信任度时，就会对持有相同标的资产或类似配置的其他基金保持同样的态度，甚至会忽略其他基金固有的特征（例如基金成立年限、规模、历史收益波动率等）而进行跟随投资。机构投资者合作持股网络带来的这种资金流量溢出效应成为市场中不能即时通过短期正向收益而获得资金流量投资的机构投资者主要的行为策略动机。因此，本书对之后的研究作进一步假设。

假设 3：机构投资者合作持股网络会给基金带来正向显著的资金流量溢出效应，可为机构投资者平滑高敏感性资金流量的"非理性"赎回。

目前已有的理论和研究并未对资金流量与机构投资者合作持股投资行为的关系进行逻辑上的分析，仅发现了资金流量对投资者行为的影响，忽略了机构投资者的"反应机制"，缺乏机构投资者合作持股行为驱动因素的分析。因此，笔者借鉴已有的投资者网络与资金流量研究基础，进一步研究市场中的资金流量敏感性对投资者合作持股投资行为的影响，探索投资者合作持股的形成机制。

4.2 研究设计

4.2.1 样本选择与数据来源

我国市场中机构投资者类型各异，且投资行为会根据机构性质的不同而出现较大差异，其中开放式公募基金是市场中最活跃的机构投资者，专业化的投资服务和对股票市场全方位的动态跟踪与深入研究使其成为基金业发展的主流。根据信息披露政策，开放式公募基金需披露整体业绩和各期资金流动，信息披露更加透明使其成为市场中流动性最高的基金管理模式。在学术研究中，通常以公募基金数据代替其他机构投资者数据，以便有代表性地研究机构投资者行为及相关影响。

其中参与股票市场交易的公募基金基金类型又可因投资对象的主次程度分为股票型基金和混合型基金，笔者为了在测度基金收益中使股票投资收益作为主要收益来源，以便测度与基本风险敞口补偿收益无关的超额收益（Alpha 收益）和基金经理自身的主动管理能力，主要研究股票型或偏股混合型的基金（股票投资占资产配置比例大于等于 60%）。我国证券投资基金按照投资理念可分为主动型基金和被动型基金，被动型基金资金流量所表现出的变动并非依据基金经理的管理能力，更多的是对市场价值的判断，因此，笔者剔除样本中以 ETF 基金为代表的被动型指数基金。同时，笔者在衡量基金的主动管理能力时，需构建三年滚动期来测算基金经理带来的超额收益（Alpha 收益），借此剔除 2017 年以来新成立的公募基金，同样也可剔除承诺三年内保本的、新发行的、已经停止申购和赎回的以及中间转换基金投资对象和目标的基金，以确保基金资金委托人能够根据基金业绩等因素自由地选择申购与赎回。

综上所述，为了适应所要检验的目标和公开市场信息的披露要求，本书以我国公募基金中在二级股票市场进行主动资金管理的开放型股票基金和开放式偏股混合型基金数据为例，构建基金网络来实现对投资者网络合作持股现象的描述和行为的驱动因素分析。最终筛选出股票型基金 276 只，偏股混合型基金907 只，107 家基金管理公司。

本章中基金行为及基金相关特征数据的样本期为 2006 年 1 月至 2020 年 6月，因为我国在 2005 年实施了股权分置改革，不再区分流通股和非流通股，增加了市场中的可流通股份，使公募基金的交易行为更加市场化，公募基金的净值规模和专业化水平开始有了显著的提升。再根据我国《公开募集证券投资基金信息披露管理办法》的规定，公募基金在披露运作信息时，在半年报和年度报告中才会披露详细的持股信息和资金流量，因此样本信息更新周期为半年。公募基金的个体样本数据主要来自 CSMAR 和 Wind 数据库，其他相关的公开信息也会被 Wind 数据库所收录并披露，故可获取较为全面与真实的数据来源。

4.2.2 机构投资者网络的设定和度量

本章主要的内容为机构投资者合作持股的驱动因素研究,通过机构投资者网络来实证检验机构投资者合作持股现象产生的原因。因此,本章首先对机构投资者网络进行设定和度量。

Pareek (2012) 在借鉴社会学网络的方法构建经济学投资者网络时,采用的是机构投资者共同重仓某只股票而产生的潜在联系,之后相关的投资者网络构建均采用这一方法。笔者根据假设,在衡量机构投资者重仓持股时采取了两种测度方式:公司层面对标的资产上市流通股持股占比达流通股市值的 5% 及以上;单只基金层面所投资上市公司流通股市值占自身资产净值的比重达 5% 以上,并将投资者网络 $S(J)$ 定义为与该投资者存在共同重仓持股潜在关联的其他投资者的集合。

机构投资者通过共同持股产生的两种内在网络联系均可首先通过重仓持股网络矩阵来表示,矩阵具体形式如 W_1。

$$
W_1 = \begin{bmatrix} \begin{bmatrix} W_{2006\,H1} & 0 \\ 0 & W_{2006\,H2} \end{bmatrix} & \cdots & 0 \\ \vdots & \ddots & \vdots \\ 0 & \cdots & \begin{bmatrix} W_{2019\,H1} & 0 \\ 0 & W_{2019\,H2} \end{bmatrix} \end{bmatrix}
$$

其中,$W_{2006\,H1}, \cdots, W_{2019\,H2}$ 表示样本中 2006—2019 年基于每半年重仓股构造的投资者网络矩阵,H1 和 H2 分别表示上半年度和下半年度,且每个矩阵的基本元素 w_{ij} 定义为:$w_{ij,t} = 1$,表示基金 i 与基金 j 在第 $(t-1)$ 期至少同时持有不属于同一家基金管理公司的一只或多只相同的股票,否则 $w_{ij,t} = 0$。根据定义,各矩阵中对角线上的数值也均为零,排除了自身关联且属于同一家基金公司的可能性。

上述网络矩阵虽然能描述某一时期两只基金间的共同持股关系,但将这种关系同质化为等价的 0 或 1 的关系,Blocher (2016) 在进行网络矩阵的检验时发现,这种等价的相关关系会带来较严重的内生性问题,导致网络权重估计出现偏差,因此,作者提出了根据基金重仓持股比例来构建相似性矩阵。为避免内生性问题，重仓持股比例相似性矩阵在 W_1 的基础上进行标准化计算。假设 $h_{i,t-1}$ 为基金 i 在第（$t-1$）期重仓持有标的资产的流通股市值占自身资产净值的比重，该向量的维度为 $k_{t-1} \times 1$，表示第（$t-1$）期股票的个数，$h_{j,t-1}$ 中第 j 个元素表示 i 和 j 基金同时在第（$t-1$）期持有股票的流通股市值占各自基金总净值的比重。可将网络相似矩阵中基金相似程度定义为

$$s_{ij,t} = \frac{h_{i,t-1}\, h_{j,t-1}}{|h_{i,t-1}||h_{j,t-1}|}$$

其中，$|h_{i,t-1}| = \sqrt{\sum_{m=1}^{k_i} h_{imt}^2}$。

两只基金相似性关系的实质是一种持仓向量的夹角，将矩阵按行标准化，得到第 t 期的权重矩阵 W_t，即 $w_{ij,t} = s_{ij,t}/\sum k \neq j s_{ik,t}$。这种相似矩阵的构建方法与传统中通过平衡面板固定空间进行加权的矩阵不同，W_t 矩阵会随着时间的变化而产生变化，同时每期的维度和平衡程度均不相同，虽然能更好地测度出各只基金间的相互影响程度的动态变化，但增加了共同持股矩阵及实证模型估计的难度。将这种随时间变化的相似性结构空间加权矩阵定义为标准化 W_2。

将机构投资者合作持股网络识别出来且用网络矩阵表示出来之后，Pareek（2012）、肖欣荣等（2012）、Needham 和 Amy E. Hodler（2019）在借鉴社会网络研究方法时，引入了多种测度网络特征的指标，在此对相关测度方法逐一介绍①。

（1）度（Degree）。机构投资者网络 $S(J)$ 之中的度 $D_i(J)$ 表示网络 J 中某一节点和其他节点的连线个数，例如华夏成长证券投资基金（基金主代码为000001），这只基金在 2020 年第二季度末通过重仓持有上市公司股票而与37只其他基金公司名下的证券投资基金产生了网络联系，可定义 $D_{000001}(J) = 37$。

（2）网络密度（Network Density）。网络密度是对网络完整性的描述，在一个复杂的网络关系中，如果任意两个节点之间都在这一时刻存在内在联系，则该网络的密度为 1，此时整体网络是一个完整性最强的团体，信息的交互是最为顺畅的，任一网络节点的度都相同且均等于 $n-1$（所有网络节点数减 1）。

---

① 根据本书所研究的机构投资者合作持股现象，可忽略网络中关于方向的问题，将文中的网络均定义为无向型，不再考虑节点间联系中的主动型和被动型特征。

反之，网络密度越小越接近零，网络中连接所有高密度节点数占全部节点数的比重越低，则网络的完整性越差。

（3）中心性（*Centrality*）。中心性是对网络中节点所处的网络位置的一种描述，这种位置在整体网络中越核心越具有中心性，强中心性的节点可以通过影响网络中其他节点而获取信息，甚至操纵其他节点的行为。节点的中心性特征又可称为中心度。借鉴 El - Khatib 等（2015）和 Bajo 等（2016）对资本市场中机构投资者网络的描述与测度方法，可将机构投资者网络中心性的测度指标归纳如下。

点度中心性（*Point Degree Centrality*）。该指标是网络中 i 节点连接其他节点所产生的度 $D_i(J)$ 占网络 $S(J)$ 中总节点数（n）的比重，用来简单地衡量某节点和其他节点连接的比例，某一时期该节点的点度中心性越高，说明该节点在这期网络中的位置就越重要。计算公式为

$$PointdegreeCentralit y_i = \frac{D_i(J)}{n-1}$$

由上述公式可以看出，点度中心性指标在 ［0，1］ 之间，越接近 1 就会拥有更多且更深刻的网络联系和信息交流渠道。

接近中心性（*Closeness Centrality*）。接近中心性又可称为整体中心性，指网络中某一节点 i 在某一期所能连接的其他节点的个数除以节点到达其他节点的最短距离之和。该中心性指标在对节点中心性的描述中将连接距离考虑在内，若每两个节点之间连接的距离为1，则通过第三个节点产生的网络联系就会增加两个节点之间的距离。该指标同样能测度出一个节点在网络中获得信息的难易程度和速度，是对节点在整体网络中重要性的一种判断方式。接近中心性越大，说明该节点越能从更多节点处更快地获得信息，依靠其他节点的程度就越高，与其他节点就越"亲密"。计算公式为

$$ClosenessCentrality_i = \frac{N-1}{\sum_{j=1}^{N} d(i,j)}$$

由于并不考虑节点间连接所带来的方向性，用所有可用节点个数（$N-1$）来标准化 ClosenessCentrality，再除以节点间最短路径长度之和 $\sum_{j=1}^{N} d(i,j)$，即可得出上述公式，这种优化无向图网络方法求出的接近中心性又被称为 Harmonic Closeness Centrality。

中介中心性（*Betweenness Centrality*）。中介中心性又被称为介数中心度，是统计某个节点 i 作为"桥梁"连接其他节点的路径数的指标，用最短路径通过的数量除以网络中最短路径之和得出，可简单描述为：节点 k 和 j 连接的最短路径中经过节点 i 的次数。节点 i 出现在其他节点连接的最短路径中的次数越高，节点 i 的中介中心性就越高，控制其他节点沟通信息的能力就越强，是协调节点间信息交互的"强中介"。计算公式为

$$Ce_i^c(J) = \sum_{k \neq j, i \notin \{k,j\}} \frac{P_i(kj)/P(kj)}{(n-2)(n-1)/2}$$

$P(kj)$ 表示 k 和 j 节点间的最短距离，而 $P_i(kj)$ 则表示 k 和 j 节点连接的最短距离中经过节点 i 的数量，网络中所有节点间存在的最短路径之和为 $(n-2)(n-1)/2$，对比例求和即可得出节点 i 在整个网络 J 中的中介中心性。

偏心率（*Eccentricity*）。偏心率同样是衡量某一节点 i 在该网络中位置特征的指标，又可称为离心率，指从一个给定起始点到距离它最远的节点的最短距离。

特征向量中心性（*Eigenvector centrality*）。随着研究的深入，中心性的指标测度由直接指标逐步向间接指标过渡。Bonacich（1972）根据 Katz prestige 间接性中心性测度的思想提出了特征向量中心度的概念，认为某一节点 i 的中心度不仅可由自身和其他节点的连接关系确定，还应该考虑与自身关系紧密的节点中心度的影响，可将节点 i 的中心性表述为由它的相邻节点的特征向量中心性的加总，计算表达式如下：

$$\lambda C_i^e(J) = \sum_j g_{ij} C_i^e(J)$$

写成矩阵形式则为：$\lambda C^e(J) = gC^e(J)$。λ 表示节点个体通过内在网络关系连接成邻接矩阵特征值的最大值，g 表示用周围节点的度中心性加权后的邻接中心性矩阵。Bonacich 将对节点中心度的测度转化为对 λ 非负特征向量的求解。特征向量中心性越大，表示该节点和周围节点都具有较强的中心性特征，该节点所连接的局部团体在网络中的重要性越强，进入某一团体的可能性越大。节点 i 不仅能通过自身获得来自网络的信息，还可以通过周围节点的强联系更迅速地收集丰富信息。节点特征向量中心性已经可以在一定程度上表示节点加入网络中某团体的可能性，相连节点的特征向量中心性越大，局部合作持股的程度也就越大。

PageRank。PageRank 是网络中心性算法中最著名且实际使用频率最高的一种算法，该算法得出的中心性测度不仅考虑了节点 *i* 在网络中的位置是否重要，而且考虑了节点传递、影响信息的能力和相邻节点的信息重要性，认为一个节点拥有一个信息力强的"邻居"比其他有多个弱信息性"邻居"的节点更具有中心性和网络重要性。PageRank 以谷歌联合创始人拉里·佩奇的名字命名，他将节点间的连接关系权重引入节点网络重要性的判别之中，可以用来寻找网络中那些与最重要节点有关系的节点，而非联系节点数最多的节点。节点 *i* 的 PageRank 可以表示为

$$PR(i) = (1 - d) + d\left[\frac{PR(T_1)}{C(T_1)} + \cdots + \frac{PR(T_n)}{C(T_n)}\right]$$

其中，T_1 到 T_n 表示与 *i* 相联系的其他节点，*d* 表示阻尼系数（damping factor），代表 *i* 节点在网络中被连接的概率，$C(T_1)$ 表示 T_1 节点的度。

（4）社区发现算法（*Community Detection Algorithms*）。网络中节点的特征可以用来对整体网络进行分类，但网络中各节点之间的关系存在更多群体性和社区性，是无法直接通过节点中心性全面地描述出来的，因此，更多的社区发现与识别的算法被众多学者研究并提出，以便发现群体行为或偏好特征。社区检测（community detection）又被称为社区发现，它是用来揭示网络聚集行为的一种技术。社区检测实际就是一种网络聚类的方法，这里的"社区"在文献中并没有一种严格的定义，笔者可以将其理解为一类具有相同特性的节点的集合。笔者根据 Amy E. Hodler 和 Mark Needham 等学者的相关综述，引出下文中需要检验的三种团体特征测度方法与相关指标。

测度算法（*Measuring Algorithms*）。测度算法也被称为直接聚类法，主要用来测度网络中相同类型节点的紧密程度，可分为对三角边的测度（Triangle Count）和对聚类系数（Clustering Coefficient）的测度。三角测度测算网络中节点能联系成三角形的数量，各节点在三角形中都存在边的连接关系。而网络平均聚类系数衡量整体的紧密程度，为 1 则说明该组内任意两个节点之间都存在边联系。任一聚类族群的聚类系数可表述为

$$CC(i) = \frac{2 R_i}{d_i(d_i - 1)}$$

其中，R_i 表示经过节点 *i* 和它的"邻居"的三角形的个数，d_i 表示节点 *i* 的度。聚类系数可以很快地测度出某一节点此时在网络中的集群程度，将各节点

的聚类系数进行边权重加权平均后可以得出整个网络的平均聚类系数，进而评价该网络的内聚性程度。节点聚类系数越大，该节点此时在网络中的行为同步性或者说合作持股程度就越高，节点聚类系数是可以直接用来测度节点群体行为强弱的指标。

关联部件算法（*Components Algorithms*）。该算法是一种早期分析网络关系图的算法，从任一节点出发，将能连接的所有节点归类为一组联通网络，再从该组外的另一节点出发，重复连接的过程，直至遍历该网络中所有节点。通过关联部件算法得出的社区团体结构可以根据各团体中的节点个数来判断该团体的紧密程度，也可以对组中类似行为进行进一步的集群间分析。

Louvain 算法（*Louvain Modularity Algorithms*）。Louvain 算法是对模块度（Modularity）优化计算的一种社区发现算法，其目标是最大化整个网络结构中的模块度，不仅可以快速划分聚类群体，还可以计算得出不同规模和不同层次的群体结构。算法通过比较节点自身团体关系密度与团体平均关系密度的大小，来量化决定节点的群体属性。Louvain 算法的划分标准主要是根据模块度的大小。团体被划分后，模块度越大，此划分方式就越准确。该算法改进来自复杂网络领域中专家 Newman 的模块度（modularity）概念，其使网络社区划分的好坏可以有一个标准的评价方法。模块度的物理含义是网络中某一社区所有节点组成的边的权重之和与随机情况下的节点间的边权重之和的差距，取值范围为 $[-1/2,1)$，模块的公式如下：

$$Q = \sum_c \left[\frac{\sum_{i,n}}{2m} - \left(\frac{\sum_{tot}}{2m} \right)^2 \right]$$

Q 是描述一个社区紧密程度的值，$\sum_{i,n}$ 表示团体 c 内部的权重，$\sum_{tot}$ 表示团体 c 内部点连接团体内外部边的权重。模块度越大，网络群体的社区性越强，社区内的节点的边权重越大，与社区外的连接的边权重越小。而 Louvain 算法首先将各节点随机分布至该节点及邻接节点的社区中，然后判断此次社区区分的整体模块度，再将其他节点纳入已有的社区中，形成新的划分模块度，直至整体模块度不再变化，社区划分停止，最终得出层次化划分网络的结果。

Louvain 算法非常适合规模较大的网络社区发现，能更快更准确地克服传统模块度相关算法的边权重加权的局限，故广泛应用于社会网络的区分和辨别。本书主要根据此算法对各期机构投资者网络进行划分，并结合团体聚类系数的大小来提取出网络团体，进而可以对机构投资者合作持股特征及影响效应进行更深入的研究。

综上所述，本书利用机构投资者网络权重矩阵对机构投资者之间的内在共同持股关系进行描述，并利用网络中心度和 Louvain 算法测度和识别机构投资者网络和合作持股程度，为全文构建合作持股网络的核心变量。

4.2.3　基金资金流量对业绩的敏感性指标设定

根据绩效约束下的有限套利模型（PBA 模型），基金的某期套利能力会受到本期业绩带来的资金流量变动的约束，资金流量的变动直接决定基金经理本期可调动的资金规模，影响机构投资者的持股行为。为了度量基金资金流量对上期基金投资回报的敏感程度，笔者首先参照 Sirri 和 Tufano（1998）对基金资金流动的设定，构建基金的资金流量测度指标——净申购率（某期的资金净流入 ÷ 期初基金资产净值）。其中基金的期初资产净值为基金的累计净值，分红和其他收益的分配均作为再投资参与到净值增值过程中，且该期基金所有的资金流动均发生在期末，每期的基金净收益均采用复利方式增至该期期末。根据这种设定，可将基金 i 在 t 期的资金净流动 $flow_{i,t}$ 定义为

$$flow_{i,t} = TNA_{i,t} / TNA_{i,t-1} - (1 + r_{i,t})$$

$TNA_{i,t}$ 表示基金 i 在第 t 期末所累计的资产净值，$TNA_{i,t-1}$ 则表示基金期初所管理的全部净资产，$r_{i,t}$ 是基金 i 在第 t 期的经营收益率（净值投资收益率，基金经营活动产生的基金净值变动数占期初基金净值的比重）。当期净值累计增长率减去投资所产生的收益率即可得到 $flow_{i,t}$，表示当期因基金份额交易产生的基金净值变动额占期初基金所管理的所有净资产（$TNA_{i,t-1}$）的比重，代表当期基金份额投资者的申购赎回变动程度。

同时，影响基金当期资金流动的因素有很多，但根据市场事实已有研究（Kacperczyk 和 Seru，2007；李志冰等，2019）主要探究的是基金流量和净值收益率之间的关系。本书为构建各期基金资金流量对业绩的敏感度，构建以下滚动回归模型

$$flow_{i,t} = \beta_{i,0} + \beta_{i,1} R_{i,t-1} + \gamma_i Controls_{i,t-1} + \varepsilon_{i,t} \qquad (4-1)$$

根据公募基金 2005 年初至 2020 年年中数据的可得性，本书采用的滚动回归窗口期为 10 期，$R_{i,t-1}$ 表示基金份额投资者主要根据该基金上期的投资回报

率选择申购或赎回，李志冰等（2019）利用中国数据将 CAPM_ Alpha、Fam – French 三因子_ Alpha、Fam – French 五因子_ Alpha 和原始投资带来的超额收益率对基金资金流量进行了单期敏感程度和多期敏感程度的回归，结果发现在中国基金份额持有人对各种收益率的敏感程度中，原始超额收益对资金流量变动的影响最大。这可能是因为中国基金份额投资者对基金投资风险的认识不足，仅能通过最简单的收益判断来选择基金进行投资，这从侧面显示出我国"基民"的整体投资水平需要进一步提高。因此，本书依据已有研究成果，仅用基金上期因主动投资带来的净值增长比例作为投资收益，与资金流量进行滚动回归，模拟出各期回归系数，测度基金资金流量对基金业绩的敏感程度。

为了提高基金资金流量对基金投资收益率的敏感性的准确度，本书根据 Kacperczyk 和 Seru（2007）提出的滞后期控制变量 $Controls_{i,t-1}$ 来保证模型更高的解释能力，控制变量包括调整量级后的基金规模 size 和基金在当年已成立的年限 age。由于滚动回归会随着变量的增加而减少回归系数数量，对于控制变量仅取最受基金份额投资人关注的两项。

通过模型（4–1）测度出的 $\beta_{i,1}$ 系数可以有效地判别基金资金流量对上期基金投资业绩的敏感性，同时根据 PBA 模型和已有的相关研究可以预测 $\beta_{i,1} \geq 0$，表明基金流量会随着基金上期业绩的增长而流入该基金。同时，资金流量的敏感性强，说明机构投资者为获得更多的资金流入，需要保持更稳健的正向投资收益，否则一旦某期产生负收益就会引起资金流量的大量流出，这也说明机构投资者受到的业绩的约束随着资金流量的敏感性增强而加剧。当基金不再用受托资金进行投资，手中有充足的资金，可以按照自身投资判断进行投资时，机构投资者就不再受业绩绩效的约束了，此时 $\beta_{i,1} = 0$。

4.2.4　控制变量设定

根据已有文献对机构合作持股行为的分析，本书选取以下相关控制变量进行实证分析。结合现有的理论与实证研究成果，各变量已被证明对机构投资者行为具有很大影响，因此，可直接代入模型中进行回归检验，保证模型的解释能力。

（1）基金规模（$size_{i,t}$）。基金的规模不仅体现了社会资金对基金本身的认可程度，而且也对基金经理的主动管理能力提出了更高的要求。基金规模越大，基金经理的行为可能就越偏向于保守，越倾向于投资于稳健性高的标的。

在相关研究中，基金规模可定义为

$$size_{i,t} = \log(TNA_{i,t-1})$$

其中，$TNA_{i,t-1}$ 是基金 i 在第 $(t-1)$ 期的资产净值总额，表明本期基金的行为会受到期初资金规模的影响，基金经理会依据期初"禀赋"来决定本期的行为。同时对数化处理消除了量纲导致回归系数过小的不匹配性影响。

（2）基金成立年限（$age_{i,t}$）。基金成立年限同样是基金行为研究中特别重要的一个控制变量，机构投资者当期在进行投资时，成立年限越久，就拥有越丰富的历史投资及管理经验，以及可供实时分析的投资数据。同时，成立年限越久，市场对该基金的历史回报率的认识越全面，基金份额投资者也更倾向于投资那些"老牌"基金。本书将成立年限 $age_{i,t}$ 定义为第 t 期距离成立日期的整年数。

（3）费用率（$expenserate_{i,t}$）。公募基金的费用是机构投资者根据市场行情和市场竞争力进行资产配置所产生的费用合计，剔除份额规模量纲后的大小会直接影响投资者的资产净值净收益，因此也会对机构投资者自身行为产生影响，本书将费用率 $expenserate_{i,t}$ 定义如下：

$$expenserate_{i,t} = \frac{expense_{i,t-1}}{N_{i,t-1}}$$

其中，$expense_{i,t-1}$ 是 i 基金在第 $(t-1)$ 期末的费用合计，基金的费用主要包括基金管理人薪酬、托管费、交易费用、利息支出和其他费用等；$N_{i,t-1}$ 则表示基金在第 $(t-1)$ 期末的份额数。由此得到本期期初基金 i 的费用率 $expenserate_{i,t}$，可控制机构投资者行为受上期经营费用影响的费用率指标。

（4）分红（$dividend_{i,t}$）。基金的分红在一定程度上表示基金投资业绩的正向发展，但基金会因为分红减少下期的投资规模，一方面希望向市场传达自身优势和管理能力，另一方面也增加了有限套利的风险，基金经理会根据上期分红所带来的市场正向反馈在本期采取不同的投资策略。因此，分红不仅会影响基金净值变化，也会直接影响基金本期的行为。本书将分红变量定义为

$$dividend_{i,t} = \frac{D_{i,t-1} - D_{i,t-2}}{N_{i,t-1}}$$

其中，$D_{i,t-1}$ 表示 i 基金在第 $(t-1)$ 期的累计分红总额，其与 $D_{i,t-2}$ 的差额表示在第 $(t-2)$ 期的总分红量，假设分红均发生在期末，是由机构投资者根据本期市场行情及投资收益情况制定的决策，其与期末份额总份数 $N_{i,t-1}$ 的比值可表示为 $dividend_{i,t}$，衡量机构投资者上期的分红程度。

（5）基金收益波动率（$NAVGrowthStdev_{i,t}$）。基金自身的上期业绩或者历史业绩波动率会明显影响基金本期的投资行为，表现出基金的历史投资风格及投资特征。同时，基金收益率的波动性也会对市场投资本基金的态度产生影响，机构投资者会根据历史投资行为惯性和市场反馈而选择对应的投资策略。对历史收益信息的识别与分析，也会让基金经理获得更加有价值的内在信息，并将这些信息融入下期投资策略中。基金历史收益波动率的指标构建如下：

$$NAVGrowthStdev_{i,t} = \sigma_{i,t-1} \sqrt{n_{t-1}}$$

其中，$\sigma_{i,t-1}$ 表示第（$t-1$）期机构投资者投资收益日标准差，n_{t-1} 表示第（$t-1$）期中真实的交易日数量，利用日均值波动率的标准差能剔除一些期间的异常值，两者构造的期间收益率标准差 $NAVGrowthStdev_{i,t}$ 能很好地衡量基金收益的上期波动性，基金经理也会依据上期的收益波动性来调整本期的行为。

（6）市场收益率（$marketreturn_t$）。机构投资者对市场行情的判断是其本期行为的主要依据之一，市场行情的好坏同时影响机构投资者可获得的资金流入流出情况和基金份额投资情绪，进而影响机构投资者本期的投资行为，因此，将其作为控制变量能更好地检验解释变量与被解释变量之间的关系，剔除市场对机构投资者行为的影响。本书用沪深 300 指数的本期收益率来构建市场收益率 $marketreturn_{it}$：

$$marketreturn_t = \frac{(index300_t - index300_{t-1})}{index300_{t-1}}$$

$index300_t$ 表示沪深 300 指数在第 t 期期末的点数，构建的增长率可衡量我国股票市场的期间收益情况，具有很强的代表性。

4.2.5　实证检验模型

为验证本章所作的研究假设 1，笔者依据已有研究和相关变量，提出以下实证检验模型：

$$CliqueDegree_{i,t} = \alpha + \beta FlowSensyitivity_{i,t-1} + \sum_{l=1}^{l=k} \gamma_l Control_{i,l,t}$$
$$+ \mu_i + \eta_t + u_{i,t} \qquad (4-2)$$

其中，$CliqueDegree_{it}$ 衡量机构投资者合作持股程度指标的增长率，根据社会网络中心度和社区聚类程度的测算，可用基金与网络中其他机构的亲密程度指标（Harmonic Closeness Centrality）、机构投资者网络中的聚类程度指标

（Clustering Coefficient）、机构投资者网络中的特征向量中心度指标（Eigenvector Centrality）等的增长率表示当期的机构投资者相对于上期与周围机构的合作持股紧密程度变化。FlowSensitivity 表示资金流量对上期收益的敏感性，即通过模型(4-1)求出的各基金用各期资金流量与业绩滚动回归得到的资金对业绩的敏感性。根据 PBA 模型，机构投资者的行为目标是下期管理规模的最大化，因此本期的行为会受到市场中资金流量对机构投资者上期投资业绩的敏感性约束，$FlowSensitivity_{i,t}$ 越大，说明市场资金流量对本基金的认可度越低，会随着业绩的变化而发生更大的投资转变，要求基金为了在下期获得更大的管理规模而在本期提高更多的业绩。因此，通过模型（4-2）来模拟机构投资者当期所受的资金约束程度对机构投资者合作持股行为的影响。这里的 β 系数是我们所主要测度的目标，β 系数即机构投资者合作持股行为受资金敏感性的影响程度，通过 β 系数的正负，我们可以检验出资金流量对基金业绩敏感的基金提高或降低自身"抱团取暖"意愿的强度，即资金敏感性对合作持股程度的正向或负向影响。

同时，模型中的控制变量主要包括对基金个体特征及市场特征的描述，在设定控制变量时依据已有研究和现实中各变量对机构行为的影响，调整各指标的期间范围，并置入模型（4-2）中。本书同时假设模型中的面板回归是固定效应，故提前设置了个体固定效应 μ_i 和时间固定效应 η_t，α 为常数项，$u_{i,t}$ 为模型回归残差，表示机构投资者合作持股未被解释变量和控制变量解释的部分。

将模型（4-2）中的主要变量及控制变量的相关定义综合概括为表4-1。

表4-1　　　　　　　　　　　　主要变量及定义

变量名称	变量定义	变量性质
CliqueDegree	衡量机构投资者合作持股行为的紧密程度指标，本书用机构投资者合作持股网络的中心性和社区划分指标来度量每只基金的合作持股紧密程度。指标主要包括： 　　点度中心性（Point Degree Centrality）：衡量某期网络中的节点连接频率的大小； 　　接近中心性（Closeness Centrality）：衡量节点从最短连接节点获取信息的强弱程度，本书使用 Harmonic Closeness Centrality 来改善测度某只基金在本期与其他基金的亲密程度的准确性，该中心性越大，与周围节点亲密度越高。	被解释变量

变量名称	变量定义	变量性质
	特征向量中心性（Eigenvector Centrality）：通过机构投资者网络中某只基金的相邻基金的重要程度来测度这只基金在网络中的重要性，该中心性越大说明该基金与网络中重要基金的联系程度越大，合作持股的紧密程度越高。 　　聚类系数（Clustering Coefficient）：衡量某只基金节点聚类成团体的可能性大小，聚类系数越大，该基金与周围基金聚类成同一团体的可能性越大。	
FlowSensitivity	资金流量的敏感性指标。该指标通过模型（4-1）滚动回归得出的 $\beta_{i,1}$ 系数得到，表明当期市场基金份额持有者对某只基金 i 上期业绩的敏感程度，本期资金流量敏感性越大，机构投资者受正向业绩的约束越大。	解释变量
Size	基金规模。由基金期初所具有的资产净值对数算出，衡量基金本期所能调动的资产规模。	控制变量
Age	基金成立年限。截至基金作出合作持股行为的时刻，该只基金距离成立日期的时间长度。由于在计算时已经年份化（6个月为0.5年），故不再对数化去量纲。	控制变量
ExpenseRate	基金经营费用率。指期末基金经营管理所产生的所有费用与基金所有发行份额数的比值，费用率越高，对下期基金净值的负面影响就越大，因此采用期初的费用率来表示对基金本期行为的影响。	控制变量
Dividend	基金的分红率。基金的分红行为能向市场传达多项正面信息，同时基金经理可以通过上期的分红程度获得市场的正向反馈，进而会在本期作出相应的行为决策。	控制变量
NAVGrowthStdev	基金收益波动率。由日收益标准差用时间加权求得，表示基金自身上期的投资业绩波动率能反映出基金本身的投资风格和特征，波动率越大说明基金更愿意接受风险而获取更高的收益。	控制变量
MarketReturn	市场收益率。本期市场收益率会直接影响基金的投资收益和基金份额投资者的投资情绪，进而影响机构投资者行为。本书用沪深300指数代表股票市场的整体收益状况，并通过该控制变量剔除市场对投资行为的影响，以获得更准确的解释变量与被解释变量之间的关系。	控制变量

4.3　主回归实证检验

本节主要依据理论分析对机构投资者合作持股及相关变量进行实证分析，

由于研究对象特征及数据可获得性，章节中出现的机构投资者均以符合条件的公募基金相关数据作为代表进行演算。本节内容主要包括对回归变量进行描述性统计、对主回归面板进行实证检验以及对相关回归结果的经济意义进行分析。

4.3.1 描述性统计

根据章节对主回归变量的定义，本书对所收集的公募基金合作持股网络数据进行了测度，并将测度结果进行描述性统计（见表4－2）。为了避免所研究的连续变量中异常值的干扰，本书对所有回归变量进行了上下1%的 Winsorize 缩尾处理。

表4－2　　　　　　　　　　回归变量描述性统计

变量名称	观测数	均值	标准差	最小值	最大值
HarmonicCloseness	11983	0.49	0.12	0.25	0.79
ClusteringCoefficient	11983	0.58	0.27	0.00	1.00
EigenvectorCentrality	11983	0.26	0.29	0.00	0.97
FlowSensitivity	9143	0.03	0.41	0.00	22.62
Size	11983	20.39	1.55	16.79	23.50
Age	11983	5.31	3.78	0.31	15.70
Expenserate	11980	3.16	2.58	0.54	15.73
Dividend	11980	0.03	0.12	0.00	0.84
NAVGrowthStdev	11983	1.38	0.65	0.00	3.39
MarketReturn	11983	0.01	0.03	－0.06	0.10
Eccentrictic	11983	4.59	1.26	1.00	11.00
ClosenessCentrality	11983	0.44	0.10	0.12	1.00
BetweenCentrality	11983	0.00	0.01	0.00	0.31

由表4－2可知 HarmonicCloseness 和 ClusteringCoefficient 均为0.5左右，说明有近一半的机构投资者15年间都与其他机构投资者产生过合作持股现象。据统计，每年都有大量的机构投资者 ClusteringCoefficient 为1，说明机构投资者确定加入网络某一团体之中。HarmonicCloseness 较低的标准差表明机构投资者与周围节点的紧密程度多年来变化并不大，如若产生了紧密联系，则不会轻易改变。EigenvectorCentrality 的低均值则说明机构投资者与周围产生的"三角形"合作持股程度不高，周围节点在网络中的信息重要性不强，说明组成团

体的节点自身合作持股程度的强弱受周围节点的影响不大。FlowSensitivity 的均值为 0.03，说明 15 年间中国基金份额投资者对基金业绩的敏感性相对平稳，基金业绩上涨 1%，资金流量就会上涨 3 个基点。但标准差是均值的 14 倍左右，说明各时期资金流量敏感性的变化十分巨大，各个阶段的资金流量敏感性特征明显。同时，对这种敏感性指标即使作了 Winsorize 缩尾处理，最大值和最小值的差额也有均值的 700 倍左右，表明不同时期会出现资金敏感性的极端值。将各年的网络中心性及资金流量对业绩的敏感性均值用折线图表示出来（见图 4 - 1），可以看到基金合作持股程度与资金流量敏感性有较强的相关性，且 2016—2020 年的趋势是波动向上的。特别是资金流量敏感性指标，在 2007 年和 2019 年表现出剧烈的波动，说明资金流量的波动性在不同市场阶段存在较大差异。

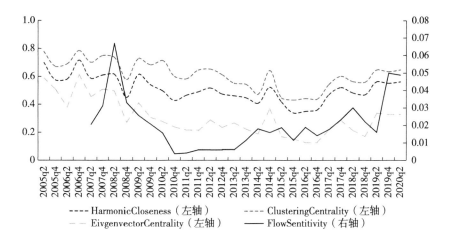

图 4 - 1　主回归变量各年均值

描述性统计表 4 - 2 中同时展示了未修正的亲密中心性（ClosenessCentrality）的相关数据描述，发现其与 Harmonic Closeness Centrality 几乎相同，却显示出更大的极值，表明后者的修正是可靠且更加均衡的亲密中心性测度。离心率（Eccentrictic）和中介中心性（BetweenCentrality）的统计结果差距大，表明中国机构投资者并未表现出核心机构投资者特征，即并没有某家机构投资者一直带领其他众多机构投资者进行投资。

为了首先判定主回归中各变量是否具有显著的相关性，对被解释变量、解释变量和控制变量进行 Pearson 检验，结果如表 4 - 3 所示。

表 4 - 3

变量间 Pearson 相关系数检验

变量	HarmonicCloseness	ClusteringCentrality	EigenvectorCentrality	Size	Age	Expenserate	Dividend	NAVGrowthStdev	Marketret	FlowSensitivity
HarmonicCloseness	1									
ClusteringCentrality	0.2204*	1								
EigenvectorCentrality	0.7668*	0.1930*	1							
Size	0.0477*	0.0121	0.0759*	1						
Age	0.0601*	0.0104	0.0278*	0.2063*	1					
Expenserate	-0.0979*	-0.0412*	-0.0269*	-0.2232*	0.0132	1				
Dividend	-0.0365*	-0.0139	0.0052	0.1044*	0.0906*	0.0848*	1			
NAVGrowthStdev	-0.1792*	-0.1427*	-0.0775*	0.0415*	0.0628*	0.1499*	0.0470*	1		
Marketret	0.2695*	0.1078*	0.1669*	0.0539*	-0.0255*	-0.0031	0.0353*	-0.2250*	1	
FlowSensitivity	0.302*	0.1022*	0.109*	-0.0331*	-0.0327*	-0.0044	-0.0012	-0.0112	-0.0041	1

如表 4 - 3 所示, 资金流量的敏感性在无其他变量影响的情况下, 会对机构投资者合作持股指标产生正向驱动效应, 且其相关系数在 10% 的显著性水平上为正, 表明资金流量对基金业绩越敏感, 越会促使机构投资者采取合作持股的方式来投资市场标的资产, 这初步验证了本章节中所作的假设 1。在表 4 - 3 所展示的 Pearson 相关性检验结果中, 各变量间的 Pearson 系数均在可接受的范围 (低于 0.5) 之内, 可判定各变量之间并未存在严重的多重共线性, 在进行主回归检验时能估计出较为可信的参数。同时, 控制变量与合作持股指标之间的关联性也均在 10% 的显著性水平上显著, 验证了已有研究中变量选取的可信度。

4.3.2 机构投资者合作持股的驱动因素回归检验

表 4 - 4 显示了机构投资者合作持股受资金流量对业绩敏感性指标及相关控制变量影响的面板回归结果。根据实证模型 (4 - 2), 解释变量和控制变量对被解释变量的影响已作过相关期限设定, 为了更好地显示出被解释变量受影响的真实时期, 本书将需要滞后期的变量表示为 ($t - 1$) 期, 不需要滞后的变量表示为 t 期。同时, 机构投资者合作持股程度指标因重仓持股网络连接的设定, 已经排除了因公开信息或偶然因素导致的同期共同持股, 是因信息共享而产生的合作连接。

表 4 -4　　　　　机构投资者合作持股的驱动因素面板回归

模型 变量	(1) $HarmonicCloseness_t$	(2) $ClusteringCoefficient_t$	(3) $EigenvectorCentrality_t$
$FlowSensitivity_t$	0.0809 *** (2.74)	0.0239 ** (1.85)	0.232 *** (3.29)
$Size_t$	0.0200 *** (6.76)	0.0199 *** (2.82)	0.0326 *** (4.07)
$Dividend_{t-1}$	− 0.0252 ** (− 2.06)	− 0.0864 *** (− 2.66)	− 0.0538 * (− 1.66)
$NAVGrowthSTDEV_{t-1}$	− 0.0535 *** (− 22.37)	− 0.0415 *** (− 5.91)	− 0.0414 *** (− 6.39)
Age_t	0.0905 *** (7.81)	0.0406 ** (2.08)	0.0428 (1.45)

模型 变量	(1) HarmonicCloseness$_t$	(2) ClusteringCoefficient$_t$	(3) EigenvectorCentrality$_t$
Expenserate$_{t-1}$	-0.012* (-1.79)	-0.0555 (-0.29)	-0.0137 (-0.75)
MarketReturn$_t$	0.683*** (12.58)	0.587*** (4.60)	1.133*** (7.25)
Constant	0.0929 (1.50)	0.174 (1.17)	-0.379** (-2.26)
Number of obs	9143	9140	9143
R^2	0.532	0.301	0.491
adj. R^2	0.521	0.291	0.487

注：表括号内为 t 值，*** 代表显著性水平为 1%，** 代表显著性水平为 5%，* 代表显著性水平为 10%。下同。

据此，本书可以得出以下论述：首先，机构投资者的合作持股程度受上期资金流量对机构投资者投资业绩敏感度的影响，且这种影响是显著正向的，说明资金流量对业绩越敏感，机构投资者越愿意采取合作持股形式的投资方式。以第二个面板回归的结果为例，基金份额持有人代表的资金流量对基金业绩的敏感性每提高 1%，机构投资者进行合作持股投资的可能性就提高 2.39%。而特征向量中心度则会随资金流量敏感性提高 1% 而获得周围节点重要性 23.2% 的提升，增加了基金与相关基金组成团体的可能性。

根据 PBA 模型的推导结果，本期资金流量对基金业绩越敏感，说明"基民"对当期基金投资收益的要求越高，越在意本期的短期直接收益，而非下期或是长期相对更高的投资回报。机构投资者为了防止资金流量的"非理性"赎回，会在未来通过合作持股投资的方式符合市场短期预期，形成与市场的高一致性以获得更多投资资金的"青睐"。这一经济现象在 20 世纪开始就已经被市场参与者和学者们所发现，资金流量对资金受托者的认可并非完全来自业绩收益，在同样的收益的水平下，资金认可度会随着受托人是否采取符合市场预期的决策而发生改变，投资者更倾向于认可市场大众的判断方向，进而容易宽恕跟随市场投资的机构投资者。因此，当市场中资金流量对自身业绩的敏感性增加时，机构投资者受到的绩效约束更大，倾向于通过合作持股投资的方式来避免这种认知偏差带来的"非理性"赎回，并引导下期资金的正向流入，合作持股投资的可能性随之增加。回归结果与 Crane 等（2019）、吴晓辉等（2019）对中美机构投资者合作持股行为的研究结论相同。

控制变量方面，规模越大、成立时间越久的机构投资者在市场中合作持股的程度越高，说明基金"资历"越深越倾向于选择合作持股投资。市场资金流量与业绩要求会随着基金规模增加和市场经验更加丰富而产生更高的"期待"，会造成更大的市场绩效约束，驱动机构投资者进行合作持股投资。分红比例和历史收益率的增加却显著地降低了机构投资者合作持股投资的意愿，说明基金对基金份额持有人的正向补偿或稳定的历史收益能降低资金流量的敏感性以及机构投资者的绩效约束，机构投资者减少了通过合作持股来减少绩效约束的动力。市场收益率的增加会显著提高机构投资者合作持股的可能性，说明机构投资者预计市场中资金会在短期内要求更高的投资收益，将会受到更大的绩效约束，因此更愿意参与到团体投资中以减少未来可能发生的绩效约束。费用率的大小对机构投资者合作持股程度的影响并不显著，只对机构投资的网络亲密程度有 10% 显著性水平下的负向影响，说明机构投资者历史费用率越高越不愿通过合作持股的方式来缓解业绩约束，这种不显著可能是因为费用率中复杂的组成成分抵消了对投资者行为的影响。面板回归中的整体相关性 R^2 为 0.5 左右，说明模型整体具有较高的解释能力。

4.3.3 进一步检验与分析

通过主回归的检验结果，本书得出机构投资者合作持股会受到资金流量对业绩敏感性的显著正向驱动，市场资金对业绩越敏感，机构投资者越有动力进行合作持股投资，降低下期绩效约束，获得下期稳定的资金流入。但合作持股行为是否真正可以实现下期资金流量的流入或者降低业绩，机构投资者进行合作持股投资的动机是什么，值得进一步检验与分析。

首先，机构投资者本身的特征对机构投资者合作持股行为的驱动作用均是通过影响机构投资者绩效约束，来间接影响机构投资者作出相应对策。这也可以表述为机构投资者合作持股可以为自身带来正向的影响效应，进而促使机构投资者策略的形成。因此，机构投资者合作持股给自身带来的真实网络效应是进一步分析的重点。

其次，与"羊群效应"不同，基金合作持股投资并非一种跟随性投资，而是机构投资者主动作出的共同投资行为，因此不能通过已有"羊群效应"的跟随持股变动研究来分析合作持股行为。

根据 PBA 模型的假设，机构投资者的目标是下期资金流量的规模最大化，故可将其行为的目的统一为使资金流量规模最大化，合作持股行为同样出于此种动机。根据孟庆斌等（2015）、刘京军等（2018）的研究，中国资金流量会随着基金锦标赛的评价而发生改变，锦标赛带来的相对业绩排序会通过影响资金流量而作用于基金管理费收入以及基金管理资金的行为策略。Brown 等（1996）依据美国机构投资者数据发现，机构投资者可以通过锦标赛靠前的排名来获得下期更多的管理规模和薪酬激励，且一旦这种薪酬激励大于雇佣风险，就可以选择更加有价值且风险较高的标的资产进行投资，而不惧委托代理资金的"非理性"赎回。因此，基金会为了获得当期较好的排名和下期更大的管理规模，进行满足市场短期预期的投资，取得当期良好的业绩表现。如果众多机构投资者同时抱有此种目的，市场中就会出现合作持股现象。投资者团体的合作持股网络不仅可以通过"信息资源共享"进行相同的资产配置，向市场传递资金聚集且投资标的受专业投资者认可的信息，取得资金委托人的信赖，而且可以利用交易对手方的资金规模不对称性降低本期投资风险，取得稳定的当期业绩收益，进一步稳定资金流量。结合以上论述可以发现，资金流量的变动是机构投资者行为对策的主要考虑因素，且基金可以通过合作持股网络的方式稳定资金流量的流动。

本书借鉴 Brown 等（2014）、刘京军等（2016）对空间面板模型的经济学使用方法，检验机构投资者合作持股对资金流量的网络溢出效应，以证明机构投资者合作持股投资可以稳定资金流量的流动，满足锦标赛的短期业绩要求，进而说明资金流量对业绩的敏感性等指标会对机构投资者合作持股行为产生驱动效应。

空间面板模型的构建是借助前文构建的机构投资者重仓持股网络 W_1 和刻

画重仓股相似性结构的网络加权矩阵 W_2，并选择空间滞后模型 SAR[①] 来模拟基金之间通过同期共同重仓持股带来的资金流量稳定效应。SAR 模型如式（4 - 3）所示：

$$flow_{it} = \rho \sum\nolimits_k W_t(k,i) flow_{kt} + X_{it}\beta + \mu_i + \varepsilon_{it} \qquad (4 - 3)$$

其中，$flow_{it}$ 表示基金 i 在第 t 期的资金流动，$W_t(k,i)$ 表示第 t 期共有 k 只基金产生了共同重仓持股关系，基金 i 在 t 期与所有共同持股构成的网络关系进行空间加权后可得到当期空间滞后项 $\sum\nolimits_k W_t(k,i) flow_{kt}$，与 $flow_{it}$ 回归后的系数 ρ 表示空间滞后项网络加权资金流量对本期 i 基金可获得的资金流量 $flow_{it}$ 的影响。X_{it} 为对资金流量有影响的控制变量，主要包括基金份额持有人所关注的基金特征，例如基金规模、成立年限、投资回报率标准差、前期分红等指标。同时利用 μ_i 进行回归面板个体效应的固定，ε_{it} 为回归残差项。为了更好地匹配现实中的真实网络效应，用 0 - 1 矩阵 W_1 和标准化网络矩阵 W_2 分别对模型（4 - 3）进行估计，得出网络矩阵空间面板的回归结果，如表 4 - 5 所示。

表 4 - 5　　　　　　　　　机构投资者资金流量的网络溢出效应

模型 变量	(1) W_1	(2) W_2
ρ	0. 0607 ***	0. 403 ***
	(3.44)	(2.75)
$Size_t$	- 0. 1023 **	- 0. 1019 ***
	(- 7. 79)	(- 4. 62)
$Dividend_t$	- 0. 0521	- 0. 0768
	(- 0. 96)	(- 1. 06)
$NAVGrowthSTDEV_t$	2. 535 ***	2. 0415 ***
	(12. 37)	(4. 91)
Age_t	0. 0025	0. 0046
	(0. 81)	(0. 98)

① 空间计量模型主要包括空间滞后模型 SAR 和空间误差自回归模型 SEM，本书根据刘京军等（2016）的对空间计量模型模拟及选择的研究结果，采用 SAR 来模拟本书所要研究的基金网络溢出效应。

模型 变量	(1) W_1	(2) W_2
Expenserate$_t$	-120.12 * (-1.89)	-103.53 (-1.09)
Constant	-0.1598 (-0.022)	-0.1600 (-0.017)
时间	Yes	Yes
类型	Yes	Yes
Number of obs	11781	11781
R^2	0.6447	0.6451

表 4-5 仍采用的是股票型和偏股混合型公募基金的数据,通过 Matlab 中 SAR 空间面板中的固定效应模型,用各期共同持股矩阵滚动回归得出空间滞后项反映系数,且假设基金份额持有人对基金的投资均发生在第一期期末,这样本期的基金特征才会直接反映到基金资金流量的流向当中。从表 4-5 可以看出,网络矩阵的加权会对基金的资金流量产生显著正向的促进作用,即通过合作持股网络的行为策略能促进资金流量的流入,给基金带来更大的资金管理规模。同时标准化后的网络矩阵 W_2 加权回归结果要优于普通 0-1 矩阵 W_1 ,说明忽略基金共同重仓持股边权重或联系紧密程度,会低估资金流量的网络溢出效应。

这种回归结果也可以用经济事实进一步解释,即基金通过合作持股投资首先会向市场传递投资标的受资金"青睐"的信号,并且当基金资金流量或锦标赛对团体中任何一只股票的投资组合赋予了较高的认可度,就会将这种偏好扩散至持有同种股票组合的所有团体成员之中,因此产生了网络带来的资金溢出效应。向市场传递的正向信号会给基金投资标的带来更多的市场跟随投资资金,不仅在短期稳定了投资标的的投资风险,也给基金团体自身带来较为稳定的业绩增长,进一步引导资金流量流入,也正是机构投资者团体能给基金带来更多的资金流量溢出效应,才使机构投资者更加偏好采取合作持股投资的方式来参与市场竞争。空间计量面板回归结果与刘京军等(2016)的结论一致,但空间滞后系数有所增加,说明近年来机构投资者合作持股网络能带来更多资金流溢出效应，也证实了机构投资者网络中参与合作持股个体数及程度逐年上升的经济事实。

表 4 - 5 结果中展示的控制变量对资金流量的影响也与现有研究一致。李祥文等（2018）在对资金流量影响因素进行分析时发现，资金流量会更偏好那些成立时间久、收益波动率稳定的基金，认为这些基金可以在短期内实现符合当时市场行情的超额收益。但是在中国，资金流量的"非理性"程度更高，会通过一些非标准化指标来进行一些无法界定偏好的投资，因此在判定机构投资者行为受到的业绩或资金流量约束程度时，只能通过资金流量对业绩的敏感性指标来测度那些偏理性的基金份额持有人的行为。因此，对比李志冰等（2019）的研究结果，资金流量对于不同测度下的基金超额收益 α 会呈现出差异化反应。例如分红的系数为负，说明基金越分红，资金流量越容易赎回以撤回投资，基金自身规模越大，资金流量同样选择放弃本期的投资。这些与经济常识相反的回归结果，首先，可以解释为中国市场中"基民"投资并非成熟且理性，往往忽略对基金的深入研究而更注重基金收益特征指标。其次，机构投资者网络的存在会引导资金流量仅关注网络中某一个或某几个个体的特征，而对持有相同配置的团体其他成员特征选择保持漠视。可简单解释为，资金流量如果对团体中一只基金的资产配置或投资策略提高了认可度，就会对团体中具有相同配置的其他成员保持一视同仁的认可的态度，而忽略其他团体成员的个体特征。

4.4 内生性及稳健性检验

4.4.1 内生性检验

合作持股网络的资金流量溢出效应进一步证明了机构投资者决策与资金流量的关系。基金合作持股可以为机构投资者带来更加稳定的正向资金管理规模，可以满足机构投资者委托代理投资的经营目标。因此，当机构投资者面临市场中对绩效更为敏感的资金流量时，会通过更加紧密的团体共同持股投资的方式，来缓解这种高敏感性带来的"非理性"赎回，稳定资金流量。至此，机构投资者合作持股行为的驱动因素得到了一个比较完整的解释。

在对主回归及合作持股行为对基金资金管理规模的网络溢出效应进行回归分析时，两者出现较为明显的内生性问题。首先是解释变量与被解释变量之间的相互影响和互为因果，资金流量敏感性会促进合作持股行为程度的加深，合作持股行为又会反过来抑制资金流量的高敏感性。虽然本书通过假设本期行为是为了下期获得更多的资金管理规模，并借用空间滞后项系数来避免两者在同期的相互影响，但在现实中仍存在假设之外的同期互为因果的可能性，合作持股网络行为会因为时刻被市场所关注而影响资金流量对业绩的判断，资金流量滞后的敏感性也会使机构投资者作出相反的投资决策，因此互为因果的内生性问题需要进一步分析与解决。

为此，笔者采用工具变量法，参照 Kacperczyk 和 Seru（2007）对基金使用社会信息程度的评价方法，构建 RPI 指标，进行工具变量两阶段回归。工具变量的选择首先要满足两个假设，第一要与解释变量（FlowSensitivity）显著相关，第二要与模型（4-2）面板回归残差扰动项 $u_{i,t}$ 不相关，因此根据模型设定逻辑，选择机构投资者根据公开信息进行投资的共同投资能力评价指标 RPI 作为外生变量加入模型（4-2）之中。借鉴 Kacperczyk 和 Seru（2007）的检验逻辑，对 RPI 的定义及构建方法表述如下。

RPI（Reliance on Public Information）指机构投资者根据市场所有公开数据信息进行投资的敏感性程度。Kacperczyk 和 Seru（2007）及相关学者在构建 RPI 指数时，采用的公开信息评价标准是市场所有分析师对投资标的（股票）的评级，认为分析师在进行评级时已经考虑了关于这只股票所有相关的宏观及微观信息。如果机构投资者愿意根据市场公开信息进行投资，那么其组合即与分析师评级的变动呈现出显著的正向相关性，相反，则表明机构投资者更希望借助私有信息或自身投资管理能力获得超出市场信息正常回报的超额收益。机构投资者的资产组合或配置与分析师评级的变动拟合出的相关性程度，即 RPI，表示机构投资者投资组合对公开信息的敏感性。RPI 越大，表示机构投资者越倾向于依照市场信息进行投资，RPI 越小，则表明机构投资者的内部信息或投资能力越强。

RPI 与基金资金流量及基金业绩的关系也被众多学者所关注，Cremers（2017）在对全球公募基金进行业绩评价时就发现，PRI 代表的公有信息与基金经理的主动管理能力带来的超额收益呈现出负相关关系，这种负相关关系会进一步导致与外生资金流量的负相关关系。"基民"在选择基金时更倾向于考虑基金经理卓越的投资管理能力带来更多市场超额收益,对公共信息的高度依赖则抑制了这种超额收益的产生,资金流量对这些机构投资者不再具有更多的期待,会减少对这些基金的投资。而机构投资者也会根据市场行情等因素来判断是否增加或减少对公开信息的使用程度,进而制定相应行为对策。但本书在构建机构投资者合作持股网络指标时,将合作持股行为定义为更加依赖团体内部信息,排除了那些使用公开信息的机构投资者因"价值"投资而参与合作持股的可能性,因此,RPI 对合作持股团体的紧密程度可表述为一种外生影响。根据以上论述,选择 RPI 工具变量来替换资金流量的敏感性能有效地降低模型(4-2)中存在的内生性。

接下来,本书构建 RPI 指标,借用中国 2015 年至 2020 年第二季度的公募基金季度数据,验证 RPI 工具变量对模型(4-2)内生性的修正可行性。RPI 指标模型设定仍依据假设:机构投资者行为是在期末获得所有该期信息及对下期进行预判后,期末统一进行决策并实施的,因此本期的行为会受到往期公开信息的影响,故先构建机构投资者持股与滞后期分析师评级推荐变化之间的回归模型:

$$\% \Delta Hold_{i,s,t} =$$

$$\beta_{0,t} + \beta_{1,t} \Delta Re_{s,t-1} + \beta_{2,t} \Delta Re_{s,t-2} + \beta_{3,t} \Delta Re_{s,t-3} + \beta_{4,t} \Delta Re_{s,t-4} + \varepsilon_{s,t}$$

$$(4-4)$$

其中,$\% \Delta Hold_{i,m,t}$ 表示机构投资者 i 在第($t-1$)期至第 t 期之间对股票 s 持有前复权市值的变动百分比,是一种基金持股市值变动的增长率。当本期第一次持有某只股票时,该变换率设定为 100(%),某期末较上期清仓则持仓变换率为 -100(%),多期末持有某只股票则设定为空值。$\Delta Re_{s,t-\tau}$ 表示第($t-\tau-1$)期至第($t-\tau$)期分析师对某只股票 s 的评级预测的变化,$\tau = 1,2,3,4$,表示预测的滞后期。分析师评级的数据来源于 CSMAR 分析师预测数据库,将分析师作出的预测评级标准化后的 5 级(买入、增持、中性、减持、卖出)按风险水平分别定义为:买入 =1,增持 =2,中性 =3,减持 =4,卖出 =5。同时整合当期 s 股票被市场中所有分析师评级预测的风险水平,按各期不同风险等级出现的次数占总评价次数的比重进行加权,得出 s 股票该期的分析师标准化评级风险,即可满足 $\Delta Re_{s,t-\tau}$ 的设定。本书在进行模型(4-4)的回归时，采用滚动回归的方式，窗口期设为 12 期（3 年），可以最终获得各期回归拟合值 R^2，RPI 即可依据 R^2 设定为

$$RPI_{i,t-1} = 1 - \frac{\sigma^2(\varepsilon_{i,t})}{\sigma^2(\%\Delta Hold_{i,t})}$$

由此即可求出各期机构投资者持股变动对市场公开信息的敏感程度，RPI 越高，说明机构投资者持股对市场中分析师预测的借鉴程度越高，使用自身或其他私有信息的程度就越低。Kacperczyk 和 Seru（2007）在对美国共同基金的 RPI 进行测度时，年平均值大概为 21.3%，而中国数据测度出的 RPI 年平均值仅为 6.1%，这说明我国公募基金在进行投资时对分析师公布的股票预测分析依赖度较低，基金更偏向于根据自身的投资研究及其他相关信息来进行投资决策。

然后，利用两阶段工具变量法进行回归，将工具变量 RPI 代入以下的模型（4-5）和模型（4-6）中：

$$FlowSensitivity_{j,t} = \varphi_1 RPI_{j,t-1} + \sum_{l=1}^{l=k} \gamma_l Control_{j,l,t} + u'_{i,t} \quad (4-5)$$

$$CliqueDegree_{j,t} = \alpha + \beta FlowSensitivity_{j,t} + \sum_{l=1}^{l=k} \gamma_l Control_{j,l,t} + \mu_j + \eta_t + u_{i,t}$$

$$(4-6)$$

表 4-6a 和表 4-6b 分别展示了工具变量两阶段最小二乘法（2SLS）的回归结果，第一阶段的回归结果表明本期机构投资者对业绩的敏感性与上期机构投资者对公有信息的使用程度显著正相关。公有信息的使用越频繁、依赖程度越高，说明机构投资自身投资能力及取得超额收益的可能性就越低，因此基金资金流量供给者会认为该基金的管理能力不强，需要更高的投资回报才能补偿"基民"短期投资此基金的风险。两者的正相关性通过第一阶段模拟回归得到了进一步验证，同时证明了资金流量敏感性与基金其他相关特征并没有显著的相关关系，主回归模型（4-2）中的多重共线性问题并不严重。然后，根据表 4-6a 中的回归系数对主回归中基金及资金流量数据进行模拟，将重新模拟出的 $FlowSensitivity_{j,t}$ 代入模型（4-6）中，重新回归分析机构投资者合作持股程度与资金流量敏感性的关系，模拟结果如表 4-6b 所示。

表 4 – 6a　　　　　　　　　　**2SLS 第一阶段回归结果**

$FlowSensitivity_t$	Coef.	t 值	P > t
RPI_{t-1}	0. 5219163	6. 24	0
$Size_t$	− 0. 0063582	− 1. 59	0. 113
Age_t	− 0. 0029332	− 1. 77	0. 076
$Expenserate_{t-1}$	− 0. 0024971	− 1. 09	0. 278
$Dividend_{t-1}$	0. 0213087	0. 5	0. 616
$NAVGrowthSTDEV_{t-1}$	− 0. 0141728	− 1. 44	0. 149
$MarketReturn_t$	− 0. 1108343	− 0. 57	0. 566
Constant	0. 704692	6. 31	0
工具变量检验			
Variable	F (1, 9109)	SW Chi – sq (1)	SWF (1, 9109)
FlowSensitivity	38. 98	39. 04	38. 98
P – val	0. 00	0. 00	——

将第一阶段回归后的资金流量敏感性指标代入模型（4 – 6）中结果如表 4 – 6b 所示，可以得出两阶段工具变量检验后的主回归结果依旧成立的结论。相较于表 4 – 4 的结果，资金流量的敏感性对机构投资者合作持股影响的程度有所提高，模型的拟合度也有所上升，说明工具变量的使用增加了主回归模型的解释能力。在进行机构投资者网络中心性指标的测度时，利用重仓持股比例和连接关系测度方法，剔除了因公开信息和偶然性因素导致的同期持股关系，使 RPI 指标与合作持股指标和资金流量敏感性指标模拟下的残差项无关，属于与残差项无关的外生变量。同时工具变量的检验通过了不可识别 LM 检验（p 值为 0，推翻了工具变量识别不足的原假设）和弱工具变量识别 Wald F 检验（F 值大于 10），说明该工具变量可以有效地降低主回归模型中的内生性，使资金流量对业绩的敏感性指标表现出对机构投资者合作持股意愿程度更准确的影响效应。

表 4 – 6b   2SLS 第二阶段回归结果

模型 变量	(1) HarmonicCloseness$_t$	(2) ClusteringCoefficient$_t$	(3) EigenvectorCentrality$_t$
FlowSensitivity$_t$	0. 404 *** (2. 78)	0. 2473 * (1. 78)	1. 842 ** (1. 99)
Size$_t$	− 0. 00555 * (− 1. 85)	− 0. 00437 (− 0. 96)	0. 0277 (1. 36)
Dividend$_{t-1}$	− 0. 199 *** (− 7. 68)	− 0. 140 *** (− 3. 18)	− 0. 355 * (− 1. 79)
NAVGrowthSTDEV$_{t-1}$	− 0. 0776 *** (− 11. 39)	− 0. 111 *** (− 10. 54)	− 0. 142 *** (− 3. 06)
Age$_t$	0. 000296 (− 0. 24)	− 0. 00181 (− 0. 97)	− 0. 00221 (− 0. 26)
Expenserate$_{t-1}$	− 0. 00962 *** (− 6. 06)	− 0. 0034 (− 1. 39)	− 0. 00451 (− 0. 42)
MarketReturn$_t$	1. 534 *** (12. 97)	1. 444 *** (7. 25)	1. 137 (1. 26)
Constant	− 0. 508 *** (− 9. 12)	− 0. 391 *** (− 4. 23)	− 2. 447 *** (− 5. 76)
Number of obs	9143	9140	9143
R^2	0. 653	0. 305	0. 411
adj. R^2	0. 655	0. 303	0. 412
LM statistic	38. 765	39. 278	38. 765
Chi – sq (1) P	0. 00	0. 00	0. 00
CD WaldF statistic	38. 983	39. 511	38. 983

通过工具变量的引入，基金资金流量对业绩敏感性指标正向显著驱动机构投资者进行合作持股投资的结论得到了更加准确的证实与描述，部分消除了内生性带来的模型拟合有偏的问题。

4.4.2 稳健性检验

在进行机构投资者合作持股程度的测度时，并没有考虑机构投资者构成投资者网络的方向性。因此，本章将机构投资者之间的网络连接调整为有向图，对机构投资者网络及团体合作持股程度进行重新刻画。有向图在社会网络中体现度的连接具有方向性，即在节点之间的连接之中考虑团体持股的先后顺序。根据样本公募基金各季度的持股时间来判定年度数据的持股先后，并将某只股票最先出现在一只基金的持仓之中表示为此基金为网络发起方，之后与期末其他机构构成的连接均将其他机构作为网络接受方。利用 Gephi 软件进行有向图各节点中心度测算，然后对相关面板数据进行 Winsorize 缩尾处理，代入模型(4-2)进行面板回归，可得表4-7。

表4-7 稳健性检验结果

模型 变量	(1) HarmonicCloseness'$_t$	(2) ClusteringCoefficient'$_t$	(3) EigenvectorCentrality'$_t$
FlowSensitivity$_t$	0.204 * (1.76)	0.199 *** (33.61)	0.177 ** (2.34)
Size$_t$	0.0197 (0.4)	0.0145 (0.15)	-0.0166 (-0.47)
Dividend$_{t-1}$	-0.0517 ** (-2.07)	-0.0406 (-0.97)	-0.0514 (-0.27)
NAVGrowthSTDEV$_{t-1}$	-0.111 *** (-6.61)	-0.101 *** (-9.50)	-0.214 *** (-6.04)
Age$_t$	0.0710 *** (4.46)	-0.0671 *** (-2.97)	0.0427 (0.04)
Expenserate$_{t-1}$	-0.0245 (-1.28)	-0.0714 *** (-4.68)	-0.0309 (-0.30)
MarketReturn$_t$	0.432 *** (12.4)	0.635 *** (6.97)	1.039 *** (3.2)
Constant	-0.677 *** (-6.41)	-0.463 ** (-2.26)	-1.652 ** (-2.26)
Number of obs	8717	8327	8717
R^2	0.184	0.36	0.12
adj. R^2	0.183	0.35	0.11

由稳健性结果可知，即使对机构投资者合作持股程度进行不同层次的替换，仍可以获得相对稳健的结果，满足假设，进一步验证了基金资金敏感性对机构投资者合作持股程度及可能性的显著正向驱动作用。

4.5 本章小结

本章首先依据 PBA 模型的结论分析了机构行为与资金流量之间的影响关系，并提出了相关假设。然后利用机构共同重仓持股矩阵构建机构投资者网络，并借助社会网络中对节点参与者网络关系的描述，测算了我国偏股型公募基金各期各基金的网络中心度及聚类程度，完成了对机构投资者合作持股程度的刻画。同时，利用滚动回归测度出各期基金所面临的资金流量敏感性，用基金资金流量对基金上期业绩的回归系数表示基金当期受业绩压力的约束程度。最后用回归模型估计基金当期合作持股程度对资金流量敏感性的反映水平。

通过一系列指标构建和面板回归，笔者发现，资金流量对基金上期业绩越敏感，机构投资者团体投资的程度越高，下期参与合作持股的可能性越大，机构投资者就越愿意选择与 Louvain 划分出的周围相同团体的其他投资者进行更加"亲密"的合作。为了解释这种经济现象，笔者进一步对机构投资者网络带来的资金流量溢出效应进行检验，利用空间计量 SAR 模型和重仓股相似性结构网络加权矩阵共同模拟出滞后期网络连接能带来更多资金流量的事实结果。这说明机构投资者可以通过合作持股网络共同持股的方式来获得更加稳定的委托资金流入，并进一步帮助机构投资者应对高资金流量敏感性带来的"非理性"赎回；证明了机构投资者合作持股的一个主要驱动因素是为了应对下期高敏感性资金流量带来的负面影响，填补了合作持股网络行为动机的研究空白。

同时，为了提高主回归结论的可信度和结论稳定性，本书构建 RPI 指标作为工具变量，以降低回归中存在的内生性测度偏差。RPI 指标代表机构投资者投资对社会公开信息的依赖程度，RPI 越大，对市场投资标的共有信息使用程度越高，自身投资能力和私有信息使用程度越低，取得超额收益的可能性越小。因此，市场散户基金投资者倾向于偏好 RPI 较小的机构投资者，资金流量敏感性也会随着 RPI 的增加而增加（散户不太认可 RPI 大的机构投资者，因此会更关注短期业绩带给自身的补偿）。与主要解释变量的显著相关性及两阶段回归后的相同的显著影响方向缓解了主回归本身可能存在的内生性问题，提高了研究结论的可信度。机构投资者合作持股网络的有向性重新测度指标使主回归结论的稳健性得到进一步检验，较全面地完成了对机构投资者合作持股驱动因素的理论机制分析及对相关假设的实证检验。

第五章 机构投资者合作持股的网络效应研究

机构投资者的合作持股行为可以通过资金流量的网络溢出效应来实现资金流入，但同时也会为了满足资金流量对业绩的要求而对所投资的标的资产产生影响，这种投资行为对标的资产价格波动的影响被称为合作持股投资的一种外在网络效应。本章对这种外在网络效应进行深入的研究与分析，证明合作持股投资持股对股价风险特征相关指标的真实作用，并实证检验变量间的影响机制。

5.1 理论机制分析与研究假设

5.1.1 机构投资者合作持股与股价崩盘风险

机构投资者持股对所持标的资产风险特征的影响首先反映在股价对机构投资者交易信息的融入速度和程度上。Holden 和 Subrahmanyam（1992）以及 Foster 和 Viswanathan（1996）在借用美国金融数据研究机构投资者买卖行为对股价的影响时，认为机构投资者之间的竞争越激烈，就会在面对相同公开信息时更快更激进地去交易股票，提高了股票价格本身对市场信息的融入程度，提升了股价的有效性。相反，如果竞争减少而采取一种合作的方式进行交易，合作成员自身带有的"私有信息"融入股价的水平就会有所下降，股价信息不透明程度就会增加。由此可见，对信息反映的不及时，会加大股票信息在未来集中释放时带来的波动风险，而且这种合作团体对信息的不敏感性更多地表现在对负面信息的忽略，并不会通过竞争条件下的快速"用脚投票"来提高股价的信息透明度，反而会导致潜在的崩盘风险增加。在未来"坏消息"被最终曝光时，为了避免自身受到崩盘带来的巨大损失，合作下的机构投资者团体会因为自身信息优势而出现集体"出逃"的现象，这不仅会引发"踩踏式"抛售标的资产，还会加快上市公司释放负面信息的速度，导致股价崩盘。

此外，Firth 等（2016）、Lin 和 Fu（2017）结合了不同持股比例机构投资者对标的资产价格的影响研究结果，证明了大机构因更有"发声"权利而会直接参与到上市公司治理及市值管理的过程，而规模或持股比例较小的机构投资者则主要通过"退出威胁"来影响公司的治理，或通过"搭便车"的方式跟随较大的机构投资者进行相应的表决。"羊群效应"的出现首先会降低退出"威胁"机制效应，使股价不能通过机构投资者真实交易反映更多的事实信息，却加大了机构投资者整体对公司治理的"发声"作用，上市公司市值管理甚至是经营管理都会受到更多的来自持股机构意向的影响。

机构高持股比例对公司治理的真实影响效应目前仍是市场争论的焦点问题。合作持股带来的"发声"监督可以给上市公司带来更多的信息，增强公司在市场中的信息优势，降低公司管理层与股东之间委托代理关系下的信息不对称程度，进而提高公司整体治理水平，增加标的资产的内在真实价值。但如若抱团团体的目的仅仅是获得短期超额收益，就会出现帮助管理层掩盖负面消息，甚至"怂恿"管理层在对自身有利的时间内释放"坏消息"。这种对股价不透明程度的干预会直接降低股价对公司真实信息的反映程度，加大负面信息在未来集中释放而导致崩盘的可能性。

虽然理论上机构投资者对公司治理的影响依旧众说纷纭，但中国机构投资者持股数据在一定程度上已反映了一些问题。根据 Wind 数据库，我国在过去15 年里的单个机构投资者持流通股比例的中位数约为 0.5%[①]，同时仅有 10%左右的机构投资者持有过 0.85% 以上的流通股市值，说明中国除法人机构持股占比较高外，其他机构投资者通过持股"发声"对上市公司治理产生正向促进作用的可能性极低，不能真正改善公司的治理水平、提高资产内在价值。因此，更多的机构投资者更多的是借助"退出威胁"机制来影响市场情绪，借以影响公司治理。若机构投资者合作持股，则"退出威胁"机制的作用会受到抑制，虽然加大了"发声"的机制效应，但依旧难以达到直接提高公司整体治理水平的效果。

[①] Wind 数据库中的机构投资者为除法人机构之外的其他类型机构投资者，包括但不限于公募基金、银行、券商、保险。

因此，机构投资者合作持股在中国市场中的作用，更多的是通过自身交易信息对股价信息透明程度的影响，而非对公司治理产生实质性促进作用。机构投资者合作持股本身对交易频率和程度的抑制使其对崩盘风险也具有更多催动的可能性。据此，本书提出以下假设。

假设4：机构投资者合作持股会加大股价未来的崩盘风险，且合作持股比例越高，所持标的资产未来的崩盘风险越高。

值得注意的是，合作持股对标的资产的影响效用关键在于机构持股的真实目的。投资动机决定了机构投资者是为了获得短期投资收益还是提升目标公司经营治理效率才将资金和时间投入该上市公司。在众多可能中，机构投资者为了增加股票崩盘风险而合作持有该标的资产的可能性微乎其微，更多的是为了获取与自身阶段性需求有关的投资收益。目前对合作持股的动机研究主要集中在"收益"的表面概念上，但并没有进一步明确时间与收益的关系。众所周知，"长期"或价值投资能给投资者带来真正有效的收益，机构投资者作为专业且理性的投资者应追求投资回报收益最大化的目标，进而收获更多价值偏误波动带来的风险套利收益，忽略"短期"波动，实现价值型增长。根据本书第三章理论模型的推导和第四章投资行为驱动因素的研究结果，机构最大化目标为下期管理资金规模的最大化，因此自身行为会受到资金流量的约束而更偏好实现资金流量目标。由此可见，机构投资者行为会受到资金流量短期正向收益的约束，而这种绩效约束会导致基金投资风格更加偏好短期高收益资产和更低的价格波动性。

优质资产更受到绩效约束下的机构投资者的青睐，随着市场中机构投资者的同质性越来越严重，多数投资流向市场中少数的"优质资产"，仅有较少的资金流向那些有更高未来收益的资产。但是，一旦通过多期共同持有形成团体，就会需要更多的资金来维持股价的平稳上涨，甚至会帮助管理层掩盖公司负面信息，造成股价短期对内在风险的反映不足，增加未来"坏消息"集中爆发的风险。

根据上文，机构投资者投资风格和投资目标会受到资金流量偏好的影响而表现出更加短期的投机性，同时为了维持所投资产的短期平稳收益，机构投资者倾向于通过合作持股投资的方式降低股价对负面信息的反映程度，加大投资标的的信息不透明程度和股价的波动，导致股价未来崩盘风险增加。据此，本书作出以下假设。

假设5：机构投资者合作持股投资会使投资标的股价短期上涨，并具有更低的收益波动，同时，资金流量对业绩的敏感性会影响机构投资者合作持股投资行为。

5.1.2 合作持股网络中心性与股价崩盘风险

根据本书对机构投资者网络的定义可知，合作持股是网络中彼此信息分享与传递最强的群体，而不同机构投资者在合作持股网络中的不同位置使其在当期信息获取存在差异。合作持股个体网络位置核心与否主要借用网络中心性来测度，不同中心性的强弱导致机构投资者行为存在差异，即使处于同一重仓持股网络中，也会因是否处于团体中和团体内位置的变化下期持股或投资行为出现变化。因此，合作持股团体自身的网络中心性特征会通过投资持股的风格差异传递至所持有的上市公司股票。

关于合作持股团体自身特征如何影响股价风险，众多学者已经给出了一些研究解释。Abreu 和 Brunnermeier（2003）研究表明，机构套利者因自身信息优势更偏好骑乘"泡沫"来获得更多投资收益，并借助信息在"泡沫"破裂前提前离场，实现凯恩斯"抢跑优势"。机构持股规模越大，越有能力控制"泡沫"并在价格出现下行风险前撤离。随后，Ozsoylev（2005）提出用中心性来刻画机构的结构特征，其理性预期模型认为交易位置更重要的节点的中心性程度越高，机构所持股票价格的波动受中心机构投资者投资行为和所传递出的信息质量的影响越大，网络中其他节点机构收到的信息也会受到一定的影响。中心性程度低的机构投资者交易行为则更多的是依据市场信息和基金经理主动挖掘出的自由信息，不仅不会对股价产生正向或负向影响，反而会通过高交易性来使股价更加真实地反映上市公司的内在价值。Pareek（2012）利用社会网络的方法证明了 Ozsoylev 的论证，将这种中心性更加准确地定义为投资者网络中心性，同时证明了网络中心性的大小会影响所投资股票的价格波动。

中国的学者利用国内机构投资者的数据同样得出了相关结论，陈新春等（2017）证明了我国资本市场在整体网络中心性越大的时期，市场波动风险越高，股价崩盘的概率越高。因此，本书在已有文献的研究结果基础上，区分网络和合作持股团体，对构成合作持股团体的平均中心性进行测度，并提出以下假设。

假设 6：机构投资者团体平均中心性的大小会影响所投资股票的价格波动风险，且中心性越大的团体越有信息优势，未来导致股价出现崩盘的可能性越大。

5.2　研究设计

5.2.1　样本选择与数据来源

本章主要探索机构投资者合作持股对所持标的资产的网络影响效应，数据的样本以我国二级股票市场中非金融行业上市公司各季度财务数据为主，样本数据来源为 Wind 和 CSMAR 数据库。机构投资者共同持有上市公司流通股市值比例及交易数据的样本来源为 CSMAR 数据库。样本数据周期为季度，上市公司财务数据来自其各季度公布的季度报告，机构投资者合作持股网络指标构建时所采取的半年度数据将根据年度报告中的季度前十大持股重新构建。根据重仓股占基金净值的 5% 及以上的设定，定义机构投资者主要通过前十大重仓股与其他机构投资者进行合作持股投资。同时，本书忽略一个周期内多次发生的投资与持股，以各季度末最终持股市值为准。由此，机构投资者同期重仓持股数据即可对应上市公司季度数据的要求，提高本书模拟的准确度。时间区间为 2005 年第二季度至 2020 年第二季度，以减少股权分置改革对基金持股行为的影响。

在构建股价崩盘风险指标时，笔者对所选上市公司样本进行了进一步筛选。首先，剔除金融类上市公司，上市公司崩盘风险的测度主要来自监管与财务报表的要求，而金融类上市公司相关政策要求与非金融类上市公司不同，因此需要剔除；其次，在进行上市公司市值及股价波动测度时，均采用前复权价格，以当期价格为基准对股价和成交量进行除权除息的修复；再次，在样本时间区间对被实施退市风险警示（ST 及 * ST）的上市公司予以剔除，此类上市公司受到特殊的监管及审查，会加大相关投资风险，影响机构投资者对标的资产的投资策略，因此不考虑机构投资者行为对此类上市公司的影响；最后，本书对所有相关变量进行 Winsorize 1% 和 99% 的缩尾处理，并将出现空缺值的连续变量补充为上期相同值，以减少异常值和缺失值对实证模拟结果产生的影响偏差。

5.2.2 股价风险特征指标的选取与度量

笔者在探究机构投资者合作持股投资对标的资产价格及风险的影响效应时，首先根据理论分析和假设，用股价崩盘风险及价格波动率两种指标来替代标的资产价格特征。机构投资者合作持股是一种持股信息的同期共享，而股价崩盘风险则主要解释为公司经营过程中负面信息的未及时披露，如果机构投资者通过重仓持股参与到公司治理中，对公司"坏消息"应当产生相应的影响。因此，公司股价与机构投资者投资持股之间的联系可用股价的崩盘风险受影响的变化来表示。笔者借鉴 Chen 等（2001）和许年行等（2013）对股价崩盘风险的定义及度量方法，构建相关风险测度指标。

第一步，将股票 s 的日收益率与市场收益率进行回归调整，调整模型如下：

$$r_{s,d,t} = \alpha + \beta_{1,s} r_{m,d-2} + \beta_{2,s} r_{m,d-1} + \beta_{3,s} r_{m,d} + \beta_{4,s} r_{m,d+1} + \beta_{5,s} r_{m,d+2} + \varepsilon_{s,d}$$

$$(5-1)$$

$r_{s,d,t}$ 表示 t 季度公司 s 股票在第 d 日的收益率，$r_{m,d}$ 为全市场上市公司股票在第 d 日流通市值加权后的 A 股平均收益率，并加入第 d 日前后两天交易的全市场平均收益率，来调整标的资产非同步性交易影响。$\varepsilon_{s,d}$ 指个股 d 日收益与多期市场收益无关的部分，$\varepsilon_{s,d}$ 为负且绝对值越大，表明公司 s 股票与市场收益的偏离程度越大，股票崩盘风险越高。为了降低 $\varepsilon_{s,d}$ 的高度有偏性，将股票非市场收益率波动导致的收益率进行对数化处理，表示为 $W_{s,d}$，$W_{s,d} = \ln(1 + \varepsilon_{s,d})$。

第二步，利用 $W_{s,d}$ 来构建两种股价崩盘风险指标——日收益率的负收益偏态系数 $NCSKEW$ 和股价日收益上下波动率差异比例系数 $DUVOL$（Down - to - Up Volatility）。

$$NCSKEW_{s,t} = \frac{-\left[n(n-1)^{\frac{3}{2}} \sum W_{s,d}^3 \right]}{\left[(n-1)(n-2) \left(\sum W_{s,d}^2 \right)^{\frac{3}{2}} \right]}$$

$$DUVOL_{s,t} = \ln\left[\frac{(n_{u,t}-1) \sum_{down} R_{d,t}^2}{(n_{d,t}-1) \sum_{up} R_{u,t}^2} \right]$$

$NCSKEW_{s,t}$表达式中，n公司为公司s股票在第t期内的交易天数，$NCSKEW_{s,t}$越大表明股价对自身信息反映的负向偏差越大，说明股价与市场收益率在t期存在高风险差异，股价崩盘风险越高。$DUVOL_{s,t}$表达式中，股价可通过各期调整后的日收益率是否大于该股票的季度平均收益率而分为上升日（$upweeks$）和下降日（$downweeks$）两个样本区间，并将各期上升日和下降日收益率的标准差表示为R_u和R_d。$n_{u,t}$、$n_{d,t}$分别为调整后季度内日收益率$W_{s,d}$大于和小于季度平均收益率$W_{s,t}$的次数。在股票对信息的反映十分充分的理想状态下，$W_{s,t}$在上升日和下行日的波动概率应该是大致相等的（$W_{s,t}$应该是无偏的），且上下波动的幅度不应有任何差异（R_d^2、R_u^2应该是相等的）。如果股价没有反映负面信息，$W_{s,t}$上升期的概率将大于下降周期的概率，若"坏消息"在周期内被集中释放，则会出现下降日的概率大于上升日概率的现象，$R_d^2 > R_u^2$。综上所述，可以用$NCSKEW$和$DUVOL$来估计崩盘风险，两种指标值越大表示越会出现负收益偏态系数上升和上升日与下降日波动收益率差异过大的现象，说明股价在某期中的波动风险越大，股价崩盘风险越高。

最后，为了保证股价崩盘风险指标测度的稳健性，笔者借鉴 Callen 和 Fang（2015）的方法，进一步通过$W_{s,d}$的特征来测度股价崩盘风险。根据已有研究设定，当公司s股票日特有收益率$W_{s,d}$低于其季度期间日收益率均值3.09个标准差时，则表示公司股价在该天表现为下行，高于季度均值3.09个标准差时，公司股价在该天表现为上行，一个季度内公司s股票下行频率和上行频率之差即为指标$CrashCount_{s,t}$，指标值越大，股价出现崩盘的可能性就越高。

股价崩盘风险指标的构建是为了表示股价周期内发生异常波动的可能性大小，但机构投资者或基金份额持有人更关注股价短期波动及收益率的大小，短期收益率高且波动较小的股票会为机构投资者带来更多资金流量的流入和更低的"非理性"赎回可能性，因此，笔者对考虑现金红利再投资的股价日回报率进行季度平均，设为$Ret_{s,t}$，并计算各季度的日回报率的标准差，表示为$Sigma_{s,t}$，可以通过这两个值测度机构投资者合作持股对短期所持股票风险的影响。

综上所述，本节对上市公司股价风险特征指标主要从两方面进行了刻画，长期指标股价崩盘风险（$NCSKEW_{s,t}$、$DUVOL_{s,t}$和$CrashCount_{s,t}$）和短期股价期间收益及波动性水平（$Ret_{s,t}$和$Sigma_{s,t}$），从多种维度展示了上市公司股价特征。

5.2.3 机构投资者合作持股网络的指标测度

机构投资者合作持股行为对所持股票的影响主要反映在：投资者持有流通股比例大小对股价的影响和机构投资者自身特征给股票投资者传递信息带来的网络效应。机构投资者合作持股团体对股票标的资产持有的股份多，说明该股票获得了市场团体资金的"青睐"，因此首先对机构投资者团体进行识别，再根据团体持流通股比例大小来模拟对股价风险特征的影响。

机构投资者团体的识别首先参照机构投资者网络的设定，将机构投资者同期末共同重仓持有某一只股票的行为定义为机构投资者网络，然后利用 Louvain 算法区分各季度的网络团体。笔者在借鉴 Crane 等（2019）和吴晓辉等（2019）对机构投资者团体识别的方法后，将连续两期（两个季度）都划分为同一团体的机构投资者提取出来，组建成更具有连续同向性的合作持股团体，再次降低了因使用公开信息而产生合作持股的偶然性。机构投资者合作持股团体的识别使团体持股指标具有了可度量性，笔者将各团体在各期所持有的相同股票流通股市值占比进行求和，构建团体持股比例 $CliqueOwnership_{s,t}$，表示如下：

$$CliqueOwnership_{s,t} = \sum_{i=1}^{N} \lambda_{s,i,t} \times 1(CliqueInstitution_{i,t})$$

其中，$\lambda_{s,i,t}$ 表示机构 i 在 t 季度持有上市公司 s 的股份占公司流通股的比重，$1(CliqueInstitution_{i,t})$ 表示机构 i 两期是否同时与其他团体成员重仓持有公司 s 股票，构成的合作持股虚拟变量，是为 1，其他为 0，剔除那些因与其他机构投资者构成团体却单独持有某只股票的机构投资者。数据处理时，各期机构投资者持有该股票流通股比例大小，及是否通过持有该股票而同其他机构投资者组成合作持股团体的判定指标为变量构建的关键。

同时，为了探究不同结构特征团体对股价风险特征指标的影响，着重对两种团体持股比例进行了刻画，分别是各期各股票被机构投资者团体持有流通股股份比例的集中度——赫芬达尔指数 $CliqueHerfindahl_{s,t}$ 和持股比例最大团体所持流通股股份比例—— $CliqueOwnMax_{s,t}$。赫芬达尔指数是一种市场集中程度的测度方式，可以通过各期不同团体持股比例求出各期团体持股的市场集中度（将每期各团体持股比例的平方进行求和加总）。$CliqueOwnMax_{s,t}$ 则将最大团体持股比例刻画了出来，以更全面地测度合作持股团体结构特征。

机构投资者合作持股对股价的影响还存在于投资者自身特征向市场传递有

利信息带来的正向促进。根据郭晓冬等（2018）对市场数据的分析，笔者发现被机构投资者合作持股团体持有后的股票价格在一定程度上出现显著的提升，这可能是因为合作持股能为上市公司吸引更多的投资者参与，并向市场传递出一种对该股票有利的信息。同时，具有更大规模的机构投资者团体持股会加大市场股票投资者对该股票的认可度，具有高社会认可度的机构投资者团体会给所持股票带来更多投资资金的流入。此外，曹丰等（2015）认为机构投资者会直接干预公司的治理，从而对公司股价进行间接影响干预，同时不同类别的机构参与者对标的资产的公司治理干预和参与程度也会出现不同。因此，为了更好地验证这种假设，结合机构投资者合作持股个体所具有的网络中心度指标，构建合作持股团体的特征指标，来检验合作持股团体特征对股价风险特征指标的影响。为保证团体指标的代表性，笔者主要采用的是各机构投资者聚类系数中心性指标。机构投资者各期聚类系数的大小表示与周围节点形成团体的可能性，范围为 $[0, 1]$，越大表示该投资者进入某一团体的可能性越大。团体聚类系数中心性可根据各机构投资者聚类系数平均值求出，记为 $AverageCentrality_{s,j,t}$，表示公司 s 股票中 j 团体在 t 期所具备的平均聚类中心性，越大说明该团体整体的合作持股亲密程度越高。同时，为了更加全面地描述这种团体的合作持股程度，可将某只股票最大持股团体具有的平均聚类中心性表示为 $FirstCentrality_{s,j,t}$。

综上所述，笔者通过构建团体持股比例特征指标（$CliqueOwnership_{s,t}$、$CliqueHerfindahl_{s,t}$、$CliqueOwnMax_{s,t}$）和持股团体自身聚类中心性指标（$AverageCentrality_{s,j,t}, FirstCentrality_{s,j,t}$），深入各层次研究持股团体特征。

5.2.4　控制变量设定

对控制变量的选择，主要根据对被解释变量影响因素的研究。笔者在探究机构投资者合作持股对所持有上市公司流通股股份的网络影响效用时，需要剔除上市公司自身特征、历史股价动量特征以及市场特征等因素的影响。

（1）上市公司规模（$Size_{s,t}$）。公司规模对股价风险特征的影响已被大量的研究所证明，规模的大小会影响公司的会计信息和股价估值，因此将上市公司 t 期末总资产的自然对数定义为变量 $Size_{s,t}$，用来控制主回归中的规模因素。

（2）上市公司被机构投资者持股比例之和（$insthold_{s,t}$）。指标中所谓的机构投资者不仅指本书涉及的公募基金，而且包括市场中所有可归为机构投资者的投资者，例如银行、券商、保险、QFII 等可投资上市公司股票的机构。笔者将一期（季度）末最终所有机构投资者持有的股票份数占总股份的比重合计为 $insthold_{s,t}$，按季度测度机构投资者的交易性。虽然基金也属于机构投资者，但机构投资者持股比例是用来剔除机构投资者持股本身，而非对合作持股行为的关联性替换。

（3）公司季度日收益率标准差（$Sigma_{s,t}$）。该指标指公司 s 股票在 t 季度末的收益波动，是公司日特有收益的标准差。标准差指标较大，说明机构投资者本身收益在过去有较大的波动，从而剔除了因自身特征导致的股价崩盘现象，降低了存在有偏估计的可能性。

（4）股票净资产账面市值比（$BM_{s,t}$）。Fama 和 French（1992）提出的账面市值比对股价内在风险有较明显的解释能力，高账面市值比可理解为对高内在风险的补偿，可带来股票后期更高的收益，多数研究已证明其与股价风险特征指标之间的关系，其计算公式为

$$BM_{s,t} = \frac{账面权益价值}{第\ t\ 年末的股票价格 \times 流通股股数 + 每股净资产 \times 非流通股股数}$$

（5）月平均超额换手率（$OTurnover_{s,t}$）。表示第 t 期与第（$t-1$）期两期末月平均换手率的差额，换手率比例按总股数计算，两期月平均换手率差额表示第 t 期市场交易该股票的活跃程度。

（6）资产回报率（$ROA_{s,t}$）。资产回报率是衡量上市公司盈利能力的重要指标，其大小反映了每单位总资产本期获得利润回报的多少，可直接反映股价风险指标与风险补偿能力的关系，一般使用本期净利润与总资产的比值求出。

（7）杠杆率（$Lev_{s,t}$）。将上市公司负债与总资产的比值定义为杠杆率，可对公司利用债权人提供的债务资金进行经营活动的能力进行有效衡量，用来评判公司债务风险的高低。杠杆率的大小同样会对股价风险特征指标产生重要的影响，杠杆率越高，公司股价的风险特征应该越明显。

（8）信息不对称程度指标（$AbsACC_{s,t}$）。公司的信息不对称程度是对股价风险的一种直接描述，信息不对称程度越高，公司股价反映信息的能力就越差，市场投资者对股价风险的识别越困难，如果某一时刻出现极端信息，市场信息不对称程度高的股票价格的波动则会大于那些信息不对称程度低的股票。在衡量公司信息不对称程度时，参照王亚平等（2009）的方法，由过去三年

可操纵应计项目利润的绝对值之和来衡量：

$$AbsACC_{s,t} = Abs(DisAcc_{t-1}) + Abs(DisAcc_{t-2}) + Abs(DisAcc_{t-3})$$

其中，可操纵应计项目利润 $DisAcc_t$ 由调整的 Jones 模型（Dechow et al.，1995）计算得出，用模型（5－2）进行分季度分行业回归，求出回归系数后代入模型（5－3）即可求出各季度可操作应计项目利润 $DisAcc_t$。

$$\frac{TA_{s,t}}{Asset_{s,t-1}} = \alpha_1 \frac{1}{Asset_{s,t-1}} + \alpha_2 \frac{\Delta REV_{s,t}}{Asset_{s,t-1}} + \alpha_3 \frac{PPE_{s,t}}{Asset_{s,t-1}} + \varepsilon_{s,t} \qquad (5-2)$$

$$DisAcc_{s,t} = \frac{TA_{s,t}}{Asset_{s,t-1}} - \left(\hat{\alpha}_1 \frac{1}{Asseet_{s,t-1}} + \hat{\alpha}_2 \frac{\Delta REV_{s,t} - \Delta REC_{s,t}}{Asseet_{s,t-1}} + \hat{\alpha}_3 \frac{PPE_{s,t}}{Asset_{s,t-1}} \right)$$

$$(5-3)$$

5.2.5　实证检验模型

根据本书假设，本书主要希望探究机构投资者团体持股行为对公司股价风险特征的真实影响。因此，本书构建如模型（5－4）所示的主回归实证模型，检验前文中提出的假设：

$$CrashRisk_{s,t} = \beta_1 CliqueOwn_{s,t} + \eta_{s,t} \sum_{l=1}^{l=k} \gamma_l Control_{s,l,t-1} + \mu_s + \eta_t + u_{s,t}$$

$$(5-4)$$

其中，$CrashRisk_{i,t}$ 指上市公司 s 在 t 季度末实际存在的股价崩盘风险大小，可由长期风险指标 $NCSKEW_{s,t}$ 和 $DUVOL_{s,t}$ 以及 $CrashCount_{s,t}$ 来分别代替，而团体持股指标 $CliqueOun_{i,t-1}$ 可由 $CliqueOwnership_{s,t}$、$CliqueHerfindahl_{s,t}$、$CliqueOwnMax_{s,t}$ 三个变量来代替。模型主要通过多种团体持股特征指标对股价风险指标的实证关系模拟，来检验合作持股的外在网络效应。$X_{i,t-1}$ 则表示一组控制变量，由包括 $Size_{s,t}$、$AbsACC_{s,t}$ 在内的八个与股价风险指标相关的变量组成，模型采用了面板回归的固定效应，固定上市公司的年份与行业，以降低不同年份和行业情况对主回归假设检验及验证的影响。

用表 5－1 对以上变量及定义进行相关整理。

表 5－1　　　　　　　　　　主回归变量及定义

变量名称	变量定义	变量性质
$NCSKEW_{s,t}$	股价崩盘风险测度指标之一，表示上市公司 s 股票在 t 期的负收益偏态系数，值越大表示股价在 t 期存在的崩盘风险越大。	被解释变量

变量名称	变量定义	变量性质
$DUVOL_{s,t}$	股价崩盘风险测度指标之一,表示上市公司 s 在 t 期的股价向上波动标准差之和与向下波动标准差之和的比值,下降日越多且波动率越大,指标值就越大,股票在 t 期崩盘风险就越大。	被解释变量
$CrashCount_{s,t}$	股价崩盘风险测度指标之一,表示上市公司 s 股票在 t 期出现下行和上行的频率之差,指标值越大,股票在 t 期的崩盘风险就越大。	被解释变量
$Ret_{s,t}$	股价短期收益指标,是 t 期上市公司 s 股票考虑现金红利再投资的日回报率平均值,指标值越大,股价的短期收益就越大。	被解释变量
$Sigma_{s,t}$	股价短期波动性指标,表示上市公司 s 股票在 t 期收益的波动性,短期波动性越大,股价收益的短期投资者风险就越大。	被解释变量
$CliqueOwnership_{s,t}$	机构投资者合作持股团体所持有的上市公司 s 股票流通股市值占比,表示 t 期末合作持股比例的大小,是机构投资者合作持股各个团体持有该股票流通股市值之和占总流通股市值的比重。该指标值越大,机构投资者团体对上市公司 s 股票的投资程度就越高。	解释变量
$CliqueHerfindahl_{s,t}$	在各期机构投资者团体持有上市公司 s 股票比例的赫芬达尔指数,由各团体成员在该期对该股票持有流通股市值占比的平方的和计算得出。值越大,机构投资者合作持股投资者的集中度就越高。	解释变量
$CliqueOwnMax_{s,t}$	t 期持有上市公司 s 股票的最大合作持股团体的持股比例,指标的测度有助于进一步了解机构投资者合作持股的结构化特征,变量指标反映了最大合作持股团体的程度化特征。	解释变量
$Size_{s,t}$	上市公司 s 在 t 期末总资产规模的自然对数。	控制变量
$insthold_{s,t}$	上市公司 s 在 t 期末被所有机构投资者持有的流通股市值占比,包括公募基金在内的所有非法人机构投资者。虽然同为机构投资者持股占比,但与合作持股行为所代表的团体持股行为不冲突,并非是对合作持股行为的替代。	控制变量
$Sigma_{s,t-1}$	上市公司 s 在上期 [($t-1$ 期)] 日特有收益的标准差,反映上期股票的收益波动率。	控制变量
$OTurnover_{s,t}$	t 期月平均超额换手率,由 t 期月平均与 ($t-1$) 期月平均差求出,表示该股票交易的活跃程度。	控制变量

变量名称	变量定义	变量性质
$BM_{s,t}$	账面市值比，是股票未来补偿本期内在风险的指标，值越高表示越可能给股票投资者在未来带来更高的投资收益回报。	控制变量
$ROA_{s,t}$	上市公司 s 股票在 t 期的总资产回报率，是衡量上市公司盈利能力的重要指标，由当期总利润与总资产的比值求出，代表 1 单位资产可获得的利润值，值越大说明公司的盈利能力越强。	控制变量
$Lev_{s,t}$	上市公司 s 的杠杆率，由资产负债率指标来代替衡量，是对公司偿还债务能力的一种测度，一般由当期总负债与总资产的比值求出，杠杆率越高，说明公司每单位资产举债的程度越高，公司偿还债务的能力或可能性就越差。	控制变量
$AbsACC_{s,t}$	信息不对称程度指标，由上市公司的过去可操纵应计项目的绝对值之和得出，可操纵应计项目可由 Jones 两阶段回归方法得出。	控制变量

5.3　主回归实证检验

本节将根据本章中提出的研究假设，对机构投资者合作持股和所持有股票的股价风险特征指标之间的内在联系进行实证检验，以探究机构投资者合作持股的持股特征及合作持股网络带来的长期及短期影响效应。本节首先对主回归中所涉及的变量指标的自身统计特征进行描述，并展示各变量间的 Pearson 相关系数以简单描述被解释变量与各层次变量的基本相关性，同时检验多重共线性的可能性，再根据主回归结果进行机制分析和假设检验，最后进一步分析得出合作持股投资的真实外在网络效应。

5.3.1　机构投资者合作持股特征分析

根据本书对机构投资者合作持股团体的定义，可以得出近年来我国机构投资者合作持股投资者的整体市场情况。首先中国机构投资者合作持股团体持股 2005—2020 年均值为 5.31%，即在机构投资者连续两期持股占基金自身净值 5% 以上或基金公司投资占所持公司流通股股份 5% 以上组成的投资者团体持股样本中，单只股票被基金持股的平均值为 5.31%。这种比例与美国整体 25% 的持股比例相比还有较大的差距，说明中国的机构投资者投资规模仍有很大的空间。将各年被机构投资者合作持股团体持股市值最大的股票挑选出来，如表 5 - 2a 所示。单从市值角度来看，被合作持股机构持有的股票主要包括银行、大消费、科技等板块，而且各季度持股连续性不强，仅有 16.7% 的股票被连续两期重仓持有，说明单个合作持股网络的投资板块轮动性较强。将各季度合作持股占股票流通市值比重最大的股票遴选出来，如表 5 - 2b 所示，可以看出多个团体共同持有股票流通市值占比最大的股票的稳定性要强于单个合作持股团体，所持标的股份的连续性最多可达 14 个季度，板块的范围也更加集中。同时，将每只股票被最大团体持有的各期最大流通股占比样本表示为表 5 - 2c，结果与所有团体持股比例的股票相似度极高（达 74% 以上），说明最大团体的持股对其他小团体的选择具有引导作用，对市场的影响力也更高。对比单个合作持股团体的最大持股市值选出的标的，同样具有较高的连续性，说明大团体的稳定性较高。最后再将持股比例集中程度指标中最大集中程度合作持股所持股票陈列为表 5 - 2d，可以看出银行保险和白酒、房地产等行业的合作持股集中程度颇高，更受合作持股团体青睐。但各期合作持股集中程度最强的股票所展示出的连续性不强，各期集中度的波动范围较大，短期投机性较强。

表 5 - 2a　　　　　各期被各团体持有流通股市值最大的公司

季度	持股市值（亿元）	股票名称	季度	持股市值（亿元）	股票名称
2005q2	1.25	宝钢股份	2013q1	7.85	中国神华
2005q3	3.15	招商银行	2013q2	6.67	中国太保
2005q4	3.19	盐田港	2013q3	9.15	光明乳业
2006q1	3.57	华侨城 A	2013q4	9.76	中国平安
2006q2	2.87	上海机场	2014q1	6.50	云南白药
2006q3	2.48	民生银行	2014q2	8.09	中国太保
2006q4	6.40	民生银行	2014q3	8.54	中国太保
2007q1	8.94	五粮液	2014q4	11.90	国投电力
2007q2	11.60	辽宁成大	2015q1	8.45	华策影视
2007q3	24.10	浦发银行	2015q2	8.84	万达电影
2007q4	27.30	盐湖钾肥	2015q3	5.67	康得新
2008q1	26.00	盐湖钾肥	2015q4	21.90	农业银行
2008q2	16.50	中国联通	2016q1	8.67	尔康制药
2008q3	14.40	中国联通	2016q2	15.10	乐普医疗

续表

季度	持股市值（亿元）	股票名称	季度	持股市值（亿元）	股票名称
2008q4	10.50	贵州茅台	2016q3	21.90	农业银行
2009q1	12.90	兴业银行	2016q4	7.23	台海核电
2009q2	20.40	贵州茅台	2017q1	11.60	通化东宝
2009q3	12.60	浦发银行	2017q2	8.36	爱尔眼科
2009q4	14.90	盐湖钾肥	2017q3	6.60	老板电器
2010q1	19.00	上海汽车	2017q4	12.40	通化东宝
2010q2	19.60	兴业银行	2018q1	6.29	立讯精密
2010q3	25.40	苏宁电器	2018q2	8.72	太阳纸业
2010q4	17.70	潍柴动力	2018q3	7.88	太阳纸业
2011q1	13.10	苏宁电器	2018q4	9.08	三安光电
2011q2	18.00	盐湖钾肥	2019q1	10.30	上海机场
2011q3	14.00	三一重工	2019q2	16.20	泸州老窖
2011q4	14.20	潞安环能	2019q3	17.00	永辉超市
2012q1	13.20	三一重工	2019q4	17.40	顺鑫农业
2012q2	10.80	中国平安	2020q1	19.60	永辉超市
2012q3	7.01	中国太保	2020q2	14.30	兆易创新
2012q4	7.80	中国建筑			

表5-2b　　各期团体持股占流通股比重最大的公司

季度	合作持股最大持股占比（%）	股票名称	季度	合作持股最大持股占比（%）	股票名称
2005q2	0.1984	上海机场	2013q1	0.2466	上海家化
2005q3	0.1984	贵州茅台	2013q2	0.2101	上海家化
2005q4	0.1671	云南白药	2013q3	0.2341	联化科技
2006q1	0.1756	苏宁电器	2013q4	0.2054	卫宁健康
2006q2	0.2405	苏宁电器	2014q1	0.3805	卫宁健康
2006q3	0.1543	苏宁电器	2014q2	0.2839	卫宁健康
2006q4	0.1965	苏宁电器	2014q3	0.3655	朗玛信息
2007q1	0.2272	苏宁电器	2014q4	0.2285	旋极信息
2007q2	0.1803	招商银行	2015q1	0.2229	京天利
2007q3	0.1667	云南铜业	2015q2	0.1823	牧原股份
2007q4	0.1873	招商银行	2015q3	0.2313	台海核电

续表

季度	合作持股最大持股占比（%）	股票名称	季度	合作持股最大持股占比（%）	股票名称
2008q1	0.2157	云天化	2015q4	0.3040	台海核电
2008q2	0.1876	金牛能源	2016q1	0.2657	台海核电
2008q3	0.1540	贵州茅台	2016q2	0.2205	台海核电
2008q4	0.1754	小商品城	2016q3	0.2451	耐威科技
2009q1	0.1310	贵州茅台	2016q4	0.2428	东方时尚
2009q2	0.1035	华东医药	2017q1	0.3097	模塑科技
2009q3	0.1214	康美药业	2017q2	0.3917	模塑科技
2009q4	0.0892	泸州老窖	2017q3	0.3545	模塑科技
2010q1	0.0939	苏宁电器	2017q4	0.4684	模塑科技
2010q2	0.1136	苏宁电器	2018q1	0.6938	模塑科技
2010q3	0.1371	潍柴动力	2018q2	0.7012	模塑科技
2010q4	0.2457	福田汽车	2018q3	0.3224	模塑科技
2011q1	0.1416	福田汽车	2018q4	0.3547	模塑科技
2011q2	0.1439	汇川技术	2019q1	0.4408	模塑科技
2011q3	0.1797	奥飞动漫	2019q2	0.5087	模塑科技
2011q4	0.1600	伊利股份	2019q3	0.4007	模塑科技
2012q1	0.1528	伊利股份	2019q4	0.7593	模塑科技
2012q2	0.2446	海大集团	2020q1	0.4488	模塑科技
2012q3	0.2326	海大集团	2020q2	0.5641	模塑科技
2012q4	0.2274	上海家化			

表5-2c　　　　各期被各最大团体持有股份最大的公司

季度	最大团体持股占比（%）	股票名称	季度	最大团体持股占比（%）	股票名称
2005q2	0.0429	上海机场	2013q1	0.0850	上海家化
2005q3	0.0531	贵州茅台	2013q2	0.0940	大华股份
2005q4	0.0443	云南白药	2013q3	0.1107	大华股份
2006q1	0.0476	苏宁电器	2013q4	0.1068	卫宁健康
2006q2	0.0807	苏宁电器	2014q1	0.0888	朗玛信息
2006q3	0.0743	苏宁电器	2014q2	0.1248	卫宁健康
2006q4	0.0618	苏宁电器	2014q3	0.0815	朗玛信息
2007q1	0.0405	华联综超	2014q4	0.0995	旋极信息

续表

季度	最大团体持股占比（%）	股票名称	季度	最大团体持股占比（%）	股票名称
2007q2	0.0313	招商银行	2015q1	0.2233	京天利
2007q3	0.0403	云南铜业	2015q2	0.1809	皇氏集团
2007q4	0.0598	招商银行	2015q3	0.1108	台海核电
2008q1	0.0398	云天化	2015q4	0.0939	皇氏集团
2008q2	0.0404	盐湖钾肥	2016q1	0.0556	信维通信
2008q3	0.0261	贵州茅台	2016q2	0.0615	四创电子
2008q4	0.0212	小商品城	2016q3	0.0845	索菲亚
2009q1	0.0260	贵州茅台	2016q4	0.0970	华宇软件
2009q2	0.0198	华东医药	2017q1	0.1706	鼎龙股份
2009q3	0.0181	康美药业	2017q2	0.2450	华帝股份
2009q4	0.0183	苏宁电器	2017q3	0.3105	先导智能
2010q1	0.0160	广汇能源	2017q4	0.2582	华帝股份
2010q2	0.0270	康美药业	2018q1	0.2029	华帝股份
2010q3	0.0310	潍柴动力	2018q2	0.2067	华帝股份
2010q4	0.0475	福田汽车	2018q3	0.3663	模塑科技
2011q1	0.0362	广汇能源	2018q4	0.3139	模塑科技
2011q2	0.0406	国电南瑞	2019q1	0.2313	模塑科技
2011q3	0.0454	奥飞动漫	2019q2	0.2880	模塑科技
2011q4	0.0326	国电南瑞	2019q3	0.4283	模塑科技
2012q1	0.0519	国电南瑞	2019q4	0.3815	模塑科技
2012q2	0.0491	上海家化	2020q1	0.3223	模塑科技
2012q3	0.1874	海大集团	2020q2	0.2017	中微公司
2012q4	0.0734	上海家化			

表5-2d　　各期被各团体持有股份集中度最大的公司名称

季度	持股最大集中度	股票名称	季度	持股最大集中度	股票名称
2005q2	0.0254	贵州茅台	2013q1	0.1305	伊利股份
2005q3	0.2315	长江电力	2013q2	0.1173	康得新
2005q4	0.0503	华侨城A	2013q3	0.1764	浙江龙盛
2006q1	0.0578	伊利股份	2013q4	0.2315	民生银行
2006q2	0.2315	中储股份	2014q1	0.1482	探路者

续表

季度	持股最大集中度	股票名称	季度	持股最大集中度	股票名称
2006q3	0.2315	深能源A	2014q2	0.1304	聚飞光电
2006q4	0.2315	中国石化	2014q3	0.1578	卫宁健康
2007q1	0.2315	苏宁电器	2014q4	0.2315	华夏银行
2007q2	0.2315	苏宁电器	2015q1	0.2315	牧原股份
2007q3	0.2315	中国人寿	2015q2	0.1628	万华化学
2007q4	0.1395	南方航空	2015q3	0.2315	杭萧钢构
2008q1	0.2315	万科A	2015q4	0.2315	航天信息
2008q2	0.2315	西山煤电	2016q1	0.1896	亿帆鑫富
2008q3	0.1691	贵州茅台	2016q2	0.2131	盈峰环境
2008q4	0.2315	双汇发展	2016q3	0.2315	索菲亚
2009q1	0.2315	万科A	2016q4	0.2184	金财互联
2009q2	0.1512	万科A	2017q1	0.2277	贵阳银行
2009q3	0.1529	中国人寿	2017q2	0.2315	东阿阿胶
2009q4	0.2315	中国人寿	2017q3	0.1925	恩华药业
2010q1	0.2315	贵州茅台	2017q4	0.1850	蓝光发展
2010q2	0.1506	招商银行	2018q1	0.2315	金正大
2010q3	0.2315	泸州老窖	2018q2	0.2315	金正大
2010q4	0.1282	中材国际	2018q3	0.2315	生物股份
2011q1	0.1527	苏宁电器	2018q4	0.1704	国瓷材料
2011q2	0.1515	盐湖钾肥	2019q1	0.1854	玲珑轮胎
2011q3	0.1583	大商股份	2019q2	0.1948	克来机电
2011q4	0.1353	泸州老窖	2019q3	0.1506	杰克股份
2012q1	0.1528	大商股份	2019q4	0.2315	蓝思科技
2012q2	0.1650	海思科	2020q1	0.2315	中兴通讯
2012q3	0.2315	保利地产	2020q2	0.2315	宁波银行
2012q4	0.2315	万科A			

5.3.2 描述性统计

除合作持股团体所持股票展示出的团体表象特征外，合作持股标的具有的风险特征及财务、信息不对称等特征指标同样值得关注。本节通过对公募基金

2005年第二季度至2020年第二季度持股标的数据进行描述性统计，探究合作持股的整体特征表现。为了避免连续变量中的异常值干扰，笔者对主回归中涉及的所有相关变量都进行了上下1%的Winsorize缩尾处理，以便在统计和回归模拟时得出更加有解释力的检验结果。将主回归中涉及变量的描述性统计结果展示为表5-3。

表5-3　　　　　　　　　　　主回归变量描述性统计

变量名	观测数	均值	标准差	最小值	最大值
$NCSKEW_{s,t}$	130591	-0.4266	0.7167	-2.5436	1.5455
$DUVOL_{s,t}$	130591	-0.3219	0.4742	-1.4416	0.9043
$CrashCount_{s,t}$	130591	0.1343	0.3409	0	1
$CliqueOwnership_{s,t-1}$	79205	0.0531	0.1527	0	0.7593
$CliqueHerfindahl_{s,t-1}$	139006	0.0084	0.0349	0	0.2315
$CliqueOwnMax_{s,t-1}$	79205	0.0159	0.0554	0	0.4283
$Ret_{s,t-1}$	130591	0.0009	0.0044	-0.0086	0.0173
$Sigma_{s,t-1}$	130591	0.0295	0.0119	0.0107	0.0736
$Size_{s,t-1}$	136296	21.9889	1.4116	19.2697	26.9951
$Oturnover_{s,t-1}$	137380	0.3331	0.3033	0.0192	1.5577
$Insthold_{s,t-1}$	125651	0.3139	0.1370	0	0.8483
$BM_{s,t-1}$	137314	0.6277	0.2443	0.1092	1.1164
$Lev_{s,t-1}$	138838	0.4502	0.2234	0.0473	1.0168
$ROA_{s,t-1}$	138838	0.0237	0.0387	-0.1315	0.1519
$AbsACC_{s,t-1}$	125651	0.0967	0.1081	0.0021	0.7948

由关键变量的描述性统计可以看出，股价崩盘风险指数就整体市场而言仍处于均值为负的状态，即统计区间内的年平均崩盘风险可控，中国全市场并未出现所有板块全线崩盘的情况，即使是在金融危机和2015年"股灾"时期。出现这种现象是因为中国特有的"新股效应"，新股成为了资金的避风港，使股市投资资金可以在面临全市场情绪悲观时找到合适的标的采取防范措施。2018年市场崩盘风险系数明显上升，结合当年全市场的价格波动性而言，价格并未显示出极端波动情况，说明崩盘风险的大小并非等价于急剧波动性，后者仅是一种潜在风险的衡量方式。近20年的崩盘风险指标如图5-1所示。

由表5-3可以看出，机构投资者合作持股团体持股个数占所有样本的个数

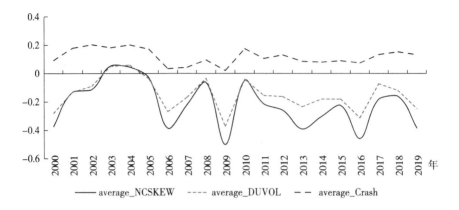

图 5 - 1　年度崩盘风险均值

的比重约为 60.7%，说明并非每只股票都被团体所持有，将存在崩盘风险测度值（剔除了已退市股票、ST 类股票及金融行业股票）却并未被机构投资者团体持有的股票设为持股比例为零，由此既不会损失观测值也不会影响回归结果。

机构投资者团体持股观测值中各期的团体持股特征比例如图 5 - 2 所示，可以看出，2015 年来各团体持股比例在逐年上涨，且最大团体的持股占比也在不断接近所有团体持股比例的均值，说明各季度机构投资者网络识别出的团体个数在减少，多数小团体逐渐融入大团体之中，市场团体的集中程度在不断加强，这种结果同第三章中所展示的合作持股网络团体节点特征相一致。但

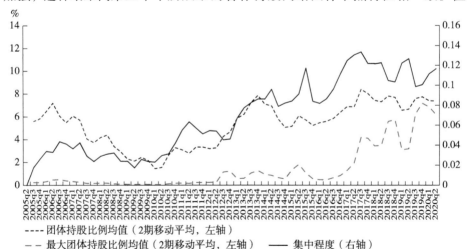

图 5 - 2　各季度团体持股特征值比例均值

2018 年第二季度之后，最大团体合作持股比例与市场集中程度的趋势出现了负相关，机构投资者合作持股程度越高，市场分散程度也越高，这说明合作持股团体对投资标的的投资更加分散化，单只股票的持股比例降低，股票投资范围增加。

合作持股团体投资的股票自身特征如表 5-3 所示，股票收益率近十五年来并没有显著的上涨，说明中国股市的造富效应较差，月收益波动率均值为2.95%，未剔除周期中市场整体特征效应也导致收益未显示出较大波动。换手率年平均为 33%，表明单只股票的交易频率较高，最大值为 155.77% 表示在极端情况下流通股在一个季度被整体反复交易，市场"炒作"迹象明显。全部机构投资者流通股市值持有比例中公募基金持股占比较大，说明公募基金合作持股投资在整个机构投资者群体中具有较大的影响力。相关股票的账面市值比、杠杆比例、投资收益率未表现出较为明显的特征，但相对于美国上市公司而言，中国 A 股市场的股票总资产收益率和账面市值比相对较低，股东及投资者的回报率有待提高。最后，中国上市公司体现出的信息透明度水平不高，这也表示相关股票具有较高的崩盘风险，最大值和最小值的差值近 8 个标准差，说明中国市场中公司信息公开程度具有较大的差异，股价对公司本身的信息反映能力随各时期公司及市场特征变化而呈现出更加剧烈的波动。

本书同时检验主回归变量中的 Pearson 系数，简单检验变量间的相关性，结果如表 5-4 所示。[①] 股价的崩盘风险特征指标彼此之间显著正相关，说明崩盘风险的指数预测方向一致，同时与团体持股特征指标（Group Ratio 为机构投资者团体持股比例）显著相关，也在不考虑其他因素的情况下简单论证了假设中合作持股对股价崩盘风险的正向推动作用。虽然其他变量之间的相关性存在，但影响系数较小，并不会构成较为严重的多重共线性。

5.3.3 合作持股的网络效应回归检验

我们将 2005 年第二季度至 2020 年第二季度相关变量数据代入主回归模型（5-4）中进行面板回归模拟，与负收益偏态系数回归结果如表 5-5a 所示。

---

① Pearson 检验设置以 10% 的显著性水平为星评标准，加星说明测度出系数在 10% 的水平下显著。在之后的回归检验结果中，"***""**""*"分别表示在 1%、5%、10% 水平下显著，系数下括号内为 t 值。

表 5－4　主回归变量 Pearson 相关系数

变量	(1)	(2)	(3)	(4)	(5)	(6)	(7)	(8)	(9)	(10)	(11)	(12)	(13)	(14)	(15)
NCSKEW	1														
DUVOL	0.8770*	1													
Crash	0.5024*	0.4228*	1												
Groupratio	0.0465*	0.0326*	−0.0571*	1											
Group_hhi	0.0423*	0.0278*	−0.0001	0.6136*	1										
Groupmax	0.0488*	0.0360*	0.0107	0.5253*	0.4603*	1									
Ret	−0.2123*	−0.2683*	−0.1749*	0.0735*	0.0488*	0.0475*	1								
Sigma	−0.0284	−0.0460*	−0.1201*	−0.0421*	−0.0357*	0.0007	0.2446*	1							
Size	−0.0718*	−0.0889*	−0.0151	0.0529*	0.2427*	0.1581*	−0.0730*	−0.2232*	1						
Oturnover	−0.0553*	−0.0993*	−0.1119*	−0.0660*	−0.0768*	−0.0458*	0.4011*	0.4950*	−0.2144*	1					
Insthold	−0.0169*	−0.0192*	−0.0016	−0.0196*	0.0606*	0.0179*	−0.0483*	−0.0794*	0.2731*	−0.1003*	1				
BM	−0.0518*	−0.0279*	0.0564*	−0.1829*	−0.0873*	−0.1263*	−0.1879*	−0.2035*	0.5107*	−0.3071*	0.0431*	1			
Lev	−0.0456*	−0.0695*	−0.0417*	−0.0295*	0.0275*	0.0028	−0.0042	−0.0187*	0.4145*	−0.0304*	0.1542*	0.3232*	1		
ROA	−0.0337*	−0.0356*	−0.0216*	0.1284*	0.1358*	0.1116*	0.0272*	−0.0575*	0.0226*	−0.1272*	0.0246*	−0.1446*	−0.3642*	1	
AbsAcc	0.033*	0.019*	0.028*	0.046*	0.055*	0.062*	0.028*	0.005	0.115*	0.056*	−0.021	−0.061*	0.057*	−0.026*	1

表 5 – 5a 合作持股比例与股价风险特征指标

变量	(1) NCSKEW$_t$	(2) NCSKEW$_t$	(3) NCSKEW$_t$
CliqueOwnership$_{t-1}$	0.190 *** (8.53)		
CliqueHerfindahl$_{t-1}$		0.924 *** (13.26)	
CliqueOwnMax$_{t-1}$			0.736 *** (12.83)
Sigma$_{t-1}$	0.4850 (1.57)	– 0.493 ** (– 2.26)	– 0.572 * (– 1.85)
Size$_{t-1}$	– 0.0747 *** (– 14.21)	– 0.0682 *** (– 16.98)	– 0.0852 *** (– 15.61)
Oturnover$_{t-1}$	– 0.0486 *** (– 3.57)	– 0.0721 *** (– 7.18)	– 0.0437 *** (– 3.22)
Insthold$_{t-1}$	0.0141 *** (3.74)	0.00973 *** (4.92)	0.0145 *** (3.87)
BM$_{t-1}$	– 0.122 *** (– 5.82)	– 0.110 *** (– 7.31)	– 0.121 *** (– 5.85)
Lev$_{t-1}$	– 0.117 *** (– 3.65)	– 0.144 *** (– 6.64)	– 0.123 *** (– 3.84)
ROA$_{t-1}$	– 0.652 *** (– 7.11)	– 0.557 *** (– 8.34)	– 0.619 *** (– 6.75)
AbsAcc$_{t-1}$	0.1261 *** (54.78)	0.1163 *** (67.00)	0.1023 *** (54.88)
Constant	1.237 *** (10.97)	1.051 *** (12.43)	1.464 *** (12.53)
N	66155	116997	66155
adj. R^2	0.0640	0.0590	0.0650

依照表 5 – 5a，将合作持股指标与收益上下波动比例（DUVOL）的回归结果整理为表 5 – 5b。从两个表可以看出，机构投资者合作持股指标代表的合作持股比例越高，股价下期内在的崩盘风险就越大，这种结果在 1% 水平下显著

成立且验证了前文假设4。

表 5 - 5b　　　　　　　　合作持股比例与股价风险特征指标

变量	(4) $DUVOL_t$	(5) $DUVOL_t$	(6) $DUVOL_t$
$CliqueOwnership_{t-1}$	0. 114 *** (7. 59)		
$CliqueHerfindahl_{t-1}$		0. 537 *** (11. 17)	
$CliqueOwnMax_{t-1}$			0. 470 *** (11. 78)
$Sigma_{t-1}$	− 0. 776 *** (− 3. 820)	− 0. 0009 (− 0. 01)	− 0. 828 *** (− 4. 08)
$Size_{t-1}$	− 0. 0547 *** (− 16. 32)	− 0. 0455 *** (− 17. 64)	− 0. 0616 *** (− 17. 78)
$Oturnover_{t-1}$	− 0. 0324 *** (− 3. 49)	− 0. 0126 * (− 1. 89)	− 0. 0350 *** (− 3. 80)
$Insthold_{t-1}$	0. 0111 *** (4. 46)	0. 0103 *** (7. 96)	0. 0114 *** (4. 58)
BM_{t-1}	0. 0701 (0. 52)	− 0. 1762 * (− 1. 80)	0. 0841 (0. 62)
Lev_{t-1}	− 0. 0657 *** (− 3. 17)	− 0. 0652 *** (− 4. 70)	− 0. 0691 *** (− 3. 34)
ROA_{t-1}	− 0. 462 *** (− 7. 68)	− 0. 326 *** (− 7. 35)	− 0. 439 *** (− 7. 31)
$AbsAcc_{t-1}$	− 0. 0181 *** (61. 17)	0. 0482 *** (75. 30)	0. 0461 *** (61. 33)
Constant	0. 849 *** (11. 77)	0. 647 *** (11. 94)	0. 998 *** (13. 40)
N	66155	116997	66155
adj. R^2	0. 0930	0. 0860	0. 0940

最后将合作持股指标与收益下行上行频率之差（CrashCount）的回归结果整理为表 5 - 5c，得出了与表 5 - 5a 和表 5 - 5b 同样的结论，可以发现，三张

表中市场集中程度和最大团体持股比例的影响都要大于所有团体共同持股对崩盘风险指标的影响，这证明了合作持股越集中，未来崩盘风险越高。

表 5 - 5c　　　　　　合作持股比例与股价风险特征指标

变量	(7) $CrashCount_t$	(8) $CrashCount_t$	(9) $CrashCount_t$
$CliqueOwnership_{s,t-1}$	0.1071 *** (5.07)		
$CliqueHerfindahl_{s,t-1}$		0.3531 *** (7.01)	
$CliqueOwnMax_{s,t-1}$			0.117 *** (3.37)
$Sigma_{t-1}$	- 1.700 *** (- 13.72)	- 2.004 *** (- 22.74)	- 1.701 *** (- 13.72)
$Size_{t-1}$	- 0.0003 (- 0.10)	0.00675 *** (3.79)	- 0.0026 (- 0.97)
$Oturnover_{t-1}$	- 0.0193 *** (- 3.40)	- 0.0169 *** (- 4.18)	- 0.018 *** (- 3.21)
$Insthold_{t-1}$	0.0014 (0.72)	0.0011 (1.22)	0.0014 (0.73)
BM_{t-1}	- 0.0705 *** (- 7.23)	- 0.0575 *** (- 8.59)	- 0.0750 *** (- 7.76)
Lev_{t-1}	- 0.0455 *** (- 3.10)	- 0.0625 *** (- 6.57)	- 0.045 *** (- 3.08)
ROA_{t-1}	0.0738 (1.62)	0.0351 (1.09)	0.0639 (1.41)
$AbsAcc_{t-1}$	0.0655 *** (36.94)	- 0.0627 *** (- 48.27)	0.0734 *** (37.14)
Constant	0.182 *** (3.23)	0.0503 (1.34)	0.230 *** (3.99)
N	66155	116997	66155
adj. R^2	0.0420	0.0390	0.0420

合作持股解释变量对下期股价崩盘风险的显著正向影响可证明前文假设中机构投资者合作持股参与投资上市公司并没有通过"发声""投票"等措施有效地促进公司治理环境的改善，反而使上市股价对公司内部信息的反映更加迟缓，加大负面信息集中爆发导致股价急剧下跌的风险。同时，机构投资者合作持股的集中度越高，被大团体持有的比例越高，股价下期发生崩盘的风险也显著上升，说明大团体"退出威胁"治理效力较低，较难因为信息不对称风险而选择整体退出，只能继续帮助标的公司掩盖负面信息，防止巨额亏损的风险。由此可以看出，机构投资者合作持股投资的行为并没有真正改善公司治理水平。

表 5 - 5a 至表 5 - 5c 的回归系数表达了一定的经济含义，以表 5 - 5b 为例，合作持股团体持股比例每增加 1%，所持标的资产的下降日和上升日收益率的标准差之比 DUVOL 就会增加 0.114 个基点，股价下行波动的可能性比上行的增加 0.114。同时，合作持股的集中程度越高，导致下行波动风险的概率越高，会比上期同上行波动比增加 0.537 个基点，且最大团体合作持股比例增加 1%，下期 DUVOL 指标也会增加 0.47 个基点，均表现出团体集中程度和团体规模越大，对股价崩盘风险的正向促进效应越强。

控制变量同样显示出对股价风险特征指标的显著影响，股价波动率（Sigma）在回归结果中主要表现为负相关，这与吴晓辉（2019）的结果有所出入，主要是因为本书采用的是季度数据，与年度数据体现出的平滑波动率相比，季度波动率波动更明显。这种负相关系可以解释为，季度收益率波动的增加使股价对信息反映更加及时，是一种风险的短期释放，会降低股价长期掩盖负面信息带来的崩盘风险。收益波动年度与季度回归结果的不同，说明股价崩盘风险是一种长期风险指标，而收益的季度波动则反映出股价的短期波动风险。上市公司规模（Size）主要表现为对崩盘风险的负向显著影响，说明公司规模越大，所要求的信息披露程度越高，投资者对公司的影响力有限，更因为声誉对公司整体发展的影响力更大，所以并不会出现较大的崩盘风险。换手率（OTurnover）对股价崩盘风险指标的影响显著为负，这与季度股价波动率的影响机制一致，换手率越高，价格对信息的反映越及时，会显著降低因信息不对称引致的崩盘风险。

账面市值比（BM）、资产负债率（Lev）、总资产收益率（ROA）等公司相关的财务指标均对股价崩盘风险表现出较为显著的负向影响，这说明上市公司本身的经营管理能力越强、给股东的投资收益越高，公司会借机释放一些"坏消息"防止未来崩盘的可能性，并同时保证短期股价稳定，这种回归结果与 Callen 等（2013）的观点一致。资产负债率的增加表明公司用相同单位资产引入了更多的债务，会带来更多投资者的监督管理与关注，因此会在一定程度上促使公司管理层减少股价对信息的不对称反映，规避未来可能发生的崩盘风险，结论与王化成等（2015）的论述一致。公司信息不对称程度指标（AbsAcc）与股价风险特征指标的关系主要表现为显著正相关，这与多数学者认为的股价崩盘风险是信息不对称导致的风险集中爆发假设相一致，信息不对称程度越高，股价对信息的反映能力越差，未来某时刻发生崩盘的可能性就越高。值得注意的是，在有些机构投资者合作参与持股的情况下，信息不对称程度对股价风险特征表现为显著负相关，这可能是因为机构投资者合作持股影响了信息向股价的传导，帮助公司掩盖了负面信息，推迟了股价崩盘风险的爆发。

5.3.4　进一步检验与分析

主回归检验了合作持股比例与长期崩盘风险指标之间的显著正向影响关系，但是，机构投资者合作持股的目的并不是加大公司崩盘风险，而是这种合作持股投资能给投资者带来符合风险需求的回报。根据本书第四章的论述，机构投资者是为了获得市场资金流量短期收益而进行合作持股投资，那么，合作持股投资的标的资产就需要匹配投资者短期目标。为了更加全面地分析机构投资者团体持股对所持股价风险特征的影响，进一步选了各季度股票短期月平均收益及股价波动率作为模型（5-4）被解释变量 $CrashRisk_{s,t}$ 的替换指标，与团体持股比例指标进行固定面板回归，检验团体持股比例对股价的短期真实影响，并将模拟数据结果展示为表 5-6a。

从表 5-6a 的回归结果来看，本期被各团体持股比例越高（每提高 1 个百分点），下期股票的季度收益越高（有可能提高 1.184 个百分点），而且合作持股市场集中程度越高，标的资产的下期投资回报的上升比例也越高。最大团体持股比例的增加同样显著正向促进下期绝对收益提升，且最大合作团体的持股影响作用要高于所有团体持股对标的资产季度收益的影响（1.415 > 1.184）。更重要的结论来自季度收益的波动率，合作持股投资的参与会显著降低股价的波动性，这证明了假设 5 中的合作持股投资的短期效应，也正是这种短期有收益且波动率较低的投资网络效应使机构投资者能够满足市场资金流量的要求，更加稳定地获得资金流入。

表 5-6a　　　　　　　　团体持股指标与短期股价收益波动

变量	(1) Ret$_t$	(2) Ret$_t$	(3) Ret$_t$	(4) Sigma$_t$	(5) Sigma$_t$	(6) Sigma$_t$
CliqueOwnership$_{t-1}$	1.184 *** (13.05)			-0.269 *** (-6.80)		
CliqueHerfindahl$_{t-1}$		1.683 *** (15.44)			-0.799 *** (-6.83)	
CliqueOwnMax$_{t-1}$			1.415 *** (12.96)			0.0455 (5.64)
AbsAcc$_{t-1}$	-0.0706 *** (-18.15)	-0.0592 *** (-21.07)	-0.0743 *** (-18.01)	-0.0416 *** (-39.03)	-0.0343 *** (-37.83)	-0.0409 *** (-37.03)
Size$_{t-1}$	0.632 *** (64.38)	0.650 *** (87.61)	0.625 *** (64.21)	0.0204 *** (80.01)	0.0203 *** (107.66)	0.0202 *** (79.96)
Oturnover$_{t-1}$	0.0178 *** (7.41)	-0.0149 *** (-11.35)	0.0182 *** (7.56)	0.694 *** (11.49)	0.0140 *** (4.43)	0.0699 *** (11.55)
Insthold$_{t-1}$	0.358 *** (29.87)	0.204 *** (23.96)	0.371 *** (31.33)	-0.180 *** (-4.89)	-0.124 *** (-4.56)	-0.223 *** (-6.06)
BM$_{t-1}$	0.0181 (0.87)	0.0290 ** (2.09)	0.0227 (1.08)	0.360 *** (6.02)	0.174 *** (3.68)	0.366 *** (6.11)
Lev$_{t-1}$	0.400 *** (7.37)	0.607 *** (14.97)	0.396 *** (7.27)	-0.0256 (0.02)	0.0736 *** (6.51)	0.0441 (0.31)
ROA$_{t-1}$	-0.029 *** (-10.97)	-0.0049 *** (-2.68)	-0.030 *** (-11.35)	0.176 *** (11.08)	0.0314 *** (2.69)	0.182 *** (11.46)
Constant	0.0151 *** (17.42)	0.0129 *** (21.19)	0.0160 *** (17.43)	0.112 *** (48.18)	0.0956 *** (48.33)	0.111 *** (46.23)
N	66155	116997	66155	66155	116997	66155
R^2	0.2500	0.2140	0.2490	0.3190	0.2690	0.3180
adj. R^2	0.2500	0.2140	0.2490	0.3190	0.2690	0.3180

主回归检验的结果证明了假设 4 和假设 5，机构投资者合作持股投资能有

效地获得投资标的短期收益并降低其短期股价波动，但这种稳定股价的外在网络效应并不能真正提高所投公司的价值，而是以增加股价长期崩盘风险为代价，换取股价收益的短期稳定表现。在传统理论研究中，机构投资者所代表的"套利者"可以通过"投票"参与公司治理，并通过"退出威胁"等手段监督上市公司的信息披露，进而改善公司经营管理环境，但在对现实的观测中，被机构投资者持有甚至是合作持股的股票，往往出现某时刻价格剧烈波动的现象，并没有展示出如理论提出的那种促使价格回归内在价值的作用。这在回归结论中得到验证。

结合第三章 PBA 模型和本章主回归结论，笔者尝试分析：机构投资者合作持股投资的目的是获得资金流量的稳定流入，希望通过稳定的投资收益来吸引基金份额投资者或防止"非理性"赎回，因此所投股票的特征需要满足合作持股投资的短期目标，这既是合作持股的目的，也是合作持股的结果。为了持续维持合作持股的影响，机构投资者团体会进一步干预上市公司的信息披露管理，不仅不会督促上市公司及时披露潜在的负面信息，反而会帮助"隐瞒"相关信息，导致股价对信息的反映不充分和未来崩盘风险的增加。机构投资者采取合作持股投资是为了获得短期稳定收益来应对资金流量带来的绩效约束，但是放弃了当期对低估值资产的进一步投资和未来更高水平的投资收益，更降低了对所持股公司的监督动机，使股价对公司信息的反映程度更低且更无效，在未来负面信息集中释放甚至团体提前出逃时，就会带来更加严重的崩盘风险。

虽然主回归和进一步检验验证了文中假设 4 和假设 5，但是合作持股投资对股价风险特征的影响传导仍有待验证。Crane 等（2019）、吴晓辉等（2019）对此作了大量的研究和证明，分别从合作持股投资影响负面信息融入股价的速度、团体"退出威胁"治理效应、股价泡沫、公司信息透明程度、企业代理成本的中介调节作用等方面，证明了其对崩盘风险的影响机制。因此，笔者借鉴已有文献对此机制的研究结论，不再对相关中介影响变量作进一步描述，接受主回归的结果并认为机构投资者合作持股会通过降低负面信息融入股价速度、加大股价泡沫、减弱整体退出治理效应、恶化公司信息不透明程度、增加企业代理成本等作用机制，进一步影响股价风险特征指标并增加股价未来崩盘的风险。

　　根据 PBA 模型的推导结论，机构投资者合作持股策略的实现不仅会通过自身持股规模来影响股价，而且会因为资金流量绩效约束的变化而作用于股价的波动。因此，在考虑合作持股对股价的网络效应时，要加入资金流量的因素，探讨在不同敏感性的绩效约束下合作持股对股价的真实影响。本节进一步通过资金流量对绩效和基金持股规模的敏感程度指标来测度资金流量特征带来的合作持股网络效应差异。首先将第四章测度出的资金流量业绩敏感性指标 Flow - Sensitivity 和合作持股基金持股规模的变化进行滚动回归，进而将各期各基金受到的"基民"认可度弹性指标以面板数据的形式进行测算，将规模弹性大于 1 的机构投资者定义为高"基民"敏感性合作持股团体，小于 1 定义为低"基民"敏感性合作持股团体，再将不同团体下合作持股团体对崩盘风险以及股价短期收益率指标的回归系数进行对比分析，从而得出不同团体持股的差异化网络效应。弹性指标的具体描述性统计和分组回归结果如表 5 - 6b 所示。

表 5 - 6b　　　　　资金流量敏感性测度及对合作持股网络效益的影响

变量名	观测数	均值	标准差	最小值	最大值
$Elasticity_{s,t}$	36880	1.2017	12.27	-177.34	252.94
$ElasticityStandard_{s,t}$	36880	0.5771	0.4941	0	1

变量	(7) $NCSKEW_t$	(8) $DUVOL_t$	(9) Ret_t
$CliqueOwnership_{s,t-1}$ ($ElasticityStandard_{s,t-1} = 1$)	0.1336 ** (1.82)	0.1022 *** (5.07)	0.0561 (1.25)
$CliqueOwnership_{s,t-1}$ ($ElasticityStandard_{s,t-1} = 0$)	0.2638 *** (3.97)	0.3081 *** (4.07)	0.1383 *** (2.70)

　　对比表 5 - 5a、表 5 - 5b、表 5 - 6a、表 5 - 6b，可以得出一系列相关的结论。首先是对崩盘风险的影响程度，从合作持股比例对崩盘风险的影响程度来看，高规模弹性资金流量偏好的合作持股团体虽然表现出对崩盘风险的显著促进作用，但影响程度明显下降，说明合作持股显著地降低了绩效约束以及绩效约束带来的有限套利。值得注意的是，此时合作持股对标的资产短期业绩的影响并不显著，这与表 5 - 6a 的结论有明显的差异，说明高规模弹性条件下的资金流量会因合作持股规模的变动而表现出大幅度的变化，进而降低绩效敏感性带来的套利约束，合作持股策略也就不会再为了获取短期收益而放弃长期更优

的套利机会，提高了机构投资者投资的市场效率，并降低了有限套利带来的股价进一步波动的风险。

与之相反的是，低规模敏感性的资金流量带来了更大程度的合作持股网络效应，呈现出更加显著的崩盘风险促进效应，也表现出更高的短期收益。这说明资金流量认知偏差带来的绩效约束并没有通过合作持股策略而有所放松，反而会因为合作持股加剧了机构投资者有限套利的规模效应，使合作持股产生了更大的股价偏离内在价值的网络效应。由此看来，绩效约束程度的变化具有较强的杠杆能力，有效地提升资金流量的业绩敏感性程度，才能真正降低机构投资者对股价的负向影响，更好地发挥套利带来的价值回归作用。短期收益的显著增加，支持了上述结论。在绩效约束程度没有被有效降低的前提下，机构投资者只能继续通过短期利润的实现来吸引资金流量并防止非理性赎回，有限套利的程度更高，机构投资者因迎合资金流量的偏好而导致的资产价格更加非理性波动的程度也就越高。

表 5-6b 显示的另一个相关的结论是资金流量规模弹性的标准差要远远大于所有观测值的均值，这就说明不同规模的机构投资者受到的绩效约束具有显著差异，且标准化的规模弹性均值大于 0.5，表明资金流量更多偏好高规模弹性，即机构投资者合作持股策略能有效地影响资金流量对基金本身的判断和认可度，进一步验证了资金流量对机构投资者合作持股投资的驱动效应。机构投资者可以通过合作持股的方式更好地改善资金流量对业绩的敏感性，降低绩效约束，从而使自身经营目标与资金委托者投资收益最大化目标进一步吻合，来实现投资业绩和未来资金管理规模的最大化。这暗含着一个假设：资金流量可以识别机构投资者的合作持股行为，这样才会对自身所投基金的认可度有所提高。在现实中，机构投资者的合作持股行为更多的是出现在上市公司公布的季报当中，高比例流通股股份的同期共同持有行为会被"理性的基民"简单地识别，他们进而改变自身申购和赎回的策略。因此笔者在计算资金流量的规模弹性时，可以通过持有 5% 以上流通股市值基金持股比例的变化来替代复杂网络识别，更好地解释了资金流量对机构投资者行为策略变换的认知和相应对策，将资金流量通过对机构合作持股行为的反应来影响下期机构合作持股行为以及股价波动的传导机制有效率地描述出来，不仅验证了 PBA 模型中资金流量与机构投资者行为之间的关系，也体现出资金流量在合作持股网络效应中的

关键作用。

5.4　内生性及稳健性检验

本章通过主回归模拟得出了机构投资者合作持股与股票长期和短期风险特征指标的影响关系，但与多数已有研究相比，各模型回归结果系数绝对值都相对偏小，同时也会存在不显著和结果与常识相反的结果（如 ROA 会对下期股票收益产生显著负向影响）。虽然我们采用的是季度滞后期数据，且通过两期 Louvain 同组方式筛选出更加紧密的合作持股群体，但都无法较好地解释这种结果差异。与第四章所展示的合作持股与资金流量的相互关系一样，合作持股的目的是获得更加稳定的短期收益和资金流量，但合作持股的结果同样会导致投资标的的股价表现出稳定正收益和正向的资金流入，因此，回归存在较大的内生性问题。虽然通过季度分组滚动回归和变量滞后期降低了这种内生性，但为了获得更加稳定的模拟结论，下文将采用两阶段工具变量法和变量替换法来进一步解决可能存在的内生性问题。

5.4.1　内生性检验

关于工具变量的选择，葛瑶（2019）等采取构建外生事件冲击下的处置效应工具变量的方法来模拟并替换机构投资者合作持股比例指标，进行两阶段回归。然而外生冲击事件的选取和时间阶段并不符合本书样本要求，因此，根据第四章主回归结论，本书选择基金资金流量对业绩敏感性指标作为本章的外生工具变量，直接两阶段模拟检验主回归中的内生性问题，以降低变量噪声带来的扰动影响。

首先，根据第四章结论，资金流量对基金业绩的敏感性会促进机构投资者进行合作持股，敏感性越大，说明机构投资者需要通过合作持股来获得更加稳定和正向的投资收益，基金份额投资人对基金的认可程度越低，基金所受的绩效约束越大。资金流量与合作持股投资通过逻辑假设和实证检验已经被证实具有显著的正向相关性。其次，工具变量要尽可能地与主回归的残差值无关，只通过解释变量对被解释变量产生作用。资金流量对业绩的敏感性主要是对证券投资基金本身的一种判别与认可，资金流量并非主要根据上市公司股票自身特征来进行投资，因此对股票风险特征指标的影响相对具有外生性。据此，将相关变量的半年度数据依次代入模型（5－5）和模型（5－6）中进行两阶段回归。

$$CliqueOwn_{j,t} = \varphi_1 FlowSensitivity_{j,t-1} + \sum_{l=1}^{l=k} \gamma_l Control_{j,l,t} + u'_{j,t} \quad (5-5)$$

$$CrashRisk_{j,t} = \alpha + \beta\, CliqueOwn_{j,t-1} + \sum_{l=1}^{l=k} \gamma_l Control_{j,l,t-1} + \mu_j + \eta_t + u_{j,t}$$

$$(5-6)$$

其中，$CliqueOwn_{j,t}$ 依旧为三个合作持股变量，分别用资金流量敏感性进行回归模拟，$CrashRisk_{j,t}$ 中 $NCSKEW_{j,t}$ 和 $DUVOL_{j,t}$ 两个指标更具有股价崩盘风险的代表性，因此仅对这两种风险特征指标进行工具变量内生性调整。将两阶段工具变量回归结果展示为表 5－7a 和表 5－7b。

表 5－7a　　　　　　　　　　2SLS 第一阶段回归结果

(1)			
$CliqueOwnership_t$	Coef.	t 值	P > t
FlowSensitivity$_t$	0. 1665437	6. 69	0
工具变量检验			
Variable	F (1, 8201)	SW Chi－sq (1)	SWF (1, 8201)
$CliqueOwnership_t$	44. 71	44. 77	44. 71
P－val	0. 00	0. 00	—
(2)			
$CliqueHerfindahl_t$	Coef.	t 值	P > t
FlowSensitivity$_t$	0. 199136	2. 64	0. 008
工具变量检验			
Variable	F (1, 9109)	SW Chi－sq (1)	SWF (1, 9109)
$CliqueHerfindahl_t$	6. 96	6. 97	6. 96
P－val	0. 0083	0. 0083	—
(3)			
$CliqueOwnMax_t$	Coef.	t 值	P > t
FlowSensitivity$_t$	0. 0788	5. 74	0
工具变量检验			
Variable	F (1, 9109)	SW Chi－sq (1)	SWF (1, 9109)
$CliqueOwnMax_t$	32. 90	32. 94	32. 90
P－val	0. 00	0. 00	—

表 5 - 7b   **2SLS 第二阶段回归结果**

变量	(1 - 1) $NCSKEW_t$	(2 - 1) $NCSKEW_t$	(3 - 1) $NCSKEW_t$	(1 - 2) $DUVOL_t$	(2 - 2) $DUVOL_t$	(3 - 2) $DUVOL_t$
$CliqueOwnership_{t-1}$	1. 393 *** (3. 48)			1. 123 *** (4. 35)		
$CliqueHerfindahl_{t-1}$		9. 65 ** (2. 37)			5. 392 ** (2. 54)	
$CliqueOwnMax_{t-1}$			2. 940 *** (3. 15)			2. 371 *** (3. 96)
$AbsAcc_{t-1}$	0. 0422 *** (12. 77)	0. 0183 *** (2. 60)	0. 0317 *** (16. 17)	0. 0351 *** (15. 24)	0. 0158 *** (2. 96)	0. 0265 *** (18. 57)
$Sigma_{t-1}$	0. 5590 *** (3. 75)	1. 193 *** (8. 45)	1. 215 *** (11. 8)	0. 3427 *** (3. 38)	0. 8538 *** (8. 01)	0. 8716 *** (12. 44)
$Size_{t-1}$	0. 118 *** (3. 31)	0. 0411 * (1. 85)	- 0. 0156 * (- 1. 76)	0. 0867 *** (3. 77)	0. 025 (1. 48)	- 0. 0208 *** (- 3. 33)
$Oturnover_{t-1}$	0. 279 ** (2. 01)	- 0. 632 *** (- 3. 25)	- 0. 254 *** (- 6. 40)	0. 210 ** (2. 31)	- 0. 525 *** (- 3. 57)	- 0. 219 *** (- 7. 70)
$Insthold_{t-1}$	0. 0327 * (1. 87)	- 0. 0178 (- 1. 48)	- 0. 0251 (- 0. 26)	0. 0302 ** (2. 57)	- 0. 0105 (- 1. 15)	0. 0182 (0. 27)
BM_{t-1}	- 0. 288 *** (- 5. 42)	- 0. 13 (- 1. 48)	- 0. 227 *** (- 4. 64)	- 0. 159 *** (- 4. 28)	- 0. 032 (- 0. 49)	- 0. 111 *** (- 3. 23)
Lev_{t-1}	- 0. 262 ** (- 2. 43)	0. 200 ** (2. 08)	0. 0856 * (1. 7)	- 0. 240 *** (- 3. 30)	0. 133 * (1. 82)	0. 041 (1. 13)
ROA_{t-1}	- 0. 064 (- 0. 21)	1. 562 *** (3. 32)	0. 049 (0. 17)	- 0. 138 (- 0. 64)	1. 173 *** (3. 28)	- 0. 0465 (- 0. 23)
Constant	- 3. 487 *** (- 3. 72)	- 0. 13 (- 0. 50)	- 0. 418 ** (- 2. 40)	- 2. 644 *** (- 4. 38)	0. 0625 (0. 31)	- 0. 169 (- 1. 38)
N	8211	8211	8211	8211	8211	8211
R^2	0. 217	0. 1481	0. 269	0. 291	0. 1918	0. 199
adj. R^2	0. 218	0. 1484	0. 27	0. 292	0. 1922	0. 1
LM statistic	59. 661	10. 242	106. 352	59. 661	10. 242	106. 353
Chi - sq (1) P	0	0. 0014	0	0	0. 0014	0
CD Wald F statistic	52. 72	11. 342	77. 295	52. 72	11. 342	77. 295

通过两阶段工具变量回归结果可知，资金流量对基金业绩的敏感性与机构投资者合作持股比例显著正相关，说明受绩效约束越大的机构投资者越愿意通过合作持股的方式参与到市场投资中。工具变量回归结果不仅证明了影响关系成立且显著正向，也验证了假设5中关于业绩约束对合作持股投资程度的影响机制。

由表5-7b同时可以看出，引入工具变量后的各模型回归系数有所增加，表明资金流量敏感性指标提高了合作持股投资持股对股价的影响，绩效约束更准确地解释了合作持股行为的动机，使有约束的合作持股团体体现出对股价风险特征更深的影响，需要投资标的表现出更加平稳的正收益，减少波动的同时也更不愿意督促上市公司公布负面信息，来避免短期亏损带来的资金流量的赎回。合作持股集中程度对股价崩盘风险指标的影响系数的变化更加明显，说明合作持股越集中，这只股票就越不可能通过监督提升经营管理能力，反而会利用机构投资者合作持股给市场带来的"有利"信息进一步稳定自身股价。但是，一旦这种合作持股出现松动，机构投资者不仅不会帮助稳定市场情绪，甚至会集体出逃而使投资标的产生更大的崩盘风险，加剧股价未来急剧波动的风险。值得注意的是，为了维持股价短期平稳上涨，越大的团体持股就需要越多的资金去维系股价走势，维系的难度也会随着资金的需求量不断增加而越来越高，未来崩盘风险和损失程度就越大，这也是为什么合作持股市场集中程度和最大合作持股投资对崩盘风险的影响要大于多个团体共同持股带来的影响。有些学者从更多团体持股却没有同等资金规模和级别的交易方角度，解释了团体松动会给股价带来恶性的崩盘风险，笔者在此不再进行一一阐述，但可以通过这些角度加强对回归结论的支持。

5.4.2 稳健性检验

根据工具变量检验回归结论，笔者得出机构投资者合作持股是为了获得更加稳定的投资收益来满足资金流量短期需求，且合作持股团体受绩效约束的强度不同会反映到所持股价的风险特征上，即机构投资者会通过持股影响股价和公司治理，因此，本书引入合作持股比例的替代变量，用机构投资者网络中心性指标直接代替合作持股团体的特征，更加直接地验证机构投资者合作持股对股价风险特征的直接影响。网络中心性指标虽然不能表示团体持股的比例大小，但可以刻画合作持股团体的紧密程度，是合作持股投资行为的另一种描述指标。机构投资者网络中心性指标可由变量描述中的 $AverageCentrality_{s,j,t}$ 和 $FirstCentrality_{s,j,t}$ 替代，分别表示合作持股团体平均聚类中心度和最大团体聚类中心度，变量值越大，团体的紧密程度越高，合作持股密度越大。稳健性检验的结果如表 5-8 所示。

表 5-8　　机构投资者合作持股网络中心性与股价风险特征指标

变量	(1) $NCSKEW_t$	(2) $NCSKEW_t$	(3) $DUVOL_t$	(4) $DUVOL_t$
$AverageCentrality_{t-1}$	0.760 *** (8.95)		0.555 *** (9.23)	
$FirstCentrality_{t-1}$		1.0780 ** (2.33)		0.736 *** (3.16)
$AbsAcc_{t-1}$	0.0396 *** (15.86)	0.0381 *** (15.25)	0.0328 *** (17.92)	-0.0318 *** (-17.36)
$Sigma_{t-1}$	0.5383 *** (9.46)	0.8611 *** (9.19)	0.992 *** (8.84)	0.9371 *** (8.57)
$Size_{t-1}$	-0.0349 ** (-2.02)	-0.0247 (-1.44)	-0.0345 *** (-2.80)	-0.0272 ** (-2.21)
$Oturnover_{t-1}$	-0.205 *** (-4.03)	-0.236 *** (-4.68)	-0.192 *** (-5.19)	-0.214 *** (-5.83)
$Insthold_{t-1}$	0.0131 (0.99)	0.0065 (0.49)	0.0125 (1.4)	0.00765 (0.86)
BM_{t-1}	-0.146 * (-1.88)	-0.152 * (-1.91)	-0.0988 * (-1.78)	-0.0993 * (-1.75)
Lev_{t-1}	0.380 *** (3.19)	0.412 *** (3.36)	0.242 *** (3.07)	0.265 *** (3.27)
ROA_{t-1}	0.400 * (1.69)	0.584 ** (2.45)	0.343 ** (2.15)	0.471 *** (2.93)
Constant	-0.132 (-0.35)	-0.0216 (-0.06)	0.0941 (0.34)	0.173 (0.63)
N	8211	8211	8211	8211
R^2	0.383	0.273	0.108	0.298
adj. R^2	0.382	0.272	0.107	0.297

由表 5-8 中的回归结果同样可以得出，如果一家上市公司被聚类合作持股更加紧密的团体持有，那么这家公司未来的崩盘风险就会更高，机构投资者团体对公司股价甚至是经营都会产生影响。机构投资者团体的合作持股密度可以通过网络聚类系数来衡量，这种合作持股程度指标每增加 1%，上市公司股票崩盘风险指标就会增加 0.76 个百分点，且最大合作持股团体紧密程度越高，上市公司股价未来崩盘的风险越大，与主回归相同的结论不仅验证了合作持股投资与股价风险特征指标显著关系的稳健性，也证明了假设中机构投资者合作持股外在网络效应真实存在。

5.5　本章小结

通过分享"私有信息"而进行合作持股的基金团体，不仅有能力通过"发声机制"来对上市公司进行监督和提高公司治理水平，而且有条件帮助上市公司管理层选择性地释放信息，影响股价对可控信息的反映程度。因此，本章首先提出相关假设：合作持股团体会通过投资持股的方式参与到上市公司的治理中，间接干预公司股价，以求达到所投标的资产价格短期平稳上涨的目的。但是，资产价格在市场中的平稳上升，并非是公司治理水平提高后带来的正常价格上涨，而是上市公司和重仓持股团体通过"掩盖"和"推迟"等方式阻碍信息传导产生的结果。上市公司股价对信息的非及时反映，不仅降低了股价信息透明度，而且不断加大该股票未来崩盘的风险。

然而，机构投资者合作持股的目的并非只是加大股票未来的崩盘风险，而是一种应对投资绩效约束的行为策略。机构投资者的行为策略受资金流量对业绩敏感性约束的论点已经在第三章 PBA 模型和第四章驱动因素分析中得到了严格的理论和实证验证，机构投资者在绩效约束下，不得不依照"基民"对市场和标的资产的情绪和认知来进行投资，不然就会被减少资金流量的供给以及更大可能的"非理性"赎回。在中国股市中，资金流量具有较明显的"处置效应"，会在市场极端向下波动的情况下继续持有基金份额，同时，理性的机构投资者并不会因为市场崩盘会带来实际意义上的利益损失，而放弃追随市场下跌趋势以减少资金管理规模的缩水。机构投资者合作持股行为在传统研究的设定中，本应可以通过自身对公司治理的正向促进作用而有能力减少股价对公司真实信息的延迟反映，但当合作持股团体同样受到资金流量敏感性约束下的薪酬结构激励机制的影响时，产生了制造向下剧烈波动的动机，就会给所持标的带来更大的崩盘风险。通过接收"内在信息"，合作持股团体首先具备"抢跑"优势，具有规避未来可能发生股价崩盘风险的能力，但会因为集中出逃而产生"踩踏"，使股价更短时间内对负面信息集中反映，出现更严重的崩盘风险。倘若市场外生极端情况突然出现，机构投资者会因为"处置效应"的存在，不仅未及时为资金流量止损，反而会跟随市场进行更大规模的"杀跌"，进而增加资金流量的赎回比例。无论是何种影响机制，合作持股团体都会因为绩效约束去迎合"非理性"资金流量供给者情绪而努力平滑股价短期波动，加大股票未来崩盘的风险。

本章为了验证上述假设，首先根据股价波动数据构建了三个股价风险特征指标，分别从股价下行和上行的概率等角度描述了下期股价发生崩盘的风险。之后，本章利用 Louvain 算法将机构投资者共同重仓持股网络中具有更紧密联系的团体提取出来，定义两期因持有同一股票而在相同团体的机构投资者持股为合作持股投资行为，并分别计算出每只股票在各季度被不同团体所持的股份占该股票的流通市值的比重，得出各期合作持股比例。为了更加全面地刻画合作持股投资行为，从各期合作持股比例数据中计算出团体投资市场集中度赫芬达尔指数和最大团体持有该股票的流通股比例，最后利用固定效应面板回归得出合作持股各指标对股价风险特征指标的真实影响，检验假设内容。

主回归结果较好地证明了机制分析中所提出的合作持股比例越大，未来崩盘风险就越大的假设。为了更深入地测度主回归变量之间的关系，进一步分析了股价短期波动与合作持股投资的联系，发现机构投资者合作持股团体同期重仓投资能稳定投资标的短期的正向收益，降低股票价格的短期波动，分析结果较好地契合了本章所提出的假设5。相关分析结果和第四章合作持股动机相结合可以得出更加具体的结论，机构投资者为了迎合资金流量短期正向收益的要求，会通过合作持股投资的方式来稳定投资标的的短期波动，获得短期回报和下期更多的资金流入，实现未来管理资金规模最大化的目标。但为了平滑投资标的价格，机构投资者并不愿意协助上市公司管理层及时公布负面信息，也不愿股价短期因"坏消息"的披露而波动下跌带来损失，因此，机构投资者团体会借助自身持股而具有的"发声"和"退出"权利去干预公司治理，甚至帮助公司掩盖负面消息的传播，进而加大了股票未来的崩盘风险。结论支持了本章相关假设。

为了使研究结论更具有说服力，本章引入了第四章的资金流量对基金业绩敏感性指标作为工具变量，利用两阶段回归的方法降低主回归中可能存在的内生性。资金流量的敏感性是"基民"对所委托机构投资者的信任程度和判断，会直接通过影响机构投资者目标而影响其投资行为，因此与合作持股投资行为高度相关。但是，资金流量对于股价波动和崩盘风险是相对外生的，仅会通过基金行为来影响基金合作持股投资标的。随后的两阶段工具变量回归结果也支持了这种判断，并提高了主回归中系数的准确性，增加了回归结论的可信程度。

最后，本章用合作持股网络中心度指标检验了主回归的稳健性，虽然通过替换多种股价风险特征指标和合作持股比例指标，已经较好地验证了抱团行为对股价风险的外在网络效应，但合作持股网络中心性能更好地描述机构投资者本身的特征，可用来分析不同类型的合作持股团体对所持股票风险指标的影响。检验结果显示，合作持股程度越强，团体结构越紧密的机构投资者会加大股价未来崩盘的风险，验证了假设6中提出的论点。该检验同时用回归系数证明了团体结构越集中，机构投资者对重仓公司的影响力越大的结论。

本章证明了机构投资者合作持股的行为会给所持标的资产带来未来更大的崩盘风险。在公司出现负面信息时，合作持股团体不仅不会利用自身团体"发声"优势来提高监督管理能力，提高股价对信息的短期反映程度，反而会推波助澜，帮助公司管理层掩盖这些负面信息，以满足资金流量供给者的短期业绩收益要求，吸引资金流入并防止与"基民"认知偏差相左而出现"非理性"赎回，这种行为机制加大了股票崩盘风险。而当负面信息难以掩盖时，合作持股团体又会利用自身"抢跑"优势来提前获利出逃，减少可能发生的损失，但合作持股撤资会带来更大程度的"集中出逃"，不仅会提前引发崩盘风险，而且会使风险更短时间内反映至股票价格中，扩大了崩盘风险。更有甚者，合作持股团体若不能及时撤资，甚至会跟随市场情绪来进一步"杀跌"，利用"处置效应"稳定现存的资金流量。

机构投资者合作持股网络效应的存在，加大了中国资本市场的波动性，不仅不能通过监督提高上市公司治理水平，给市场参与者带来正向的造富效应，反而会加大股价信息的不透明程度，增加未来崩盘风险，并在股票出现下跌时，因基金代理投资模式下与资金委托人存在利益冲突，选择进一步加剧市场波动来降低资金规模减少的可能性，间接损害资金委托人利益。

第六章 机构投资者合作持股网络的竞争性研究

在中国目前资金流量对业绩敏感性较高的强绩效约束环境下，机构投资者偏好合作持股投资。但市场事实表明，并非所有机构投资者都在某一时刻参与了合作持股，甚至某些年份的合作持股机构数占所有机构总数的比重仅有20%。众多研究表明，除去监管及相关法规的要求，机构彼此之间存在一种非合作的竞争关系，制约着市场完全统一的可能性。正是市场中合作和竞争关系的相互制衡，才使市场价格出现不同时期下的多样性表现，出现多方博弈下的"市场各期均衡"。本章对机构投资者之间的合作与竞争关系作进一步分析研究，探索机构投资者间的竞争性对合作持股网络的影响，并借用 QFII 参与下的合作持股及竞争网络数据探究不同资金流量对业绩敏感性约束下机构间的合作与竞争关系，以及两种网络连接关系对股价风险特征指标的真实影响效应。

6.1 机构间竞争机制分析和假设

6.1.1 机构投资者竞争性分析

机构投资者之间的竞争性研究主要侧重于基金业绩排名和以主动管理能力为代表特征的评级等相关竞争的分析[①]，认为基金会为了获得更高的排名而不断优化自身资金管理能力和提升投资收益。因此，本章也从这两方面来刻画与描述基金之间产生的竞争关系，以及这种竞争对合作持股网络行为的影响。

首先，对于基金间的竞争可以从两个方面进行数据描述，一方面，对基金

---

① 基金评级指晨星开放式基金评级、银河证券基金评级等多家评级机构，根据对证券市场波动和基金收益的跟踪数据，提供的能力评级服务，不仅能对各基金主动管理能力等特征进行数据判断与排名，也会影响基金资金流量的投资决策。

主动管理能力的测度，认为主动管理能力是对市场公开信息的挖掘程度和判断，如若在剔除所有股票特征和市场行情带来的股价收益波动后，可以获得超过补偿多种风险因子收益后的超额收益，那么就具有较高的主动管理能力，会因为未来获得较高收益的可能性增加而吸引更多的资金流量进行投资。但是，市场上优质资源的稀缺会导致这种超额收益的获得具有较高的难度，零和博弈的特征也使具有不同层次超额收益的机构间产生一定的竞争。因此，如果不同组别间存在较为显著的超额收益差异，那么说明组别间竞争条件下的"排他性"前提成立。另一方面，机构合作持股网络是一种通过多期共同重仓持股的方式组建的网络连接，持续的共同持股表明了机构间存在多种隐性的合作与信息共享关系。这种合作关系会因为主动管理能力不同而出现排斥，即主动管理能力强的机构不愿意同其他机构分享"私有信息"，以便获取市场中更多的超额收益，主动管理能力弱的群体为了弥补这方面的劣势会通过合力投资方式同能力较强的机构进行竞争，两种团体的不兼容表明团体间竞争性的存在。笔者对这种竞争性的存在和团体间能力差异化机制提出以下假设。

假设7：合作持股团体间存在显著的主动管理能力差异，且合作持股网络内的机构主动管理能力水平较网络外机构低，更愿意通过合作持股方式来提高整体竞争能力。

第二种竞争主要来自投资风格的相似性。市场中有限的资金流量对某种风格的基金进行投资时，会选择该投资风格中未来获得较高收益的可能性最高的基金标的，因此为了从相同风格的基金组中脱颖而出，就必须具备更突出的管理能力或更被市场认可的潜力，此时基金间就会出现因风格相似而导致的竞争。这种竞争的存在会直接使同期相同持股产生的连接无效化，不会增加基金彼此之间的信息共享，反而在机构间出现信息阻隔。Brown 等（1996）提出了基金锦标赛理论，市场基金评级机构会按不同投资风格对基金进行分组，对多种投资风格组中各自组员进行评级与排名，以调整不同风险特征基金之间的可比性。正是由于市场评级机构的规则设定，基金更不愿与风格相似的竞争者进行"私有信息"的分享，并出于自利的动机，即使拥有可溢出的有效信息，也更愿意与风格存在差异的机构进行共享。

模仿基金合作持股网络，罗荣华等（2020）构建了通过竞争连接组成的基金竞争网络，检验了基金之间的风格竞争性特征及其对信息阻碍的影响。但是，这种直接由基金竞争产生的网络并没有真正用于检验合作持股网络中的合作前提下的竞争性，对合作持股网络中的无效竞争性连接描述不足。竞争连接本质上是一种网络连接的弱有效性，我们需要通过对网络中不同组别的竞争特征进行研究才能真正明白合作持股网络连接的本质属性。本章希望通过借鉴这种竞争性的刻画来更加深入地解释合作持股网络基金间的连接关系，以便进一步研究网络连接对股价风险特征的影响。为此提出以下假设。

假设 8：基金间会因投资风格相似而形成竞争关系，这种关系会导致信息的阻隔，并降低基金交易获得更高收益的可能性，而且不同合作持股网络群体间的竞争性连接具有显著差异，会给各群体带来不同的连接有效性。

6.1.2　QFII 参与下的机构投资者合作持股和竞争网络效应

为了证明机构投资者合作持股和竞争网络对所持标的资产价格的影响，引入以 QFII 为代表的外资机构持股数据，重新构建基金合作持股网络和竞争网络，并结合是否 QFII 持股的交互项对股价风险特征指标进行回归系数估计。QFII 向来被认为更专业且更偏好长期投资，本书首先认为 QFII 在中国的投资不受短期绩效的约束，因此依据绩效约束下的有限套利模型（PBA 模型）的推导结论，被这种类型机构持股的标的资产会不受市场"非理性"交易的影响而表现出向均衡价值推挤的趋势。根据李春涛等（2018）的研究结论，QFII 会吸引更多市场分析与研究者关注其持股标的，会督促上市公司管理层更及时和有效地传递信息至股价，使股价自身的信息有效性提高，改善了股票的信息环境，因此 QFII 持股参与下的股价理论上更透明。同时，QFII 的存在也会对其他机构投资者行为产生影响，QFII 本身具有较强的主动管理能力，预期能带来更多超额收益，因此并不愿意与境内机构产生完全的信息交流，进行合作持股并借机影响股价波动，反而更愿意使股价及时反映内在价值并通过主动管理能力获取超额收益，这会使合作持股团体的网络效应受限，降低未来崩盘的风险和加大股价对信息的反映程度。同时，QFII 不受短期业绩约束，并不会因风格相似而导致与境内机构产生较强的竞争无效连接，因此 QFII 参与下的竞争网络密度相对较低，使竞争网络对股价的网络效应有所削弱。本章基于 QFII 参与下的网络效应机制对相关数据进行了面板回归，并通过网络中心性变量的替换检验了网络效应的稳健性，得出了相应结论。

6.2 机构投资者合作持股的 Alpha 竞争性分析

6.2.1 基金主动管理能力的测算与网络间差异描述

机构投资者的竞争能力主要体现在自身在当期的主动管理能力水平上，基金的业绩同时包含了多种风险因子提供的收益补偿，而与投资风格及市场风险因子敞口无关的超额收益即为基金的主动管理收益——Alpha。因此，在对一个机构投资者进行真正的判断时，最核心的测度指标为 α，α 越大表明该基金经理的投资管理能力越强，越能超越基准风险补偿收益而获得超额回报。本书借助 Agarwal（2018）和李志冰等（2019）的研究结论，五因子调整后的 α 最能表现基金自身的管理能力强弱，据此，本书利用 2005—2020 年偏股型主动开放式公募基金的月度数据进行各期基金管理能力 α 的测算。

首先构建一个风险五因子调整基准模型（6-1）：

$$R_{p\tau} - R_{f\tau} = \alpha_{pt} + \beta_{pt}(R_{m\tau} - R_{f\tau}) + s_{pt} SMB_\tau + h_{pt} HML_\tau + r_{pt} RMW_\tau$$
$$+ c_{pt} CMA_\tau + \varepsilon_{p\tau} \tag{6-1}$$

模型采取滚动回归的方法，其中 $\tau = t-6, t-5, \cdots t \cdots, t+5, t+6$，表示用前后 6 期共 13 期的数据进行时间序列回归来模拟得到当期的各指标系数。$R_{p\tau}$ 为基金 p 在各期的份额复权净值增长率，是将红利分发、份额拆分和未分配利润再投资等影响基金业绩评价基准的因素都考虑在内并进行复权的月度净值增长率。$R_{f\tau}$ 为与 $R_{p\tau}$ 月份相对应的市场无风险利率，根据相关文献的惯例，笔者采用的是央行公布的三个月定期存款整存整取年利率下的月度化利率指标，用与 $R_{p\tau}$ 指标的差表示该基金当期的总风险溢价。模型将五因子作为调整基准，是将市场中的投资组合划分为 $2 \times 2 \times 2 \times 2$ 的组合类型，表示按市值 SMB_τ、价值 HML_τ、盈利 RMW_τ、投资 CMA_τ 来进行调整的投资组合类型。其中 $(R_{m\tau} - R_{f\tau})$ 为市场风险溢价因子，是考虑红利再投资的月市场回报率 $R_{m\tau}$（加权时采用的是流通市值加权平均法①）与月度化无风险利率 $R_{f\tau}$ 的差。SMB_τ 表示市值因子，同样采用流通市值加权，是小盘股组合和大盘股组合的月收益率

---

① 本书在选取中国市场范围时包括了综合 A 股、创业板和科创板多层级市场的股票，且考虑到非流通股份较小的影响性，测度权重时均采用的是流通市值加权平均的方法。

之差。HML_τ为账面市值比因子，由高账面市值比组合和低账面市值比组合的月收益率之差测算而来。RMW_τ是盈利能力因子，是各期高盈利股票组合和低盈利组合的月收益率之差。CMA_τ表示投资模式因子，由低投资比例股票组合和高投资比例股票组合的月收益率之差计算得出，相关数据均来自国泰安数据库（CSMAR）。

根据滚动回归模型（6-1）可以模拟得到各期因子系数及与各风险敞口无关的截距项α_{pt}，表示各基金的超额收益月度时间序列数据。然而，根据本书研究的合作持股网络数据的周期性，需将月度α_{pt}的频率调整为季度，又根据α_{pt}本身月度超额收益的性质，需要使用累积超额收益的方法来求取季度的α_{pq}，即

$$\alpha_{pq} = (1 + \alpha_{p,3q-2})(1 + \alpha_{p,3q-1})(1 + \alpha_{p,3q}) - 1$$

其中，基金 p 在第 q 季度末的 Alpha 可以用第 q 季度末所在月（$3q$ 月，$q = 1$，2，3，4）和其前两月的 Alpha 值累计调整而来。由此，得到了各个季度基金主动管理能力测度指标 α_{pq}，对所求得的指标进行描述性统计分析，结果如表6-1所示。

表6-1　　　　　　　　　基金主动管理能力描述性统计

年份	mean	N	p25	p50	p75	max	min
2005	0.0018	156	-0.0122	-0.0028	0.0061	0.0328	-0.0402
2006	0.0034	185	-0.0084	0.0035	0.0146	0.0670	-0.0658
2007	0.0524	248	0.0176	0.0472	0.0823	0.2825	-0.1178
2008	0.0426	306	0.0164	0.0442	0.0773	0.2014	-0.5749
2009	0.0127	405	-0.0100	0.0083	0.0271	0.2677	-0.1283
2010	0.0009	542	-0.0212	-0.0041	0.0098	0.1755	-0.1781
2011	0.0087	705	-0.0204	-0.0071	0.0029	0.0718	-0.1033
2012	0.0089	966	-0.0247	-0.0068	0.0057	0.1306	-0.1459
2013	0.0129	1286	0.0001	0.0111	0.0254	0.3401	-0.1633
2014	0.0055	1722	-0.0223	0.0014	0.0160	0.3999	-0.2873
2015	0.0052	2113	-0.0160	0.0100	0.0303	0.5542	-0.3212
2016	0.0047	3168	-0.0114	0.0068	0.0178	1.4529	-0.3735
2017	0.0120	4553	-0.0026	0.0063	0.0220	1.5948	-0.6809
2018	0.0034	5678	-0.0118	0.0039	0.0119	1.8160	-0.3331
2019	0.0039	6490	-0.0059	0.0049	0.0129	0.7989	-0.2554
2020	0.0120	7909	0.0001	0.0076	0.0251	1.1213	-3.0718
均值	0.0119	—	-0.0083	0.0084	0.0242	0.5817	-0.4276

由表6-1可以看出各年的基金经理主动管理能力均值呈现出波动变化，且中间值在多数年份都为正，而且在真正出现"股灾"的年份，如2008年和2015年，Alpha中值并非阶段性低极值点，说明基金的主动管理能力更能在市场剧烈向下波动时真正地体现出来，反而在一些市场整体收益较好的年份，基金经理的管理能力受到了更多的抑制，使主动管理收益率（中值）甚至出现负值，未能超过市场收益。这种现象证明了本书第四章所作出的假设，一旦市场整体收益率高，基金经理的主动管理能力就会受到来自基金资金流量对业绩更高要求的约束，其不得不放弃对提高自身能力的高要求，反而追求那些市场散户更加认可的短期收益，追求市场情绪下的高收益投资标的。不同时期管理能力的变化是对基金行为的一种侧面反映，可以对作出不同行为的机构投资者进行管理能力强弱的对比分析，也可以通过管理能力所在的均值范围区分不同基金的竞争力组别。例如，本书可根据基金各年是否构成网络和团体将其归类于合作持股组、非合作持股网络组、网络外强竞争力组、网络外弱竞争力组，并分别确定各组别的期间竞争力大小和其他相关特征，进而模拟得到不同组别对所持股票风险特征指标的影响，加深对机构投资者合作持股团体特征及网络效应的认识。

根据各期网络连接强弱和管理能力大小，笔者对市场样本中的公募基金进行以下组别的定义与划分。

（1）合作持股基金（Cilque）：合作持股基金是从机构投资者网络中根据Louvain算法求出的两期关系最紧密的机构投资者团体，能够以最直接的方式沟通与传递基金间的信息，是网络中合作程度最强的团体。

（2）网络连接非合作持股基金（Network）：指在某一季度末机构投资者通过同期重仓持股而产生的网络连接，与合作持股基金不同的是，机构投资者网络内部的信息并非完全通过彼此直接连接来交互，多数是通过中介节点使两者产生间接联系，实现信息的有阻碍传递。

（3）网络外基金（Outsiders）：在某期末与市场该期其他任何基金产生联系，独自进行投资管理，未产生任何信息的沟通与交互。

笔者就三组基金的各期管理能力特征进行组间回归分析，以证明合作持股网络间管理能力特征的区别。分组回归结果如表6-2所示。

表6-2　　　　　　　　　三个组别基金的管理能力区分

组别	观测值	均值	标准误	标准差
Network	5721	− 0. 0029415	0. 0007911	0. 0598356
Clique	16485	0. 004913	0. 0003731	0. 0479072
combined	22206	0. 0028894	0. 0003447	0. 0513601
Diff_ 1	—	− 0. 0078544	0. 0007864	
Diff_ 1 = mean（Network）− mean（Clique） t = − 9. 9884				
组别	观测值	均值	标准误	标准差
Outsiders	123208	0. 0069011	0. 0001511	0. 0530313
Network	5721	− 0. 0029415	0. 0007911	0. 0598356
combined	128929	0. 0019796	0. 0001385	0. 052799
Diff_ 2	—	0. 0098426	0. 0003848	—
Diff_ 2 = mean（Outsiders）− mean（Network） t = 25. 4258				
组别	观测值	均值	标准误	标准差
Outsiders	123208	0. 0069011	0. 0001511	0. 0530313
Clique	16485	0. 004913	0. 0003731	0. 0479072
combined	139693	0. 005907	0. 0001385	0. 052799
Diff_ 3	—	0. 0019881	0. 0004367	
Diff_ 3 = mean（Outsiders）− mean（Clique） t = 4. 5525				

由表6-2可知，机构投资者网络的整体基金主动管理能力弱于非机构投资者网络连接的基金，但是网络团体的平均管理能力要强于非团体网络连接。这些结论直接说明市场中信息分享程度越低，主动管理能力就越强，就需要完全依靠自身对市场和资产的判断能力来获取超额收益。但是，机构投资者在进行合作持股时并非愿意向所有需要信息的基金无偿分享私有信息，表现为主动管理能力差的机构既不能完全通过自身能力获取超额收益，也不能与某个团体进行信息共享以获得更高的超额收益。这与Crawford等（2017）的研究结论一致，表明私有信息的传递并非是不加选择的。合作持股是为了应对自身可能

要面对的高资金流量对业绩的敏感性，但是这种相互助益的方式也需要参与者具有相应的私有信息或管理能力贡献，否则参与者并不会被容纳到某个团体当中。结论体现了 Crawford 等（2017）所提出的"合作型信息共享"式投资，合作持股连接可以使团体中机构投资者从信息共享中获得专业的反馈，从而进一步改善自身的管理策略。同时，罗荣华等（2020）认为网络中非合作持股基金之间的连接是一种弱有效连接，当信息通过一个甚至多个节点进行传递时，会出现明显的信息阻隔效应，信息的交互不仅不会使基金经理获得有助于自身管理能力提高的反馈，而且甚至会干扰基金经理自身的判断。

表6－3 机构投资者合作持股网络前后对比

组别	观测值	均值	标准误	标准差
Network	3253	－0.0016107	0.0011904	0.0678964
Clique	3407	0.0009774	0.0008031	0.0468777
combined	6660	－0.0002867	0.0007121	0.0581119
Diff_ 4	—	－0.0025882	0.0014243	—
Diff_ 4 = mean（Network）－mean（Clique）				
t = －1.8172				
组别	观测值	均值	标准误	标准差
Outsiders	3071	0.0026422	0.0007351	0.0407381
Network	3253	－0.0016107	0.0011904	0.0678964
combined	6334	0.002223	0.0007167	0.0568825
Diff_ 5	—	0.004253	0.0005769	—
Diff_ 5 = mean（Outsiders）－mean（Network&Clique）				
t = 7.3356				

表6－3 展示了机构投资者某期加入合作持股团体和网络前后的 Alpha 变化，可以更清楚地看出，加入某团体需要更高的主动管理能力和更多私有信息，不然会被剔除在外。同时从网络外加入该期网络则会受到网络信息的影响反而降低了 Alpha。

6.2.2 合作持股网络中心性差异分析

为了更进一步验证合作持股团体的这种排他性，利用合作持股群体和非合作持股网络群体的中心性指标进行组间回归测度，检验结果如表6－4所示。

表 6 - 4　　　　　　　　　合作持股网络中心性指标组间回归

Eccentrictic	观测值	均值	标准误	标准差
Network	6，666	5.008701	0.0155706	1.27127
Clique	16，950	4.530147	0.0084019	1.093863
combined	23，616	4.665227	0.0075923	1.166751
Diff_ 6	—	0.4785534	0.0165784	—
t = 28.8661				
HarmonicCloseness	观测值	均值	标准误	标准差
Network	6，666	0.4337782	0.0016346	0.1334543
Clique	16，950	0.5001862	0.000852	0.1109175
combined	23，616	0.4814415	0.0007903	0.1214497
Diff_ 7	—	− 0.066408	0.0017019	—
t = − 39.021				
BetweenCentrality	观测值	均值	标准误	标准差
Network	6，666	0.002779	0.0001038	0.0084724
Clique	16，950	0.0038099	0.0000668	0.0086944
combined	23，616	0.0035189	0.0000563	0.0086446
Diff_ 8	—	− 0.0010309	0.0001248	—
t = − 8.2604				
ClusteringCoefficient	观测值	均值	标准误	标准差
Network	6，666	0.5733684	0.0041434	0.3382927
Clique	16，950	0.5858974	0.0018928	0.2464265
combined	23，616	0.5769049	0.0017929	0.2755282
Diff_ 9	—	− 0.012529	0.0039826	—
t = − 3.1459				
EigenvectorCenrality	观测值	均值	标准误	标准差
Network	6，666	0.1604174	0.0029363	0.2397319
Clique	16，950	0.2884038	0.0022457	0.2923691
combined	23，616	0.2522776	0.0018507	0.2844113
Diff_ 10	—	− 0.1279863	0.0040267	—
t = − 31.7847				

表 6 - 4 中 Eccentrictic 表示离心率，是衡量一家机构与网络中最远可连接

节点的最短距离，越大表明信息的传递距离越远，信息阻碍越多，在多数情况下也可以表示节点间竞争力的大小。HarmonicCloseness 为无向网络调整后的紧密中心度，值越大表明与周围节点的亲密程度越高，信息传递速度越快。BetweenCentrality 为中介中心性，是作为测度网络"桥梁"作用大小的中心性指标，值越大说明周转信息的能力越强，在网络中的地位越高，越被其他非直接连接节点所需要。ClusteringCoefficient 是聚类系数指标，衡量基金机构与周围节点组成团体的可能性大小，值越大说明越可能被分类至同一组别内。EigenvectorCenrality 特征向量中心性，是通过对周围节点的重要性程度来衡量自身网络中心性的指标，值越大说明与自身连接的节点越具有较高的网络地位，基金本身也更具中心性。利用网络内合作持股与否的分组标准，将 2005—2020年基金所构成网络的数据进行组间回归，并将网络中机构非合作持股（Network）与合作持股（Clique）的各均值之差（Diff_ 6 ~ Diff_ 10）进行了统计和 t 检验，得出合作持股与否的中心性稳健关系。

根据表 6 - 4 组间回归结果可以得出，合作持股团体的离心率显著低于网络内其他节点，说明合作持股团体间的信息交互是网络中最有效率，且团体内节点间的竞争力是最小的。如果仅将机构投资者首次加入某团体前后的离心率大小进行比较，可以同样得出显著的均值下降[①]结论，说明合作持股是一种信息分享程度更高的网络团体，会降低机构本身获得信息的难度（距离），同时会减少与其他节点的竞争。反之也说明，网络团体外的机构投资者之间的竞争强度要比合作持股团内的节点高，竞争环境更恶劣，同等条件下获得超额收益的可能性较低。

其他相关的中心性指标得出的结论较为一致，均表明合作持股团体对比团体外网络机构而言，个体紧密程度较高、聚类现象明显、特征值中心性强度更具优势。值得注意的是，从中介中心度的差异可得出一个更加明确的结论，机构投资者网络中心性更强的基金具有更强的中介作用，该中介作用越强，对信息的交互处理程度就越高，其他机构依赖程度越大，而合作持股团体内节点的高中介中心性说明团体内汇集了较多不需要依赖的信息，受到的信息阻隔更

---

① 利用表 6 - 3 的方法将网络中从非合作持股群体进入某一合作持股群体前后的离心率进行组间回归，可以得出 diff（Network - Clique）显著为正（diff_ mean = 0. 1214099，t 值为4. 4222），说明合作持股后的信息共享程度得到明显改善，信息阻隔效应降低。

低，在同等条件下能获得更多的超额收益。这不仅再次证明了机构投资者进行合作持股投资的主要优势，也表明合作持股本身就具有较明显的"排他"动机，而并非时刻愿意同团体外其他节点分享自身和团体内其他节点所具有的私有信息，进而获得自身最大化的超额收益，满足基金资金流量对短期业绩的敏感性偏好。

综上所述，本节从合作持股网络的超额收益性和中心性指标两个方面证明了合作持股团体的竞争性特征，机构投资者在团体内可以获得更高的超额收益和更加便捷的信息交互，不愿意无偿向网络内其他机构分享这些私有信息，具有较高的"排他性"。通过高中介中心性进行信息连接的机构投资者不仅不能有效地从网络中获取能提高自身超额收益的私有信息，反而会加深对市场的误判，导致竞争能力下降，这些机构既受到合作持股团体的排斥而不能加深与其他机构的有效信息连接，也不能完全像网络外机构那样进行自主投资，处于一种较为无效的信息环境中。

6.3　机构投资者合作持股的风格竞争性分析

本书6.2节从基金收益性的角度分析了合作持股网络内外的竞争性问题，证明了机构投资者为了获取市场"稀有"的资源而出现不同层级的竞争现象，合作持股能够分享私有信息，提高了网络中部分机构投资者的超额收益，却对依靠自身信息周转的网络内其他机构投资者产生了排斥，拥有信息的机构投资者并不愿无偿地分享有效的信息，进而造成信息传递时的阻隔效应。然而，网络外机构为适应更加激烈的竞争环境，逐步提高了自身主动管理能力，具有追求更高超额收益的资本，但不愿意同其他机构共享仅自身拥有的"特殊"信息，同样自我形成了一种竞争阻隔。但是，这种基金超额收益的竞争性分析忽略了各个时期的市场环境，如本书第四章所阐述和证明的假设所表述的那样，机构投资者在市场环境较好的情况下会受到更高的资金流量敏感性约束，主动管理带来的超额收益不仅不能应对资金流量的短期要求，而且会导致短期收益波动而产生"非理性"赎回现象，因此较高的超额收益并不能有效地稳定资金流量，反而需要通过合作持股方式来满足散户基金投资者的需求。由此可见，完全从主动管理能力角度来描述机构之间的竞争性具有较大的局限，本节从考虑市场环境的股票买卖强度角度进一步分析这种竞争性。

6.3.1 机构投资者风格竞争网络的构建

在构建机构投资者网络时主要依据的是同期共同重仓持股产生的结果导向式连接，与众多社会网络研究一样，其已经成功地解释了基金之间的合作投资关系。但是，共同持有同一类型的股票也存在较高的竞争关系，在一些特殊的市场环境中，竞争效应如果大于合作带来的资金流量溢出效应，这种网络的存在就不能很好地解释机构之间的真实连接目的。因此，本节从所持股票的风格特征角度进一步刻画这种网络联系。

正如 Hoberg 等（2018）所描述的那样，机构投资者共同持股网络可能是通过中间机构来达成的，两只存在竞争的基金可能会因为分别与第三家机构同期共同持有某只股票而产生联系，此时与高竞争性对手方产生的网络联系不仅不会增加自身信息的多样性，反而会影响自身对市场和投资标的的判断。两者此时的网络连接相对较弱，需要进一步构建机构投资者竞争网络进行识别。据于基金持股风格的特征性以及 Hoberg 等（2018）和罗荣华等（2020）的研究方法，本书利用被基金持仓股票的流通市值规模（$Size$）、账面市值比（$\frac{B}{M}ratio$）和动量因子（$Momentum$）三个指标来刻画股票的特征，然后用市值加权平均的方法对某只基金某年所持有的所有股票的三个特征分别进行均值整合处理，最后借此测度基金之间的竞争距离和竞争关系强弱。相关数据的来源均为国泰安数据库和 Wind 数据库，且根据基金持股数据的可得性，将指标时间跨度定为 2005—2020 年，频率为半年度。具体竞争网络的构建步骤如下。

（1）上市公司股票特征指标。

股票的特征主要包括三个部分。

流通市值规模（$Size$）：采用股票年中和年末的流通市值，剔除非流通股份对股票风格的影响，并通过对数化方式进行量级的转换，得出调整后的标准化规模 $LSize = \ln(Size)$，$Size$ 的单位为百万元。

账面市值比 $\left(\frac{B}{M}ratio\right)$：上市公司股票市净率倒数指标，由年中和年末每股净资产和每股股价之比求得，此比值越高未来的收益就越大。同样将该指标进行对数化处理：$LBM = \ln\left(\frac{B}{M}ratio + 1\right)$。

动量因子（*Momentum*）：表示上市公司收益的持续性，可由股票年中或年末前一年的累计收益率表示，标准化为 $LMom = \ln(Momentum + 1)$。

流通市值规模和账面市值比特征一直是基金投资股票的首要关注因素，多数学者证明了其对基金投资策略的影响性，而动量因子的加入则源于 Grinblatt、Titman 和 Wermers（1995）等的研究结果，这些研究认为机构投资者是一种"惯性"动量套利者，会着重关注股票动量带来的收益可能性。虽然有学者认为需要将分红等指标加入通过持股特征刻画基金风格的测度中，但中国市场中的分红特征比较特殊，因此不再进行加入调整。同时为了避免收集的数据异常值的干扰，笔者在对三个指标进行对数化处理前进行 Winsorize 处理和上下 1% 的缩尾处理。

（2）股票维度特征的标准化。

通过 z‑score 的方式对对数化后的三个指标进行标准化处理，首先分别求出各期股票三个特征指标半年度均值 *mean* 与标准差 *sd*，然后将 *i* 股票的三个维度标准化为

$$zLSize_{it} = \frac{LSize_{it} - mean(LSize_{it})}{sd(LSize_{it})}$$

$$zLBM_{it} = \frac{LBM_{it} - mean(LBM_{it})}{sd(LBM_{it})}$$

$$zLMom_{it} = \frac{LMom_{it} - mean(LMom_{it})}{sd(LMom_{it})}$$

将每半年度的股票维度都实现标准化，用半年度末的值以及过去 6 个月的均值和标准差来计算，之所以将时间因素加入对某一只股票的特征描述中，是因为我国的股票特征是有可能随着时间的不同而存在差异的，不是一成不变的。由此可以得到每半年度各股票的标准化三维度特征。

（3）股票维度特征的正交化。

特征指标的正交化指剔除指标间可能存在的关联，使特征指标更直接地反映股票所独有的特质。正交方法首先进行截面回归，得出各期维度特质的相关回归系数：

$$zLBM = \alpha + \beta zLSize + \varepsilon$$

$$zLMom = \delta + \theta zLSize + \gamma zLBM + \varepsilon$$

然后再将模拟系数代入每期的维度特征指标中，重新测度出各期正交化调

整后的特征指标，其中账面市值比为：$rzLBM_{it} = zLBM_{it} - \alpha_{it} - \beta zLSize_{it}$，正交化后的动量指标为：$rzLMom_{it} = zLMom_{it} - \delta_{it} - \theta zLSize_{it} - \gamma zLBM_{it}$。回归时采用的是半年内该股票的交易日三维度特征数据，可以求出每期每只股票的三个维度正交化的特征值，其中 $rzLSize_{it} = zLSize_{it}$。

（4）基金风格距离。

第四步为基金风格距离的测度，将每只基金 i 各期持有的股票正交化特征指标值用 j 股票流通市值 $v_{i,j,t}$ 占该期（t 期）持有的所有股票流通市值之和 $V_{i,t}$ 的比重作为权重 $w_{i,t} = \dfrac{v_{i,j,t}}{V_{i,t}}$ 进行加权，即可得出每期基金持股的三个持股特征指标 $\{FrzLSize_{i,t}, FrzLBM_{i,t}, FrzLMom_{i,t}\}$。

据此，可以将每期任意两只基金（i 和 j）持股特征指标的风格距离 d_{ij} 定义为

$$d_{i,j,t} = \sqrt{\left(FrzLSize_{i,t} - FrzLSize_{j,t}\right)^2 + \left(FrzLBM_{i,t} - FrzLBM_{j,t}\right)^2 + \left(FrzLMom_{i,t} - FrzLMom_{j,t}\right)^2}$$

（5）竞争阈值。

将各期任意两只基金的竞争距离测度出来后，距离越远表明产生竞争的可能性越小，越近表明两只基金在本期的持股风格更加类似，为了从持仓中获得更多的收益，需要通过其他方式来提高自身的竞争力，彼此间的竞争性就随之提高。但是，竞争性的大小需要根据一个更加准确的值来判断，仅仅武断地对比大小是无法进行下一步研究的。因此，将每年的竞争性进行平均计算，求出年均值的前 25% 距离值为 9.98%，将其作为竞争阈值，即如果两只基金在本期的竞争距离小于 9.98%，说明两只基金存在竞争，形成一种竞争网络连接。同时值得注意的是，竞争距离的阈值是可以随着研究对象的不同进行调整的，为了之后能够得出更加稳健的结果，分别设定 15% 和 20% 的竞争阈值，来证明这种竞争性影响存在的可靠性。

（6）竞争网络。

根据各期基金之间的竞争连接，可以看出投资风格相同的基金之间存在竞争关系，由每一期基金竞争连接组成的基金关系网被称为基金竞争网络，而基金在各期竞争连接与所有连接的比值即为竞争网络密度。基金竞争网络和合作持股网络均表达出一种结果导向下的关系连接，无论这种关系是何种因素导致的，均以这种持股结果表现在本期的网络构建中。为此，笔者同样对竞争网络

密度进行刻画，进一步描述某只基金在本期与其他所有基金产生的竞争性。

假定 t 期竞争网络中基金总个数为 N_t，那么任意两只基金所能组成的可能的两两连接个数为 $C_{N_t}^2$，即 $\dfrac{N_t(N_t-1)}{2}$。而 t 期能组成竞争连接的基金的个数为 n_t，因此此期竞争网络连接概率为 $\dfrac{n_t}{\left[\dfrac{N_t(N_t-1)}{2}\right]}$。将各期样本中的实际连接 $\displaystyle\sum_{t=1}^{T} n_t$ 和可能性连接 $\displaystyle\sum_{t=1}^{T} C_{N_t}^2$ 的比值定义为测度期最终竞争连接概率 p。某只基金 j 在 t 期的竞争连接为 $n_{j,t}$，该基金本期的竞争连接密度即为 $\dfrac{n_{j,t}}{n_t}$，即可得出 t 期的 k 基金竞争网络密度。竞争网络密度越大，说明在本期所有竞争关系中所处的位置越关键，处于更加严峻的竞争环境中。虽然可以进一步测度出这种竞争网络下的中心性指标，但对之后的实证研究作用不大，因此本书采用最基础的竞争网络密度指标来描述某期机构投资者的竞争性密度大小。

6.3.2　机构投资者合作持股网络组间竞争性分析

竞争距离和竞争网络的测度，可以更好地描述机构投资者合作持股所具有的竞争性特征。竞争网络的判定是因为机构投资者持股风格相同而产生的稀缺资源抢夺，而基金合作网络则是因为私有信息共享而产生的多期共同持股。据此，本书接下来将各期基金可能组成的两种网络进行对比，检验样本基金的合作性和竞争性大小及重合度。

首先将每期样本基金划分为三个部分：

（1） t 期仅属于合作网络的基金，$ZC_{N_t} minus JZ_{N_t}$，表示该部分将存在竞争性的基金从机构投资者网络中剔除后，仅属于合作网络的基金占该期所有网络样本基金的比重；

（2） t 期仅属于竞争网络的基金，$JZ_{N_t} minus ZC_{N_t}$，表示该部分将竞争网络中同期共同重仓持股的基金剔除后，仅存在竞争关系的基金占当期所有网络样本基金的比重；

（3） t 期两种网络中均存在的基金，$Common_t$，表示如果一只基金同时处于合作与竞争网络中，则将 t 期所有满足此条件的基金个数加总后除以该期所有网络样本基金总数；

（4）网络基金样本总数指两种网络在 t 期具有的所有基金的数量，也可以理解为上述三个部分的和为1。

将三个比例在各年份的均值进行对比，结果如表6-5所示。

表6-5 **重仓持股网络与竞争网络重合度测算**

单位:%

年份	ZC_{N_t} minus JZ_{N_t}	$Common_t$	JZ_{N_t} minus ZC_{N_t}
2005	43.86	38.28	17.86
2006	59.70	23.96	16.34
2007	37.46	11.51	51.03
2008	16.20	34.79	49.01
2009	33.96	12.02	54.02
2010	38.36	19.28	42.36
2011	41.83	7.92	50.25
2012	43.78	18.11	38.11
2013	47.82	12.72	39.46
2014	35.30	15.15	49.55
2015	43.42	33.98	22.60
2016	40.81	28.35	30.84
2017	54.43	10.32	35.25
2018	45.79	3.34	50.87
2019	60.59	0.60	38.81
2020	62.35	11.74	25.91
全样本均值	44.10	17.63	38.27

由表6-5可以看出，两个网络的重合部分一直仅占较低的比重，合作网络能被竞争网络解释的部分不足自身占比的一半，除去一些异常高和异常低的值后更能发现，两种网络的重合性较低。这种结论与合作持股团体占网络的总体比重较为一致，可以看出如果在多期同时重仓持有某一只股票形成合作持股网络连接，那么基金间的竞争性就相对较弱，机构投资者并不愿意与风格相似的基金进行私有信息的共享，而共同持股的原因也不再是竞争者之间的较量，不会因为影响自身投资收益而强行进行合作。上述结论再次支持第四章关于机构投资者合作持股动机的结论，合作持股不一定能给基金带来更多的投资回报，主要是因为可以形成资金流量的网络溢出效应而满足机构投资者下期管理

资金规模最大化的目标。

为了进一步证明机构投资者合作持股的行为特征，笔者直接借用基金竞争性的测度方法，检验机构投资者网络中合作持股和非合作持股的竞争性组间回归，分别对比合作持股团体（Clique）、非合作持股网络（Network）、非网络群体（Outsiders）三者之间的竞争网络密度差异。每只基金在 t 期具有的竞争连接 $n_{j,t}$ 占当期所有基金可能产生连接个数 $C_{N_t}^2$ 的比重 $n_{j,t}/C_{N_t}^2$ 即为该基金的竞争密度。同一组别中该期所有基金的竞争密度平均值可以代表该组别的该期竞争性的强弱，均值越大说明该组别在该期与其他所有基金的竞争性越大。可将不同组别间竞争密度差异的组间回归结果展示为表 6-6。

表 6-6　　　　　　　　　　三组别基金竞争密度回归

组别	观测值	均值	标准误	标准差
Network	6666	0.34891	0.00313	0.10763
Clique	16950	0.13285	0.00465	0.07928
combined	23616	0.31615	0.00262	0.20323
Diff_ 11	—	0.21605	0.00578	
Diff _ 11 = mean（Network） - mean（Clique） t = 37.3789				
组别	观测值	均值	标准误	标准差
Outsiders	121798	0.41824	0.00451	0.33031
Network	6666	0.34891	0.00313	0.10763
combined	128464	0.38357	0.00226	0.15688
Diff_ 12	—	0.06933	0.01999	
Diff_ 12 = mean（Outsiders） - mean（Network） t = 3.4682				
组别	观测值	均值	标准误	标准差
Outsiders	121798	0.41824	0.0451	0.33031
Clique	16950	0.13285	0.00465	0.07928
combined	138748	0.32555	0.00262	0.25257
Diff_ 13	—	0.28539	0.03111	
Diff_ 13 = mean（Outsiders） - mean（Clique） t = 9.1736				

由表 6-6 的组间回归结果，可以清楚地看出，处于合作持股团体中的基

金竞争环境最优，与其他基金产生竞争关系的可能性最低，同时，如果将组内的基金进行竞争性识别，可以发现具有相同竞争风格的基金占比较小，合作持股共同持股更表现出一种合作共赢的关系，因私有信息而产生争夺的可能性较低，呈现出较高的信息沟通特征。机构投资者网络外基金则处于更激烈的竞争环境中，多数基金在同期有大量的相似投资风格竞争者，因此更有动力进行主动管理来挖掘市场更具有价值的信息。处于机构投资者网络却未合作持股的团体的竞争密度是相对居中的，但显著大于合作持股团体的竞争密度，说明具有风格竞争关系却通过中间机构产生的网络连接并不能真正形成信息流畅交流的团体，不仅处于一种较为恶劣的竞争环境中，而且很难获得团体中真正有价值的私有信息，难以取得具有资金流量吸引力的超额收益。竞争环境的显著差异，表明合作持股团体具有一定的竞争"排他性"，那些具有高竞争连接的基金是很难同其他基金合作持股进行投资的，团体基金更倾向于与那些具有差异化投资风格的机构投资者进行共同投资，这样不仅能避免因共享信息而产生收益竞争损失，而且能获得较为稳定的资金流量。

6.3.3 机构投资者风格竞争导致的信息阻隔

通过基金竞争网络的构建和特征描述发现，机构投资者会因为具有相似的投资持股风格而产生竞争连接，这种竞争连接与通过合作产生的合作持股网络具有较大的差异，并不能被双向解释，说明了竞争与合作的互斥性；同时证明了合作关系最紧密的团体内具有最低的竞争性，合作持股团体内虽然进行了同期持股，但因竞争风格存在差别可以规避共同持股带来的竞争性弱有效连接，避免竞争对投资收益的影响，也使自身可以通过分享私有信息而获得合作持股网络的资金流量溢出效应，实现资金管理规模最大化的目标。

不同组别的竞争性关系和合作性关系都具有不同的特征，这种特征对机构投资者最显著的影响就是信息的传递。根据前文的假设，合作持股团体间的合作是一种信息传递最通畅的连接形式，而竞争连接在一定程度上阻碍了这种信息的交流，形成信息阻隔。笔者根据 Hoberg 等（2018）的研究内容，认为不同连接关系的组别具有不同的信息传递效率，存在持股投资行为的显著差异，因此可以通过多期的交易非平衡性指标（TradeImbalance）来检验不同组别的基金交易行为异同。交易非平衡指标可用来测度不同基金对股票同一窗口期的

买卖强度，可定义为

$$TI_{i,j,t} = \frac{NBuy_{i,j,t} - NSell_{i,j,t}}{NBuy_{i,j,t} + NSell_{i,j,t}}$$

其中，$NBuy_{i,j,t}$ 指 t 期 j 类别所有基金买入 i 股票流通股总股数，$NSell_{i,j,t}$ 是同期同类型基金卖出 i 股票流通股总股数，当 $TI_{i,j,t} > 0$ 时，说明此股票在 t 期被一类基金购买的程度强于卖出的程度，且该指标的绝对值越大，股票被买卖的非平衡性就越高。这里再定义一种标的股票，这类股票半年内的收益率全市场排名前 10%，可定义为 t 期具有盈利机会的股票。同时将交易非平衡指标的窗口期设定为 1 年，在半年度的数据频率下，可以分别求出各类型股票在 $t-2$ 期、$t-1$ 期、t 期、$t+1$ 期、$t+2$ 期的 $TI_{i,j,t}$，然后将某期某类基金进行的所有具有盈利机会的股票的买卖交易归为同一的 $NBuy_{j,t}$ 和 $NSell_{j,t}$，统一处理后得出 $TI_{j,t}$，最后再将各期买卖强度指标进行平均计算，即可求出各组别五个周期层面的买卖强度均值。依旧将组别划分为合作持股基金（Cilque）、网络连接非合作持股基金（Network）和网络外基金（Outsiders），并将各组别的处理结果表示为表 6-7。

表 6-7　　　　　　　　　　机构投资者组别盈利股票买卖强度

组别	$t-2$	$t-1$	t	$t+1$	$t+2$
Clique	0.0496	0.1073	-0.0845	-0.0885	-0.0998
Network	0.0178	0.009	0.0112	-0.00267	-0.0324
Outsiders	-0.0844	0.0345	0.1348	-0.0837	-0.0527

从表 6-7 中可以看出，在一只股票出现盈利机会的前两期内合作持股网络已经开始具有较高的购买力度了，并在盈利期间逐步撤离，以获得投资收益并规避股价回调风险，在盈利期之后的阶段，合作持股基金仍保持一定的卖出强度，说明兑现盈利后的合作持股基金并不认为该股票可以持续带来超额收益，且同样受动量效应的影响，投资的操作具有一定的惯性。网络外基金对于盈利机会的把握要弱于合作持股基金，虽然在盈利期前进行了加仓持股，但更多的购买力出现在盈利当期，这就造成了收益的冲减效应，如果该股票价格可以继续上涨，那么网络外基金就能获得更高的投资收益，但具有较大的追高风险。网络内非合作持股基金则相对具有较高的平稳性，既没有出现盈利前高强度的购买力，也没有在盈利后大力度地卖出，说明此类基金对具有盈利机会股

票的把握力度不强。

若假设中国市场的超额收益均来自私有信息的交流,那么从上述检验中又可以得出新的结论。合作持股网络基金大概率能获得最准确的股价上涨时期,可以完全获得从底部上涨带来的红利。如果按照合作持股参与公司管理层负面信息的处理过程假设,机构投资者通过合作持股可以帮助上市公司掩盖"坏消息",并不断进行持仓增强市场信心,吸引更多的散户和其他无私的拥有信息的机构投资者。该股票实现短期超额收益会引发合作持股基金的"抢跑"效应,以规避可能出现的股价崩盘风险。网络内非合作持股基金可以通过团体中基金获得弱有效的盈利信息,但不能完全确定信息的准确性,因此只能不断保持自身投资稳定性,既不会获得太高的投资收益,也不会出现太大的风险。网络外基金因为无法获得任何私有信息,仅能根据对市场的判断和自身投资管理能力进行交易,虽然可以及时发现具有收益的投资标的,但很难在正确的时间进行买卖交易,使其自身超额收益具有更高的不确定性风险,容易出现追高和承受更高崩盘风险的现象。

为了对比检验投资具有盈利机会的股票的前后状态,可将三个组别的买卖强度指标累计值表示为曲线图 6 - 1。

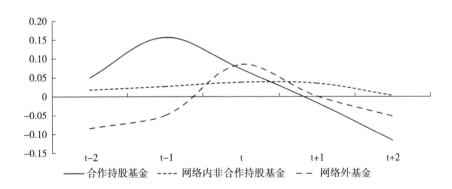

图 6 - 1 三个组别绩优股票买卖强度累计值

从累计值的趋势可以看出,网络内非合作持股基金具有较高的平稳性,没有特别明显的投资风格,且可以从合作持股基金中获取部分有效信息,但不会影响合作持股基金的投资和盈利机会。网络外基金却在多数时期与合作持股基金形成鲜明的对手方关系,为合作持股基金提供了较充足的流动性,投资风格在 t 期前后的窗口期保持一致,仅在盈利期会受市场情绪的影响而偏离原有的风格状态。合作持股基金掌握了盈利标的的涨跌时机，实现了"低买高卖"的投资策略，盈利期前后的风格变化说明其对信息的把握最为全面。三组基金投资行为的明显差异直接证明了信息的传递是具有层级的。处于最激烈的竞争环境中的网络外基金是很难通过获得有效的私有信息而取得超额收益的，投资风格有差异的合作持股基金可以通过共同持股而分享更有价值的投资信息。由此可见，相同投资风格导致的竞争连接会对信息的传递产生明显的阻隔效应，合作持股网络也会因竞争性的存在而"排斥"更多基金的加入。

6.3.4　关于两种竞争性测度方法及影响的讨论

机构投资者之间的竞争性主要有两种衡量方式：一种是主动管理能力获得的超额收益差异带来稀缺资源的竞争，另一种是具有相同投资风格的基金产生的同质性竞争。两种竞争的存在使机构投资者之间不会完全形成一个合作持股团体，并使不同组别间存在显著的竞争性差异。

研究发现，竞争产生的网络连接和合作网络连接两者之间相互解释能力较弱，存在明显的群体差异。那些具有私有信息优势的团体是不愿意向风格相似的基金无偿共享信息的，风格竞争产生的信息阻隔也使不同团体间的特征出现显著差异。合作持股的基金因处于良好的合作非竞争环境而更容易通过私有信息分享来获得更有效的投资收益，虽然主动管理能力并不是所有机构中最突出的，但可以掌握最合适的盈利性股票买卖时机，无需与风格相似的基金共享投资收益，同时也能受到更多市场资金流量的偏好，受到的绩效约束也更小。网络外基金即使具有较高的主动管理收益，也不能真正把握绩优股票的投资时机。因与更多股票存在相同投资风格下的竞争性，网络外基金不得不提高自身的投资管理能力，但受限于私有信息传递的完全阻隔和更大的资金流量敏感性约束，不得不持续追求短期高风险收益，承担着更大的投资风险。机构投资者网络内的非合作持股机构处于一种较温和的竞争网络环境中，不会因风格竞争影响合作持股基金的投资收益而可以获得部分私有信息，既不具备较高的投资管理能力，也不能与合作持股基金进行有效的信息分享而把握最好的投资时机。

机构投资者团体网络不同组别间显著的差异化的竞争性特征证明了合作持股团体间的"排他性"使机构投资者团体内的合作性大于竞争性，令信息阻隔现象在非合作持股网络中更加明显，对机构的合作持股行为产生了一定程度的抑制作用，而这种抑制作用也会随着合作持股投资程度的下降而传导至机构投资者所持有的股票价格波动中。为检验机构投资者之间竞争性对资产价格风险特征指标的真正影响，本节利用面板回归来验证两者的实证关系。借用合作持股对崩盘风险的实证模型，本节将机构投资者之间的竞争性指标$CompeteRate$对股价崩盘风险的代理指标 $NCSKEW_t$、$DUVOL_t$ 及短期股价波动性指标$Sigma_t$进行回归，可得出表 6 - 8。

表 6 - 8　　　　机构投资者竞争密度对股价崩盘风险的影响回归

变量	(1)	(2)	(3)
	$NCSKEW_t$	$DUVOL_t$	$Sigma_t$
$Competerate_{t-1}$	- 0. 995 ***	- 1. 004 ***	0. 0223 ***
	(- 5. 31)	(- 4. 61)	(4. 34)
$Size_{t-1}$	- 0. 086	- 0. 029	- 0. 261 ***
	(- 0. 72)	(- 0. 53)	(- 15. 68)
$Oturnover_{t-1}$	- 0. 082 ***	- 0. 065 ***	0. 024 ***
	(- 6. 29)	(- 5. 29)	(34. 51)
$Insthold_{t-1}$	0. 064 ***	0. 081 ***	- 0. 014
	(5. 00)	(5. 86)	(- 0. 67)
BM_{t-1}	- 0. 847 ***	- 0. 428 ***	- 0. 106 ***
	(- 11. 55)	(- 9. 01)	(- 15. 59)
Lev_{t-1}	0. 047	0. 028	0. 008 ***
	(- 0. 99)	(- 0. 93)	(- 7. 22)
ROA_{t-1}	0. 351	0. 364	- 0. 616 ***
	(0. 06)	(1. 39)	(- 8. 13)
Constant	- 0. 173 ***	- 0. 119 ***	0. 035 ***
	(- 5. 29)	(- 5. 83)	(38. 51)

由表 6 - 8 可知，机构投资者因竞争产生的竞争性网络连接对所有可能存在的机构间竞争连接密度越大，对未来的崩盘风险有越明显的抑制作用，对短期波动越有促进作用。从竞争性会加大机构投资者合作持股网络中的信息阻隔机制角度来说，这种竞争密度的增加有利于提升市场股价信息透明程度，可以在一定程度上减弱合作持股带来的网络效应影响。

6.4　QFII 参与下的合作持股及竞争网络

合作与竞争网络之间不能彼此解释，说明合作持股网络中的连接更多是合作性连接，会对那些投资风格具有较高相似性的基金产生"信息阻隔效应"，同时对那些没有更多私有信息也没有风格竞争的基金进行有限的信息共享，虽然存在一定程度的竞争，但不会完全排斥而产生绝对的信息阻隔。根据产生合作与竞争的原因机制分析，机构投资者之间策略的选择主要受到投资基金份额的资金影响，资金流量对机构差异化的偏好直接导致本期机构投资者行为表现出不同的特征。绩效约束下的有限套利模型（PBA 模型）的结论认为，如果机构投资者可以获得无限制的资金流量（$\alpha \to \infty$），不再受任何资金来源对业绩的敏感性约束，就可以打破这种有限套利，将价格推向资产的内在价值，自身也能真正实现投资收益的最大化。但是这种理想化的假设与现实并不完全相符，那些本来就存在封闭期的封闭式基金虽然可以近似成为期限内不受资金约束的机构投资者，但在封闭期结束后仍会面临赎回的情况，而且如果投资收益在存续期内没有达到合约上的要求，就面临被完全赎回并不再延续的风险，同公司下的其他基金也会受到该封闭式基金收益的影响而产生对应的资金流量偏好差异。因此封闭式基金并没有真正摆脱资金流量对绩效的敏感性约束，仅是将这种约束周期延长了，与假设中资金流量的无限制性并不一致。

为了检验 PBA 模型的结论和无限制资金流量对市场风险的影响，引入合格境外机构投资者（QFII）的各年持股数据，假设 QFII 作为在我国市场中进行投资的机构投资者不受我国资金流量的限制，以及假定国外投资者偏好长期"价值投资"，也就是说国外资金流量对基金业绩的反应时间更长且接近于无穷大。

6.4.1　QFII 与我国资本市场的发展

随着我国金融开放的进程不断加快，QFII 的投资范围和准入条件都在不断放宽，决策层希望通过以 QFII 为代表的海外投资者对我国资本市场的参与，改善我国资本市场投资者结构、对冲风险、发现资产真实价值，最终优化我国的投资市场环境，深化金融市场改革。自 2002 年《合格境外机构投资者境内证券投资管理暂行办法》颁布以来，QFII 对中国的投资随着投资额度的不断上调呈现波动上升的趋势，特别是 2013 年"人民币合格境外机构投资者"（RQFII）和 2016 年"深港通"等投资渠道的开通，使国外资金流入不断上涨。2019 年 MSCI 指数、富时指数等全球性指数对 A 股的纳入最终使 QFII 等外资持有 A 股的市值超过了公募基金和保险资金，成为中国金融市场中最大的机构投资者[①]。

正是因为外资持股对中国金融市场的配比逐渐增大，外资对 A 股的影响也在不断加深，国内外学者开始逐步关注并研究 QFII 代表下的外资机构投资对中国市场的真实作用机制。虽然 QFII 是我国在外汇管制市场环境下的创新，但国外学者对境外机构投资者对市场和公司的影响研究仍值得参考和借鉴。根据国外大量文献和理论的研究结论，Ng 等（2016）认为境外机构能够有效地支持上市公司股票的流动性，降低其流动性风险；Bekaert 和 Harvey（2000）则同 Ferreira 和 Matos（2008）等一致，从改善上市公司治理的角度，研究并证明了外资机构可以降低上市公司的融资成本，并通过监督公司管理层来降低企业过度投资的可能性；Agarwal 等（2011）则从投票权和"退出威胁"等机制角度，证明了外资对公司的监管动机，并认为其有能力影响管理层和董事会的决策；Dang 等（2017）则在这种监管影响的结论基础上进一步发现，外资机构能够更大限度地容忍公司存在创新失败，并通过跨国管理经验的溢出效应来帮助所投资公司应对风险，进而促进企业创新。无论是对公司管理层面的监管，还是对融资成本和流动性风险的降低，外资机构在国外研究学者的文献中更像一种传统意义上的"理性套利者"，这也证实了本书对 QFII 相关假设的合理性。

但是，中国金融市场公司的股权具有更多的特殊性，多数合格外资机构投资者流通股持股比例达不到控制或者影响管理层决策的程度，更多的是通过交易的方式来实施"退出威胁"，以督促公司管理层更好地进行企业治理。同时，Admati 和 Pfleiderer（2009）在对中国 QFII 的研究中发现，与国内机构投资者不一样的是，QFII 更愿意通过证券诉讼和撤资的方式来行使监督权和表达对管理层治理方式的不满。国内更多的学者则更关注 QFII 持股

---

① 数据截止日期为 2021 年 1 月 15 日，外资持有 A 股流通股市值总计 3.5 万亿元，占 A 股流通市值的 5.12%，其中 QFII 持股市值逾 2000 亿元。

给上市公司股价带来的影响，唐跃军和宋渊洋（2010）用 QFII 持股的滞后项指标逐期验证了其对所持标的公司业绩的影响，发现只有在上期 QFII 持股后才会有效地推动本期的公司业绩增长，说明 QFII 的持股影响具有时效性。李蕾和和韩立岩（2013）则直接证明了 QFII 对公司治理的参与程度不高，并不能促进公司治理水平的提高，更勿论长期的业绩。饶育蕾等（2013）、张惠琳和倪骁然（2017）等转变了研究思路，认为 QFII 对一家上市公司的持股比例仍处于较低水平，并不能真正通过持股来影响公司治理。因此 QFII 对所持公司股票的影响主要来源于信息环境的优化，对公司的"退出威胁"可以刺激管理层更及时地披露公司相关信息，降低公司委托代理冲突和信息不对称风险。李春涛等（2018）利用 Kim 和 Verrecchia（2001）的方法对中国上市公司信息披露的质量进行了测度，发现 QFII 投资能有效改善信息披露的质量，使上市公司受到更多市场分析师的关注和更多监督，公开更多公司信息，优化股价对公司真实信息的反映状况。QFII 对公司股票及金融市场环境的研究不胜枚举，朱相平等（2019）、陶士贵等（2018）认为 QFII 等境外机构投资者的加入有助于优化市场投资结构，提高市场对公司价值的识别能力，引进更加专业和国际化的投资管理经验，可以最终降低中国市场极端波动的可能性。

根据已有研究的分析，监管决策层和众多学者都对外资机构寄予厚望，但是事实上 QFII 多年来的投入并没有改善中国的金融市场环境。首先是因为 QFII 等外资机构在进行投资选择时，更偏好财务状况好、治理制度较完善且收益波动风险较低的股票。根据 QFII 和陆股通的持股数据，银行、食品饮料、医药、家用电器等板块的绩优股一直是外资持有的重点，这些板块具有低资产负债率、强盈利能力的特点。QFII 的持股特征不能直接说明 QFII 对公司治理和市场环境优化有何裨益，只能说明 QFII 的投资管理能力和风格更加有效。其次，QFII 持股的周期更长，"退出威胁"和交易带来的信息溢出效应都不能真正起到优化公司股票信息的作用，较低的风格切换频率让注重短期投资收益的市场参与者不愿意跟风购买，也没有起到影响市场交易风格的作用。

可以看出，QFII 对我国金融市场的真实影响存在较大的争议，并不能简单地通过某种机制来确定这种作用的普遍性。同时对于外资机构，较少有文献考虑其与境内机构之间的联系。根据本书研究的思路，当一家机构难以通过大比例持股来直接对某家公司的治理产生影响，就会采用"用脚投票"的方式来间接作用于与股价相关的管理层行为。但是，一些重仓持股的 QFII 并不会像多数境内机构那样频繁地调仓，因此对持股公司的信息环境所起的作用有限，被 QFII 等外资机构持股的公司股价波动较低和收益平稳的特点更多地可以描述为 QFII 投资标的本身具有的特征，并非是 QFII 持股之后产生的影响。然而朱相平等（2019）在对比 QFII 持股前后的股价波动性之后，却得出股价波动性降低的可能性变大的结论。由此可得，QFII 投资带来的效应并非直接作用于持股公司，而是通过其他途径发挥作用。

本章从 QFII 与境内机构的行为联系特征角度，结合 PBA 模型中关于不受资金约束的机构投资者投资行为对股价的影响研究结论，从 QFII 的信息合作性和风格竞争性两个方面探究境内机构与外资机构之间的联系及相关影响效应。

6.4.2 QFII 参与下的机构投资者合作持股网络

关于国内外机构投资者之间的行为关联性研究，程天笑等（2014）用 QFII 持股数据和境内机构投资者数据区分了两者的"羊群效应"指标，发现 QFII 和境内机构投资者持股投资的相似性更多来源于规模大和流动性高的公司标的，并非是一种跟随性"羊群效应"。同时，由于信息掌握相对处于劣势，QFII 没能成为"头部羊群"，共同持股是在一种信息自我挖掘的状态下产生的最优策略。QFII 之间的关联性如何，与境内机构的深度信息交流呈现何种状态，这种状态在不同时期表现出哪种特征等问题都需要借助社会网络的方法来深入地研究与分析。

笔者首先根据 2005 年以来 QFII 持股的数据，构建外资机构参与投资下的机构投资者合作持股网络[①]，并同时测算出各期各机构的网络中心性。由于数据获取的局限性，QFII 数据主要采用国泰安数据库中国上市公司被机构投资者持股所披露的季度性交易比例，包括买卖价格、数量及交易额度占标的资产流通股市值的比重。合作持股网络的构建主要依据的是同期共同重仓持股，

---

① 国内机构数据仍采用开放式偏股混合型和股票型公募基金数据。

国内机构重仓的阈值仍采用基金公司 5% 及以上流通股占比和单只基金 5% 及以上净值占比，QFII 的持股比例数据则在样本范围内出现最大 60.32% 和最小 0.006% 的极端值，受到所持标的资产规模的影响过大，因此对其进行 Winsorize 上下 1% 极端值缩尾处理，处理后取其均值 2%（1.95437% 四舍五入）作为其重仓标准。将同期共同重仓持有同一只股票的两家机构定义为一次网络连接，可以获得 2015—2020 年的季度网络连接矩阵，然后利用 Gephi 可视化软件和 Louvain 算法计算出各期各机构的 Louvain 组别和中心性指标，即可得到通过重仓持股下的机构投资者网络。同期共同重仓持有同一只股票的结果直接忽略了同期重仓的原因，而这种原因会由于企业真实价值的提升和公开信息的使用，甚至存在一定的偶然性，为了避免这些原因对网络真实信息传递连接产生干扰，在 Louvain 分组结果上，用连续两期 Louvain 同组的条件剔除相关干扰。Louvain 算法是一种模块度最大化的计算方法，最大限度地排除了因中介变量产生的非内在信息性连接，可以以信息传递的直接性实现组内节点无阻碍信息交互，也可以理解为对信息通畅程度最高组别的提取。由两期 Louvain 产生的同组机构不仅可以剔除因非信息交互产生的网络连接，而且保证了团体关系的连续性，能较好地实现合作持股团体的识别。通过上述步骤对国内外机构合作持股网络进行识别和测度后，即可得出 QFII 持股网络及合作持股相关特征指标的系列描述。

首先，将各期 QFII 合作持股网络个数占市场所有 QFII 机构数的比重表示为图 6-2，可以看出，QFII 对中国市场参与的机构个数由波动上升逐渐转为下降的趋势，虽然 2018—2019 年 QFII 投资规模在不断上升，但 2018 年中国市场亏损效应的不断加深和 2019 年参与中国金融市场投资渠道的增加，提高了 QFII 为了分散投资风险而转换参与方式的可能性。

近年来，QFII 之间共同持股网络个数占总机构数的比重在不断上升，结合 QFII 投资风格的持续性，说明 QFII 对中国市场的投资越来越集中于具有高投资认可度的公司，以避免个性化选择对投资收益产生不可控影响。同时，对比 QFII 机构合作持股网络的两种占比，在 2015 年之前较为同步，多数年份处于共同持股网络中 50% 左右的范围，但 2015 年后对于共同合作持股占网络持股机构个数的均值比重仅处于不足 30% 的状态。结合 QFII 的竞争网络测算结果可以说明，外资机构在优质投资标的不断减少的情况下，不得不集中投资于

图 6 - 2   QFII 加入后的机构投资者合作持股网络指标特征描述

具有相似风格的股票,增加了 QFII 之间的风格竞争性,导致机构间信息交流的意愿偏低,加剧了对稀缺资源的竞争。

QFII 间合作持股网络基金与境内机构合作持股网络行为的对比如图 6 - 3 所示,可以看出 QFII 无论是通过持股网络还是通过合作持股的方式参与到市场私有信息交互的比例都是在不断下降的,说明相对于更加愿意进行合作持股网络投资的境内机构投资者,QFII 等外资并没有与境内其他机构进行更多抱团私有信息的交流,且不受约束的资金流量并不影响 QFII 保持对自身投资管理能力及价值识别的判断,QFII 无须借助合作持股的方式来获取更多有价值且能影响自身资金管理规模的投资策略。结合图 6 - 2 可以得出,QFII 等境外机构更愿意与境内机构产生网络联系,处于相对信息劣势的境外机构为了获得更多非公开信息偏好通过公共持股来保持与其他境内机构之间的信息沟通,并不愿意与境内机构产生完全信息阻隔。由此可知,处于共同持股网络内但合作持股参与程度低的外资机构仅能获取不完全的私有信息,并不能真正成为金融市场中的主要影响力量,这与程天笑等(2014)从"羊群效应"角度的描述结果一致。

为了更好地刻画 QFII 持股的合作持股网络特征,笔者对各期 QFII 的合作持股网络中心度指标进行了测度,对相关指标的描述性统计如表 6 - 9 所示。

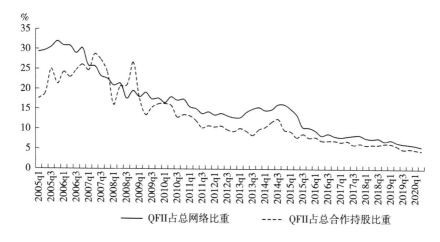

图6-3 QFII 合作持股网络占总基金数的比重

表6-9　　　　　　　QFII 合作持股网络的中心性特征描述

中心性变量	观测数	均值	标准差	最小值	最大值
度	8,019	20.44819	32.73228	1	247
加权度	8,019	21.38571	34.05173	1	321
Eccentricity	8,019	4.937523	1.218041	1	9
ClosenessCentrality	8,019	0.3839869	0.1077552	0.1780137	1
HarmonicCentrality	8,019	0.4169549	0.1158239	0.1843066	1
BetweenCentrality	8,019	0.0164015	0.0389434	0	0.4655149
Authority	8,019	0.0541693	0.3395837	0	7
Hub	8,019	0.0241802	0.0552315	0	0.4591986
PageRank	8,019	0.0079887	0.0328046	0	0.6666667
Component	8,019	0.0784387	0.4461054	0	6
ClusteringCoefficient	8,019	0.3080427	0.2598021	0	1
NumberofTaiangles	7,948	239.2169	879.4292	0	9862
Eigenvector	7,948	0.1138448	0.1838025	0.0000348	1

表6-9中展示的各中心性指标分别表示 QFII 在各期网络中的连接次数（度/加权度）、节点与网络边界最短距离的离心率（Eccentricity）、节点与周围节点的紧密程度（ClosenessCentrality/HarmonicCentrality）、作为中介节点的频率（BetweenCentrality）、网络中位置重要程度（Authority/Hub/PageRank）、最大连接的团体数（Component）、存在某一个团体的可能性（ClusteringCoeffi-

183

cient)、用周围连接节点重要性来衡量自身网络连接程度的特征向量中心度（Numberof Taiangles/Eigenvector）。将各 QFII 的中心性特征值与境内机构的相关指标进行对比可以发现[①]，团体性指标（如网络亲密程度和聚类中心性）就均值而言都表现出一定程度的下降，说明 QFII 对与合作持股团体的参与程度和可能性均低于境内其他机构投资者，特别是特征向量中心度，表现出节点及周围节点一直处于网络中较边缘的位置，并未表现出相应的重要性。离心率指标显示了同样的结果，QFII 等外资机构存在较大的网络间距离，表明其要通过更多途径才能获取网络中的关键信息，所受的中心信息阻碍程度较高。根据网络数据的特征分析，外资机构会与同为外资的其他机构产生较多的网络连接，但特征向量中心度表明，QFII 节点周围外资节点的网络位置重要性水平同样较非 QFII 的连接低，表现出较低的团体特征。但是从中介中心度的角度来看，均值水平要高于境内机构的网络连接，说明 QFII 在非合作持股网络中存在一定的信息地位，会通过作为信息的传递中介来拓宽自身的信息渠道。

随着 QFII 的加入，我国机构投资者网络自身的中心性特征发生了变化，虽然受到的影响不大，但团体聚类指标出现了一定程度的下降。QFII 作为不受短期业绩约束的"理想型"机构投资者，自身的行为会受到更多市场分析师和境内机构的关注，如李春涛等（2018）对 QFII 持股和分析师的关注程度之间的关系可以看出，外资会为标的公司吸引更多的市场关注。境内机构投资者在与外资机构存在资金流量约束程度差异的情况下，更愿意去研究或者"模仿" QFII 的投资策略。然而，不同约束特征的机构投资者很难通过相同的投资行为获得等价的投资回报，QFII 投资行为带来的信息短期会影响境内机构投资的投资决策，但并不能真正改变其投资习惯，因此境内机构投资者组成的网络中心性特征会因 QFII 的加入而出现倾向于 QFII 特征的变化，但并不会出现极端化改变。

本节讨论了 QFII 加入后的资本市场机构投资者网络特征，QFII 自身表现出相对较弱的合作持股意愿，却更愿意参与到共同投资的网络中，这种现象可以由多种类似优质资产逐渐减少等原因解释，体现了 QFII 虽然未能完全获得

---

① 境内机构网络中心性指标的描述性统计如表 4 - 2 所示。

核心信息，但可以通过网络疏通随时可能被阻断的信息交流。QFII 存在下的网络中心性指标进一步证实了这种现象，合作持股和聚类等中心性指标明显的下降验证了完全信息交流的可能性在不断降低。而中介中心性指标的上升表明 QFII 并未完全脱离信息集群，虽然在信息交互方面处于劣势，不能像境内机构一样组成合作持股团体来获得信息，但可以利用自身国际投资的信誉，对周围机构的行为策略产生影响，进而获得中间信息。境内机构投资者正是因为更加关注 QFII 的投资策略，会受到这种信息的干扰，进而产生一定的"模仿"，但最终并不会产生跟随。

6.4.3　QFII 参与下的机构投资者竞争网络

QFII 合作持股网络存在一定的特殊性，这种特殊性从竞争网络的角度来解释可以得出更加有说服力的结论。首先对 QFII 持股的三种风格因子数据进行收集，同时进行标准化和机构风格统一化的计算。在选择 QFII 数据时，因国外机构持股信息披露的不完全性，本章主要以上市公司季度披露的十大流通股股东和前十大股东报告来确认 QFII 的各期持股标的。需要注意的是，外资机构的真实投资风格受国际投资分散化的影响，并不能从根本上测度某家机构或某只基金的投资风格，因此假设不同外资机构的投资风格由所持有的中国上市公司股票风格来确定。虽然上市公司股票的相关因子——规模（Size）、账面市值比（B/M）和动量因子（Momentum）会在各年发生变化，QFII 持股标的也会随之改变，但是多数文献证明了这种风格的时间变化在 QFII 等外资机构的投资策略中表现得并不明显，一旦外资机构确定了某种投资风格，不会轻易进行调整。因此，本书假设每家 QFII 的投资在样本期间（2005—2020 年）内不发生变化，并将各外资机构的投资风格三个因子表示为期间所持有股票相关特征的平均值。当外资机构投资风格指标统一化后，任意两家机构投资者之间的风格距离就可以用 $d_{i,j}$ 来表示，[①] 这样就可以得出一个不随时间变化的机构投资者竞争关联性矩阵。然后利用 Stata 统计软件对所有机构之间的竞争距离进行各分位段上的计算，并将不同类别的机构进行分组测度，可以得到表 6 - 10 的统计结果。

---

① 此处与竞争网络中风格距离 $d_{i,j,t}$ 存在非时间变化的差异，是简化后的风格竞争测度。

表 6 - 10　　　　　　加入 QFII 后的各组别间竞争距离的描述性统计

组别	观测值	平均值	最小值	p5	p25	p50	p75	p90	最大值
所有基金	805306	0.2960	0.0001	0.0204	0.0999	0.2291	0.4111	0.6198	20.243
QFII	2947	0.6707	0.0065	0.1412	0.2692	0.4743	0.8207	1.2677	20.243
境内机构	779582	0.2807	0.0001	0.0198	0.0969	0.2224	0.3996	0.5939	3.3292
QFII 与境内机构	22777	0.7739	0.0066	0.1457	0.3292	0.5558	0.7958	1.0811	14.103

表 6 - 10 中的组别分别表示所有机构之间距离在不同分位数上的统计数据，QFII 与 QFII 之间的距离统计值、境内机构与境内机构之间的距离统计以及 QFII 与境内机构之间的竞争距离，可以看出机构间存在风格完全相同的竞争连接，而这种连接是存在于境内机构投资者之间的，境内机构投资者相对于 QFII 而言有十分明显的投资风格竞争性。QFII 与同为外资机构的其他 QFII 之间的竞争距离普遍高于境内机构，但 QFII 与境内机构之间的竞争连接距离明显高于 QFII 自身的连接距离，说明 QFII 投资风格与国内机构存在明显的差异，且不会与境内机构投资者产生过多的竞争。QFII 内部存在一定的竞争性，这种竞争性在连续时间内的变化如图 6 - 4 所示。

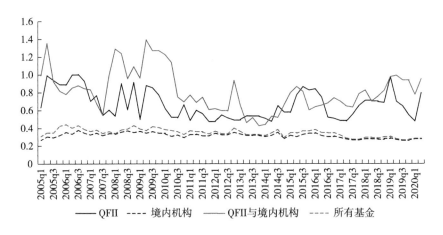

图 6 - 4　　不同组别的竞争距离均值测度

从图 6 - 4 可以看出境内机构因对中国金融市场的参与程度更高，QFII 等外资机构并未达到能对中国机构投资者之间关系产生影响的程度，境内机构投资者常年保持较为激烈的风格竞争关系；同样可以证明国内机构受到更高的资金流量对业绩的敏感性约束，较低的风格相似性距离导致各机构投资者不得不选择更适合的投资策略，来突破较为复杂的竞争环境，赢得资金流量的青睐。相反，QFII 并没有表现出较高的竞争性，平均较远的风格距离表明其对中国的投资更加分散，这体现出外资机构资金管理的专业性。QFII 与境内机构之间的竞争性水平在多种关系中是最低的，这也证明了 QFII 更愿意与境内机构产生持股网络联系，以获得更多有利于投资策略的信息。在不同时期，竞争性表现出不同的特性。图 6-4 显示，在行情越差的年份，机构投资者之间的竞争性越弱，在市场收益较高的年份，机构间竞争性表现出较为紧张的形势。结合机构投资者合作持股网络的占比可以看出，在竞争越激烈的年份，合作持股占比越低，2007 年第三、第四季度和 2015 年第一、第二季度竞争性明显减弱，合作持股网络占比却显著上升，证明机构投资者投资策略会受到市场行情的显著影响，且会通过减少竞争和增加合作持股信息交流来规避市场带来的风险。QFII 在风险规避方面体现出更大的波动性，一旦发现市场行情出现异状，就会尽快采取降低竞争、稳定收益的投资策略。QFII 中具有相同投资风格的机构会在市场风险较大的时机规避具有相同风格的投资，或者直接减少相关投资，达到控制海外投资风险的效果。

　　竞争与合作持股网络的密度是测度某期两种连接实际数占总连接可能存在的最大连接数的比重，网络密度的大小可以有效评判该期机构间竞争与合作的状况。根据表 6-10 的描述性统计结果，将竞争距离阈值定义为 14.12%，以便加入对 QFII 竞争参与网络的研究，风格距离小于 14.12% 表示两者存在竞争关系，形成竞争网络连接。合作持股网络的连接则仍以境内机构净值占比 5% 和持流通股市值占比大于 2% 为对应阈值，大于阈值表示当期存在网络连接，再经过两期 Louvain 算法筛选后即可得出各期参与合作持股的基金个数。每期合作持股和竞争网络的连接个数占总基金连接个数的比重即为合作持股密度（Clique rate）和竞争网络密度（Compete rate），依据是否为外资机构持股区分为境内机构和 QFII 组别，并依次统计各组不同分位段上的平均值特征，将两种网络在不同组别的网络密度的描述性统计特征整理为表 6-11。

表 6-11　　各组机构投资者竞争与合作持股网络密度特征描述

组别	网络密度	Obs	Mean	Min	Max	p25	p50	p75	p90
所有基金	Clique rate	1216688	0.4668	0	0.8324	0.3443	0.4737	0.6000	0.7034
	Compete rate	1216688	0.0026	0	0.3333	0	0	0.0010	0.0057

组别	网络密度	Obs	Mean	Min	Max	p25	p50	p75	p90
境内机构	Clique rate	1200239	0.4673	0	0.8345	0.3455	0.4737	0.6000	0.7032
	Compete rate	1200239	0.0025	0	0.3333	0	0	0.0010	0.0057
QFII	Clique rate	16449	0.4306	0	0.8348	0.2857	0.4516	0.5806	0.7273
	Compete rate	16449	0.0056	0	0.3333	0	0	0	0.0100

由表6-11的统计结果可以看出，无论是何种组别的机构投资者，通过合作持股网络连接的比例都远远大于竞争产生的连接比例，因此在中国金融市场中，合作持股带来的私有信息交流和其他资源的溢出效应要远大于通过竞争胜出带来的超额回报，而且境内机构的合作持股程度要高于QFII等境外机构，竞争环境也比国外机构更恶劣。同时，QFII等外资机构的加入没能真正对境内机构行为策略产生影响，国内机构仍是市场中最主要的参与者和特征表现者，要想真正使境内机构投资者更加"理性"，不能仅仅通过引入QFII的竞争性，必须找出真正影响境内机构短期投机的因素，才能有效地促进境内机构投资者的良性发展。

6.4.4 QFII参与下的合作持股及竞争网络效应

对QFII合作持股与竞争的网络研究主要目的是探究机构投资者之间关系对所持标的资产价格的影响。根据PBA模型的结论，不受资金流量约束的机构投资者对市场的参与能有效地推动资产价格向其内在价值逼近，受"非理性"交易影响而产生的波动也会随之降低。在近17年的QFII持股历史中，QFII投资标的受到了市场研究者及学者们的广泛关注。Wind数据库统计数据显示，无论从中位数还是从加权平均数角度来说，QFII等外资持股的市盈率（PE）水平都明显低于整个市场，而净资产收益率（ROE）水平则明显高于A股市场，外资更倾向于投资大市值、业绩好的股票标的，持股较为分散，持股集中程度较低。虽然持有标的股票的特征并不能表示QFII对资产价格的影响，但可以从投资角度表现出其一定的持股策略[①]。相对于A股市场中境内机构的高换手率（17年平均330%）而言，QFII只有80%的换手率，并且境内机构

---

① 相关数据均来自2020年Wind资讯数据库，并经笔者整理后得出。

平均持股期限仅为 3.5 个月，外资机构则长达 15～30 个月，除去市场波动十分剧烈的年份，外资均表现出更加稳健的持股策略。关于重仓股的调整，境内机构更迭速度更快，平均次年重复率仅为 50%，投资风格常处于一种转换的状态，外资机构则一致保持较为稳定的状态，平均次年重复率为 70%。这种特征同样可以从股票仓位调整的统计数据指标角度得到验证，据统计，境内机构的仓位调整幅度较大，在不同行情下会表现出顺势而为的趋势，平均在 65%～85%，QFII 则相对稳定，将仓位始终保持在 90% 附近，忽略短期波动对自身投资策略的影响，更加关注长期价值回归带来的投资回报。

正是在这种投资和持股特征的表现下，QFII 在中国金融市场中更像传统理论中的"理性套利者"角色。《中国股市个人投资者理性指数研究报告》显示[1]，相对于中国 A 股市场中的其他参与者，QFII 的理性指数为 84.2，为所有参与者中最理性的。机构投资者较个人投资者而言更加理性，理性指数高达 173.9，是 QFII 理性指数的两倍。因此，监管层不断地放松 QFII 在中国市场中的各种限制，借此来优化中国金融市场环境。例如，2020 年 5 月 7 日，中国人民银行和国家外汇管理局共同发布的《境外机构投资者境内证券期货投资资金管理规定》就明确了"境外机构投资者投资额度限制"的彻底放开。虽然截止至 2020 年 4 月末，QFII 的实际投资额度仅为 1146.59 亿美元，不足原限额（3000 亿美元）的一半，但每次额度的放宽都向市场传达出金融政策继续开放和推进的决心，对 QFII 投资范围调整的提振作用不断增加。政策的开放受到了相关学者多方面的研究支持，根据李春涛等（2018）的相关观点，QFII 的存在可以吸引更多市场分析师加入对投资标的的研究，加大了公开信息的丰富程度，同时降低了公司存在私有信息的可能性，有助于改善信息披露的质量。QFII 与境内机构之间的网络关系也在不断地对标的资产价格波动产生影响，相关文献讨论却浅尝辄止。因此，本书根据 QFII 合作持股和竞争网络的测算结果，对所持股价产生的网络效应进行深入的分析，以期证明 QFII 持股对中国金融市场的真实影响。

根据 QFII 投资和持股特征，笔者首先依据假设，认为 QFII 在中国的投资

---

① 在 2019 年 3 月 22 日，由复旦大学泛海国际金融学院和上海证券交易所联合发布，报告中的理性指数越低表明理性程度就越高，使用非理性程度来反向反映投资者的理性程度，以"过度自信""分散化不足""处置效应"和"投机偏好"四种典型的非理性行为作为非理性程度的测度指标。

不受资金流量约束，并根据已有研究结果进一步假设 QFII 没有帮助所投资的上市公司掩盖负面信息的动机，主要依据自身对标的资产价值的判断来进行投资，通过"退出威胁"来正向影响上市公司的治理水平，以提高公司的真实价值，自身获得相应的超额投资回报。同时，参照李春涛等（2018）的研究结论，QFII 持股会吸引更多市场研究者的加入，进而增加对标的资产的信息公开程度，使合作持股团体对公司私有信息的控制能力降低，改善公司的信息环境，降低可能存在的波动。

为了证明上述假设，笔者将被不同机构持股的股票风险特征与机构合作持股比例和竞争网络密度进行固定效应的面板回归，同时采用与第五章相同的控制变量，然后为了使回归结果更加突出，本章仅用股价日收益上下波动率差异比例系数 DUVOL 和短期价格波动率 Sigma 来衡量上市公司股票的风险特征，以检验相关假设。同时，笔者构建一个虚拟变量 $Q_{s,t}$ ，若 t 期上市公司 s 股票被任一个 QFII 持有，那么该期 $Q_{s,t}=1$ ，否则 $Q_{s,t}=0$ 。将虚拟变量引入回归模型中可得模型（6-2）：

$$CrashRisk_{s,t} = \beta_0 + \beta_1 CliqueOwn_{s,t-1} + \beta_2 \times Q_{s,t-1} \times CliqueOwn_{s,t-1} + \beta_3 Q_{s,t-1}$$
$$+ \gamma Controls_{s,t-1} + u_{s,t} \qquad\qquad (6-2)$$

其中，$CrashRisk_{s,t}$ 分别由 $DUVOL_t$ 和 $Sigma_t$ 来表示，$CliqueOwn_{s,t-1}$ 可分别由参与机构投资者网络的基金持股比例 $Networkrate_{t-1}$ 和参与合作持股的基金持股比例 $Cliquerate_{t-1}$ 来解释，并根据当期该股票是否被任一 QFII 外资机构所持有来构建虚拟变量及其与解释标量相乘得出的交互项。交互项的原理是：为了更加准确地估计和调整解释变量的 β_1 系数，当 $Q_{s,t-1}=1$ 时，解释变量对被解释变量的影响程度就增加或降低 $|\beta_2|$ 个单位，即最终机构投资者合作持股网络持股比例对股价风险特征指标的影响估计系数为 $(\beta_1 + \beta_2)$，并可从 β_2 的大小中获知有无 QFII 的加入对股价风险特征指标的影响变化，可证明 QFII 持股的影响。同时，为了降低模型中可能存在的由交互项和解释变量引起的多重共线性，笔者通过"对中"的方式进行处理①，将解释变量减去其样本均值后再构造交互项，并同时保留减去交互项的解释变量，结果并不会影响模型真实估计。

---

① 引自谢宇《回归分析》（社会科学文献出版社，2010 年 8 月）的交互项自相关处理方法。

令 $\overline{CliqueOwn_{s,t-1}} = CliqueOwn_{s,t-1} + \overline{CliqueOwn}$。

其中，$\overline{CliqueOwn} = \dfrac{1}{t} \times \sum\limits_{t=1}^{N} CliqueOwn_t$，表示面板指标在所有期的均值，代入模型（6-2）可得模型（6-3）：

$$CrashRisk_{s,t} = \beta_0 + \beta_1 \overline{(CliqueOwn_{s,t-1}} - \overline{CliqueOwn})$$

$$+ \beta_2 Q_{s,t-1} \overline{(CliqueOwn_{s,t-1}} - \overline{CliqueOwn}) + \beta_3 Q_{s,t-1}$$

$$+ \gamma Controls_{s,t-1} + u_{s,t} \tag{6-3}$$

进一步将模型（6-3）进行整理合并，可得模型（6-4）：

$$CrashRisk_{s,t} = \beta_0^* + \beta_1 \overline{CliqueOwn_{s,t-1}} + \beta_2 \times Q_{s,t-1} \times \overline{CliqueOwn_{s,t-1}}$$

$$+ \beta_3^* Q_{s,t-1} + \gamma Controls_{s,t-1} + u_{s,t} \tag{6-4}$$

其中，$\beta_0^* = \beta_0 - \beta_1 \overline{CliqueOwn}$；$\beta_3^* = \beta_3 - \beta_2 \overline{CliqueOwn}$。将相关数据转换为"对中"连续变量后，估计出 β_0^*、β_3^* 后再通过 β_1、β_2 调整为 β_0 和 β_3，为了简化仅将调整后的模型（6-4）回归系数 $\beta_0 \sim \beta_3$ 及其他控制变量系数展示为表6-12。

表6-12　　　　　QFII 交互项对股价风险特征指标的网络效应

变量	（1） $DUVOL_t$	（2） $Sigma_t$	（3） $DUVOL_t$	（4） $Sigma_t$
$Networkrate_{t-1}$	0.172 ***	-0.126 ***		
	(5.49)	(-13.83)		
$Q_{s,t-1} Networkrate_{t-1}$	-0.0315 **	0.00659 ***		
	(-1.97)	(4.29)		
$Cliquerate_{t-1}$			0.308 ***	-0.187 ***
			(5.77)	(-12.01)
$Q_{s,t-1} Cliquerate_{t-1}$			-0.0221 *	0.0011 ***
			(-1.26)	(3.91)
$Q_{s,t-1}$	-0.0342 ***	0.008 ***	-0.0337 ***	0.0077 ***
	(-4.60)	(4.51)	(-4.64)	(4.29)
$Size_{t-1}$	-0.0879 ***	-0.0392 ***	-0.0103 ***	-0.0403 ***
	(-3.58)	(-30.17)	(-3.04)	(-31.00)

变量	（1） $DUVOL_t$	（2） $Sigma_t$	（3） $DUVOL_t$	（4） $Sigma_t$
$Oturnover_{t-1}$	− 0.0663 ***	0.0128 ***	− 0.0660 ***	0.0127 ***
	（− 8.01）	（48.53）	（− 7.98）	（48.42）
$Insthold_{t-1}$	0.0776 ***	0.0784 ***	0.0752 ***	0.0521 **
	（7.96）	（3.59）	（7.81）	（2.45）
BM_{t-1}	− 0.143 ***	− 0.429 ***	− 0.143 ***	− 0.448 ***
	（− 9.29）	（− 10.31）	（− 9.29）	（− 10.73）
Lev_{t-1}	− 0.0166	0.0047 ***	− 0.0165	0.0047 ***
	（− 0.84）	（4.01）	（− 0.84）	（3.95）
ROA_{t-1}	0.125	− 0.0571 ***	0.122	− 0.0589 ***
	（1.64）	（− 3.83）	（1.61）	（− 3.87）

从表 6 − 12 中可以看出，无论是合作持股还是基金网络持有上市公司股票，都会增加股票的崩盘风险，合作持股团体持股对崩盘风险的影响更大，持股比例每增加 1%，下期崩盘风险就会增加 0.308 个单位的可能性，出现崩盘的概率更大。借助第五章的研究结论，合作持股对上市公司负面信息掩盖的动机更强，更倾向于通过降低股价波动（对 Sigma 的参数估计显著为负）和获得正向收益来满足资金流量的短期需求。但是，若该股票被 QFII 等外资机构参股（ $Q_{s,t-1} = 1$ ），合作持股网络对崩盘风险的影响会受到一定程度的遏制，降低对负面信息的掩盖力度。若将股价崩盘风险等同于股价对信息的负面反映程度，那么回归结果证明 QFII 持股可以降低股价的部分信息不确定性，增加股价信息的透明度，以及降低未来的崩盘风险。这同李春涛等（2018）的研究结论一致，可以解释为什么 QFII 的加入吸引了更多市场分析者如卖方分析师和审计公司的关注，进而督促上市公司管理层及时披露更多信息，改善股价信息环境。同时，QFII 的加入会加大股票下期的股价波动，这也是股价对更多信息进行反映的事实证明。但值得注意的是，相对于境内机构的持股网络及合作持股投资行为，QFII 对股价风险特征指标的影响是较小的（ ∣ − 0.0315 ∣ < ∣ 0.172 ∣ ），并不能真正降低境内机构合作持股带来的网络效应，仅能在有限的范围内对上市公司因信息被掩盖而产生的未来崩盘风险进行抵消。然后，QFII 参与的"抱团团体"对合作持股影响股价崩盘风险的修正程度要远小于

持股网络对网络效应的影响程度，说明 QFII 对境内机构组成的合作持股团体的参与程度较低，对合作持股导致的私有信息更深层次的交互具有更低的影响效果。QFII 等外资的参与只能在有限水平上修正合作持股网络效应导致的未来崩盘风险程度，且对持股网络层次上的信息修正作用要大于对合作持股团体带来的信息掩盖现象的修正作用。

股价波动性是一种描述短期价格波动程度的指标，值越大说明股价受交易频率的增加对信息的反映程度越高。QFII 参与下的合作持股网络，虽然因 QFII 的加入降低了合作持股对股价短期波动的抑制作用，但最终仍会使股价在短期的波动降低。受绩效约束下的基金更倾向于投资或帮助上市公司进行市值管理而获得对应"基民"需求的标的资产，股价对信息的及时反映会直接加剧股价的波动，而合作持股网络的存在从实证数据估计角度来看，会使信息以一种更加"合适"的方式融入股票价格。但是 QFII 等外资对上市公司的持股比例和参与程度仍属于受限的状态，并不能通过共享信息参与到对上市公司股价的影响过程中，仅能通过"退出威胁"等方式间接提升上市公司的治理水平和信息披露的及时性与有效性，因此会在一定程度上加剧股价波动。但是 QFII 投资参与下的机构投资者合作持股网络对本身所具有的网络效应产生了正向修正作用，降低了对股价的影响，说明 QFII 起到对合作持股网络中的境内投资者监督的作用，遏制了其影响股价反映公司信息的"自私"行为，使股价对公司内在价值的反映更充分，减少了股价未来因市场不理性而出现的异常波动现象。

表 6－13　QFII 参与下的合作持股及竞争网络密度对股价风险特征指标的影响

变量	（1）	（2）	（3）	（4）
	$DUVOL_t$	$Sigma_t$	$DUVOL_t$	$Sigma_t$
$Cliquecontact_{t-1}$	0.129 ***	－0.164 ***		
	（8.75）	（－5.31）		
$Q_{s,t-1} Cliquecontact_{t-1}$	－0.0768 ***	0.0284 ***		
	（－2.87）	（2.96）		
$Competerate_{t-1}$			－1.104 ***	0.0132 ***
			（－4.59）	（3.34）
$Q_{s,t-1} Competerate_{t-1}$			－0.724 **	－0.0129 *
			（－2.04）	（－1.94）

续表

变量	(1)	(2)	(3)	(4)
	$DUVOL_t$	$Sigma_t$	$DUVOL_t$	$Sigma_t$
$Q_{s,t-1}$	-0.0304 ***	-0.001 ***	-0.0289 ***	-0.0005 ***
	(-5.49)	(-3.91)	(-3.36)	(-2.91)
$Size_{t-1}$	-0.0446	-0.0419 ***	-0.069	-0.0411 ***
	(-0.82)	(-25.91)	(-0.13)	(-25.68)
$Oturnover_{t-1}$	-0.0722 ***	0.0143 ***	-0.0745 ***	0.0143 ***
	(-5.19)	(29.54)	(-5.33)	(29.51)
$Insthold_{t-1}$	0.0742 ***	-0.0939	0.0720 ***	-0.0124
	(6.00)	(-0.43)	(5.86)	(-0.57)
BM_{t-1}	-0.327 ***	-0.0940 ***	-0.328 ***	-0.0946 ***
	(-12.35)	(-14.50)	(-12.31)	(-14.59)
Lev_{t-1}	0.0307	0.00753 ***	0.0288	0.00751 ***
	(-0.89)	(-6.21)	(-0.83)	(-6.22)
ROA_{t-1}	0.191	-0.0162 ***	0.204	-0.0158 ***
	(1.06)	(-5.73)	(1.09)	(-5.83)
Constant	-0.175 ***	0.0342 ***	-0.127 ***	0.0349 ***
	(-6.75)	(46.94)	(-4.78)	(47.67)

合作持股和竞争网络密度分别指每期机构投资者之间产生的合作持股连接和竞争连接占该期所有机构投资者能构成的所有连接最大值的比重，是对该期机构投资者合作持股及竞争程度的简单描述。两个指标可以替换模型（6-2）中的 *CliqueOwn*，来检验该期合作持股和竞争程度对股价风险特征指标的影响①。同时，利用该期该股票是否被 QFII 持有的虚拟变量，构建网络密度和 QFII 虚拟变量的交互项，探究 QFII 存在与否使网络密度对股价风险特征指标的影响有何变化。

表6-13 的面板回归结果显示，合作持股网络密度同合作持股比例一致，越大越会使股价未来的崩盘风险增加，使股价个体波动性降低，说明合作持股

---

① 此处本书采用了面板回归的方法，将每只被机构持有的股票某期的机构最大连接数作为密度求值的分母，就可以求出每期股票的合作持股连接占比和竞争连接占比，并进行该期该股票是否被 QFII 持股的交互项检验。

团体对该股票的参与程度越高，越会影响负面信息向股价的传递，使股价在出现"坏消息"的情况下不能及时反映内在价值，反而表现为降低短期波动，增加未来信息集中释放，导致崩盘风险增加，这与郭晓冬等（2018）的研究结论一致。但是 QFII 的加入，会影响合作持股对股价风险特征指标的作用，用更加专业和"用脚投票"的方式来督促公司提高治理水平和信息披露水平，并吸引更多市场研究者来关注该股票，以此降低合作持股团体对该公司信息管理的合作持股网络效应。

竞争性网络密度的回归结果则表现出完全不同的影响作用，机构间竞争性的增加会直接导致合作持股网络中的合作连接弱有效化，使基金之间的信息交互出现阻隔，增加无效联系，导致基金对所持有的标的公司信息管理的影响程度降低，抑制了信息管理对短期股价波动的影响，股价能更多地反映市场和公司的相关信息。风格相似性竞争网络为了在高强度竞争环境中吸引更多投资该类风格的基金份额持有人，不愿同风格相似的投资基金分享私有信息，这就使单只机构对标的公司治理干预的影响力下降，机构不得不努力提高主动管理能力，挖掘更多公司相关的内在信息，并通过"用脚投票"等方式进行投资态度的表达，最终达到改善上市公司股票信息环境的作用。信息的重复反映最终使股价在出现负面信息时及时波动，释放风险，以降低未来出现股价崩盘的可能性。竞争网络密度对股价风险特征的显著影响证明了机构投资者间的市场竞争仍是提高市场效率和信息质量的主要推动力。

QFII 参与下的竞争网络表现出较为相似的网络效应，由表 6 – 13 的回归结果可以看出，QFII 加入后的竞争性对股价崩盘风险的抑制能力更强了，使合作持股网络间的无效合作连接进一步增加。这种结果与 QFII 本身的性质有很大关系，QFII 对境内机构组成的合作持股网络的参与程度有限，并没有与境内机构产生较为深入的信息沟通，但没有完全脱离信息网络，是介于完全竞争和合作持股之间的信息状态，因此 QFII 的加入会直接增强竞争对崩盘风险的短期释放作用。交互项下的影响机制同样可以解释为，QFII 持股的加入降低了信息不对称程度，使通过合作来共同投资获得收益或抑制波动的网络效应受到制约，但同时加大了机构间的竞争，进一步增强了竞争性对崩盘风险的抑制作用。但是竞争网络对股价个体短期波动的影响程度不高，并没有表现出明显的支持股价波动的效果，值得注意的是，QFII 的加入甚至会使机构竞争本身产生的促进股价波动的效果减弱，虽然交互项对回归系数的影响程度不高，但说明 QFII 的加入会改变竞争网络本身的网络效应影响逻辑，抑制了无效竞争可能带来的股价波动。同时，结合饶育蕾等（2013）的研究结论，QFII 的投资期限长短对股价信息含量的影响存在差异，QFII 的短期投资行为不仅不能提高股价对信息的反映质量，反而会加剧股价的同涨同跌现象，导致股价受市场情绪的影响要大于对内在信息的真实反映。因此本书回归得出的 QFII 参与下的竞争对波动性的影响降低也可以解释为 QFII 并非完全处于竞争网络之中，仍与境内合作持股机构存在一定程度的联系，使股价不能充分反映公司信息。

6.4.5　稳健性检验

QFII 参与下的合作持股及竞争网络表现出差异化的网络效应。为了验证外资参与对网络效应影响的稳健性，笔者引入合作持股网络中的中心性指标和其他股价风险特征指标对回归模型（6-2）进行解释变量和被解释变量的替换，以期获得较为相似的回归结果。对于中心性指标的选择，本节在研究 QFII 持股及合作持股网络中心性时可以借用衡量进入某种团体概率的聚类系数（Clustering Coefficient）、亲密中心度（Harmonic Centrality）和特征向量中心性（Eigenvector）来描述 QFII 加入下的网络连接相关特征，而合作持股网络中衡量机构之间竞争性距离的中心性指标离心率（Eccentricity）可以替代机构之间的竞争密度。股价的风险特征指标则采用长期崩盘风险指标 NCSKEW 和短期股价波动指标 Sigma 来代替，并分别用四种中心性指标及各自与 QFII 是否参与下的虚拟变量构成的交互项进行模型（6-2）变量替换回归，如果变量间的面板回归系数无较大的区别，则说明 QFII 参与下的网络效应比较稳健。为突出核心解释变量的影响，笔者将主要回归结果整理为表 6-14。

表 6-14　　　　　　　QFII 参与下的网络效应稳健性检验

变量	(1)	(2)
	$NCSKEW_t$	$Sigma_t$
$Clustering_{t-1}$	0.248 ***	-0.192 ***
	(8.46)	(-4.83)
$Q_{s,t-1} Clustering_{t-1}$	-0.0463 *	0.0103 *
	(-1.77)	(1.95)

续表

变量	(1)	(2)
	$NCSKEW_t$	$Sigma_t$
$Harmonic_{t-1}$	1. 019 ***	− 0. 133 ***
	(13. 34)	(− 12. 27)
$Q_{s,t-1} Harmonic_{t-1}$	− 0. 338 **	− 0. 0179
	(− 2. 22)	(− 0. 82)
$Eigenvector_{t-1}$	0. 139 ***	− 0. 583 ***
	(3. 85)	(− 11. 82)
$Q_{s,t-1} Eigenvector_{t-1}$	− 0. 0992	0. 0286 ***
	(− 1. 49)	(3. 4)
$Eccentricity_{t-1}$	− 0. 0518 ***	0. 15438 ***
	(− 8. 95)	(20. 78)
$Q_{s,t-1} Eccentricity_{t-1}$	0. 549	0. 05382 ***
	(0. 47)	(3. 67)

稳健性检验整体支持主回归中的结论，只有在离心率加入 QFII 后表现出显著支持股价短期波动的结果。与主回归检验不同的是，离心率是测度网络内机构竞争性程度的一种替代指标，衡量在具有网络连接后具有的竞争关系强弱，因此其在 QFII 这种强网络性机构参与后，会加大离心率本身对股价指标的影响，这仍是可以接受的。但无论从哪种回归结果来看，QFII 参与下的网络效应所受到的影响程度都是有限的，即使 QFII 等外资持股整体促进了中国金融市场及股票信息环境的改善，这种促进作用也会随着市场和 QFII 自身投资目标的变化而发生改变。因此，中国金融市场的改革开放不能完全依靠外资投资，而应该从外资具备的资金约束特征出发，探索适合中国金融发展的特色社会主义道路。

6.5 本章小结

本章首先对机构投资者之间的竞争性进行了分析，认为机构会因为"抢夺"市场有限的资金流量和优质标的资产而产生竞争。相同风格下的机构投资者为了吸引投资该风格基金的资金流量，就需要利用自身卓越的主动管理能力和超额收益等,从众多竞争者中脱颖而出,以达到自身下期资金管理规模最大化的目标。虽然可以通过合作持股网络等投资策略来稳定资金流量和防止"非理性"赎回,但机构更愿意同非相同风格的其他类型机构进行信息的共享,竞争的存在使合作持股网络存在明显的"排他性"。

首先,本章分别从网络间不同群体显著差异化下的主动管理能力和竞争距离特征两个方面,证明了群体间并不相融的竞争特性。合作持股群体、非合作持股网络群体和网络外机构群体间具有主动管理能力 Alpha 差异,组间回归结果证明了这种差异的显著性,并表明机构投资者在网络外的 Alpha 指标明显高于网络内机构,验证了假设中所描述的因收益产生的竞争性。基金风格距离刻画下的竞争网络则从机构持股风格相似程度角度出发,定义了一种风格竞争程度,通过测度各期持股的规模因子、账面市值比因子和动量因子,检验了设定阈值下的各期机构间风格竞争程度的强弱,组建了各期竞争网络。随后依次检验了竞争与合作持股网络的重合性和竞争网络对机构间信息传递的阻隔性,证明了合作持股网络能获得市场上更多的私有信息以提高交易带来的超额收益,风格竞争的存在则使这种信息的共享出现桎梏,导致网络外风格竞争激烈的基金就需要通过自身主动管理能力来挖掘所持标的的内在信息,形成机构间显著的组间竞争差异。风格竞争性网络的刻画和与合作持股网络的低重合性再次证明了竞争是维持市场平衡,使市场机构不会一致行动的主要原因,合作持股网络机构会更倾向于向风格不一致且没有主动管理能力竞争的其他机构分享信息,而排斥那些竞争激烈或非合作持股网络中的无效信息传递者的加入,最终形成不同层级的竞争与合作团体。

然后,为了证明机构间合作网络与竞争网络相互交织对所持标的的资产价格的影响,笔者引入特殊的市场参与机构 QFII,在假设这类外资机构不受资金流量对业绩敏感性导致的业绩约束且管理经验更加丰富、专业的前提下,重新构建中国金融市场基金合作持股网络和基金竞争网络,检验 QFII 参与下的两种网络对股价风险特征的网络效应。QFII 对境内机构产生的合作持股网络的参与程度不高,特别是核心合作持股团体的参与度占比在逐年降低,而参与非合作持股网络的频率则相对较高。这与 QFII 资金流量对业绩敏感性低有很大的关系,QFII 并不愿意同境内机构深入地交互信息,也不想完全失去共同持股带来的所有信息,网络中心性的统计数据证明了这种情况。同时,QFII 与境

内机构并不存在特别一致的风格竞争关系，前者更高的投资管理专业性表明
QFII 未主动参与中国机构投资者组成的合作团体，并非因存在较强竞争而出
现合作持股的"排他性"。由此可见，QFII 与境内机构的关系相对克制，并不
愿进行完全的信息共享，也不愿处于一种绝对信息隔离的状态，符合 QFII 对
中国上市公司信息获取并不完全的市场事实。

随之，根据 PBA 模型的结论，当基金可以获得不受约束的资金流量时，
就会忽略短期波动而在最具套利机会的时机投入所有管理资金，以在下期消除
价格的有偏波动，使资产价格回归内在价值，因此以 QFII 为代表的外资并不
愿意通过合作持股等方式来抑制负面信息带来的短期股价波动，反而更倾向于
加大短期波动来获取更多的未来套利收益。现实并非完全如模型假设那般简
单，存在多种相互制衡的因素，因此在进行 QFII 参与下的网络效应研究时可
以发现，QFII 持股的加入在多数情况下会使短期波动增加，同时使一些机构
投资者本身的行为影响发生方向转变，体现出 QFII 自身的确存在一定的影响
效应。但是，仍存在一些与假设相悖的回归结果，根据已有研究，这可能是因
为长期和短期投资并未完全区别开来。无论最终 QFII 的真实效果是否能真正
促进中国金融市场信息环境的改善，QFII 等外资对境内机构及股价风险特征
的影响程度都是相对较弱的，外资持股的目的并非真正发挥专业套利者能力来
使中国市场回归内在均衡价值，需要监管层真正意识到限制境内机构"市场
稳定器"能力的资金流量绩效约束，并提出对策，才能真正达到改善金融市
场有效性的目的。

第七章　研究结论和政策建议

7.1　研究结论

本书从基金资金流量带来的绩效约束出发，借助绩效约束下的有限套利模型（PBA 模型）的推导结论，依次验证了机构投资者合作持股网络行为受到来自资金流量对短期业绩敏感性要求的绩效约束，并通过合作持股的方式将资金流量的"非理性"情绪施加于投资的标的资产价格风险特征指标，使股价在被合作持股机构多期持有后具有未来更大的崩盘风险，然而在机构间竞争性的影响下，这种因负面信息集中释放而产生的股价剧烈下跌现象会得到一定程度的缓解，但会引发股价短期波动增加，随着以 QFII 为代表的外资机构持股参与到境内机构合作与竞争网络中，机构投资者合作与竞争关系对标的资产价格的风险特征指标产生了交互项下差异性的影响效应。

为了验证上述主要内容，本书主要从以下七点进行深入分析与讨论。

第一，本书首先对核心概念进行了界定，将文中的（1）机构投资者定义为主动开放型偏股公募基金，使其可以更好地解释机构与基金资金流量间的委托代理关系，并提高了数据的可获得性和针对性，如无特殊说明，机构投资者可等同于该类型基金。同时，文中的（2）基金资金流量可以定义为基金管理的资金来源，由基金份额投资者供给，并根据开放型基金的类型，基金份额持有人可以随时进行申购与赎回。根据相关数据，国内基金份额持有人主要以个人基金投资为主（占 80% 及以上），因此在文中也会用"基民"来代替。（3）基金的绩效约束指基金与资金流量供给者在委托代理关系下，因要满足资金委托人短期平稳业绩的要求以及评级机构短期排名制度的安排，需按照资金流量的偏好来实现目标业绩，故受到了来自资金流量供给者认知要求下的绩效约束。本书在测度这种绩效约束时采用的是资金流量对业绩的敏感性指标，由资金供给者对往期基金业绩的敏感性程度滚动回归得出，可以简单地代表资金流量对该基金机构投资者的认可程度。敏感性指标越大，认可程度越低，会要求基金时刻按照自身需求来投资并获得相应的收益，否则就会进行赎回，机构投资者受到的绩效约束就越大。但当这种敏感性无限大时，表明基金使用的是自有资金，不再通过委托代理与资金流量存在联系，相反，当敏感性为零时，资金流量对该基金完全信任，不会再将自身意愿加至基金的投资策略中。(4) 机构投资者合作持股网络，指对机构投资者通过同期共同重仓持股而形成的合作连接集合，其中合作持股连接源于机构投资者普通网络连接，是借由Louvain算法从投资者网络中提取出来的具有更强连接关系和信息分享能力的团体集群，剔除了因公开信息和偶然因素导致的共同重仓持股。本书在已有研究基础上，将Louvain算法下的合作持股集群提取周期延伸至两期，机构投资者因持有相同标的资产且连续两期Louvain算法归类为相同组别而产生的网络连接，才可归类为某一合作持股团体，进一步剔除了由中间机构产生的间接连接和共同行为的不连续性导致的弱合作性连接。两期Louvain算法下合作持股团体的识别及团体内各机构成员的持股比例奠定了全文的研究基础。(5) 机构投资者合作持股的网络效应，在本书中的定义为机构投资者合作持股投资持股行为对标的资产价格波动性的影响，股价的波动性可主要体现为股价的风险特征指标，包括股价崩盘风险指标和短期价格增长率指标。股价崩盘风险指标的测度主要借鉴Xu等 (2014) 对崩盘风险指标的构建方法，将日收益率的负收益偏态系数$NCSKEW$和股价日收益上下波动率差异比例系数$DUVOL$定义为两种测度崩盘风险的指标，而短期波动率指标可用周期内股价的增长率表示，因此合作持股的网络效应可用合作持股比例和股价风险特征指标的面板回归模型估计得出。同时，本书还将资金流量通过机构投资者网络的流动界定为资金流量的网络溢出效应，虽然同网络效应一致，均为合作持股行为对其他市场参与者的影响，但影响对象存在明显差异。(6) 本书同时还对机构投资者之间由不同原因导致的竞争性进行了定义，分别表示为因主动管理能力差异引起的竞争性和因投资持股风格相似导致的风格竞争性，虽然均为因争夺市场稀缺资金流量而引起的非合作性竞争关系，但会造成合作持股网络不同组别间显著的竞争特征差异。(7) 最后，本书在引入境外机构投资者时，主要使用的数据为合格境外机构投资者 (QFII) 的中国市场持股数据，用QFII来代表所有境外投资者对中国市场的参与情况。

第二，本书对中国资本市场目前的状况进行了背景介绍，发现在机构投资者不断发展的过程中，股市的波动率依旧居高不下，机构并没有起到"市场稳定器"的作用。同时，机构投资者持有现金的比例在不断减少，资金流量的供给却不断增加，证明了机构投资者在采用一些更加隐性的投资策略来应对资金流量的"非理性"基金份额交易。通过对已有经典文献的收集与整理，本书梳理了相关问题的实现机制，得出资金流量供给者同直接参与市场投资的散户交易者一样，具有"处置效应"的特征，会在投资收益急剧上涨的过程中赎回基金份额来保证已有收益，却在短期出现极端亏损时继续持有基金份额，以期股价的"回暖"和基金经理主动管理能力下的收益回归。这种收益与亏损带来的资金流量申购与赎回行为的不对称性，会通过与机构投资者直接的委托代理关系传递至机构投资行为策略中，使基金会通过主动平滑收益业绩和追随市场下跌来维持资金管理规模水平，实现管理费用收益最大化。当监管当局的政策随之调整与优化后，机构投资者主动干预所持股票价格变化的策略不再可行，并随着市场竞争性的提高，持有现金的机会成本和短期提高主动管理能力的难度都在不断增加，导致机构会选择更加隐性且稳定的合作网络方式来获得资金流量，应对市场资金流量的稀缺。但是合作持股网络投资策略的实现不仅没能通过降低资金流量对基金业绩敏感性的约束力，实现低约束下的套利与价值投资，使资产价格回归内在价值，反而会因为有能力帮助上市公司管理层掩盖负面信息而进一步平滑短期股价波动、阻碍信息向股价的传递，导致股价未来崩盘风险增加。一些研究同时证明了团体甚至会利用上市公司的"内在信息"提前离场，借助"抢跑"优势躲避下跌风险，未能躲避的则继续"砸盘"，以通过"基民"的"处置效应"来减少可能发生的份额赎回。已有研究虽然通过多种方式验证了资金流量供给者、机构投资者合作持股及合作持股对股价波动性的影响三者间的相互作用关系，为本书奠定了较高水平的理论研究基础，但未将资金流量敏感性程度与机构投资者合作持股行为联系起来去解释合作持股投资对股价风险特征指标造成的网络影响效应，对基金合作持股的资金流量敏感性驱动动机和持股导致崩盘风险的动因研究不足，也没有将网络效应进行长期和短期的区分，研究结论存在一定的争议。同时，已有研究对合作持股网络不同组别间的竞争性因素缺少深入分析，没有对机构间合作与竞争共同作用下的网络效应进行识别和检验，并且 QFII 持股参与下的合作与竞争关系网络未受到相关学者的重视，多数仅从 QFII 持股对股价波动的直接影响角度进行研究，缺乏交互项下的共同作用分析。

第三，根据现实存在的问题和已有研究的贡献及不足，本书借助绩效约束下的有限套利模型（PBA 模型）来解释资金流量对业绩敏感性、机构投资策略、标的资产价格波动三者之间的经济逻辑关系，并根据模型的推导结论证明了机构投资者如果受到来自资金流量对业绩敏感性的短期绩效约束，在参与资本市场投资时，不仅不会因存在更大的投资回报与套利机会而忽略短期波动进行"价值"回归下的投资与套利，反而会跟随市场噪声交易者认知偏差的方向进行跟随投资，防止资金流量供给者的"非理性"赎回，最终加大了标的资产价格偏离内在价值的有偏波动。PBA 模型证明了机构投资者"散户化"行为的动机，并验证了这种机构"散户化"行为会给市场带来更大程度的有偏波动，降低市场的有效性，较贴切地解释了中国市场中的波动性特征。同时，PBA 模型还验证了机构投资者套利最优化过程，认为机构投资者会依据往期资金流量对业绩敏感性的判断，决定本期持有或投资资金的比例，证明了资金的敏感性带来的绩效约束会直接影响机构投资决策，为本书回归实证提供了理论基础。

第四，本书通过三个固定效应面板模型对文中涉及的主要内容进行实证检验。首先对机构投资者合作持股投资策略的资金流量驱动机制进行了验证，通过对机构投资者网络连接的构造以及两期 Louvain 下的合作持股团体识别，本书提取出机构投资者参与合作持股网络的中心性指标，用该指标表示机构投资者在各期参与合作持股的程度大小。同时，本书利用滚动回归模型测算了各期各基金资金流量对该基金上期业绩的敏感性指标 FlowSensitivity，再借助可能影响机构投资者行为的基金特征指标以及市场收益率作为控制变量，在控制面板回归个体效应和时间效应后，本书发现了资金流量敏感性指标对机构投资者合作持股指标的正向促进作用，证明了机构投资者会因为资金流量对自身业绩不认可时表现出的高敏感性而采取合作持股投资策略，更愿意参与合作持股团体进行合作，同时也证明了机构合作持股策略会受到资金流量敏感性下的绩效约束，影响机构合作持股投资参与程度。随后，本书构建两种重仓持股连接下的空间网络矩阵，在空间面板模型的运算下估计出资金流量存在显著正向的网络溢出效应，机构投资者合作持股网络可以利用相同资产配置和同期投资行为为自身吸引更多网络中溢出的资金流量。然后，本书将 Louvain 团体识别时剔除的公开信息引致的共同持股行为定义为 RPI（Reliance on Public Information），由于其对合作持股投资的外生性和与资金流量及基金业绩的相关性，将其作为工具变量，进行二阶段工具变量回归检验，重新验证了资金流量敏感性对机构投资者合作持股策略的驱动效应，降低了主回归中可能存在内生性问题的干扰。最后，不同合作持股网络中心性指标替换下的回归检验进一步验证了章节中主回归的稳健性。

第五，本书继续通过构建股价风险特征指标和面板回归模型验证机构投资者合作持股带来的网络效应。机构投资者合作持股比例越高，股价风险特征指标之一的崩盘风险指标就越大，本书通过面板回归实证得出与已有文献相同的研究结论。但是，已有文献并未详细阐述机构投资者合作持股的主要动因，机构投资者对上市公司的参与并非是为了增加该公司股价的崩盘风险。由于各种负面情绪因素导致的持股是小概率事件，本书对机构投资者合作持股导致未来崩盘风险增加的机制进行了逐步分析。进一步分析回归结果发现，机构投资者合作持股行为虽然增加了长期出现崩盘的风险，但平滑了股价波动，显著降低了股价对上期的变动幅度，同时提高了股票的收益率，说明合作持股投资促进了股价平稳上涨。然后，通过资金流量敏感性指标替代下的二阶段工具变量回归，发现了机构投资者合作持股对股价崩盘风险更大的推动作用，证明了资金流量带来的绩效约束推动下的合作持股投资者策略会导致更大的未来崩盘风险。一系列回归结果表明，机构投资者合作持股是为了稳定资金流量，降低"非理性"赎回的可能性，满足资金委托者短期平稳业绩的要求，合作持股的网络效应传导至团体持有的公司股价，使股价在短期稳定上涨，但这种短期对股价的影响会导致股票价格对公司信息的反映不及时，最终在信息无法隐藏时就会出现崩盘风险。实证回归检验的结果证明了资金流量敏感性通过合作持股网络效应增加股价未来崩盘风险的机制，也进一步验证了已有研究中对负面信息的掩盖和机构投资者"抢跑"优势造成的踩踏等致使股价崩盘的论证。最后，本书对这一机制进行了全面的定性分析，再次阐述了机构投资者通过合作持股帮助公司管理层掩盖负面信息，并降低了"用脚投票"等交易方式带来的股价对公司内在信息的反映程度，稳定了股价，却使负面信息被不断掩盖直至集中爆发而产生崩盘风险，同时，机构投资者合作持股团体能获得更多公司内在信息，具有"抢跑"优势，能够在崩盘前撤离，未撤离成功的机构投资者则会利用资金流量的"处置效应"来跟随市场急剧下跌，进而减少资金可能出现的大规模赎回，减少自身因"非理性"赎回而产生的管理费用损失。

第六，机构投资者之间为了抢夺市场"稀缺"的资金流量，不仅具有因合作而产生的合作持股网络关系，而且会呈现出显著的竞争关系，这种竞争关系主要体现在主动管理能力差异和投资持股风格相似性两方面。本书为了更加准确地验证机构间合作持股网络的特征，利用五因子模型和窗口期1年的滚动回归构建了衡量基金主动管理能力的各期各基金五因子调整后的Alpha指标，然后用组间回归的方法识别出了不同组别间显著的管理能力差异，并同时使用不同组别的网络中心性指标组间回归结果支持验证了机构投资者合作持股网络会因主动管理能力的差异而存在竞争，进而导致机构投资者合作持股与否的策略表现出明显的差异。随后，本书依据各基金的历史持股数据和上市公司规模、账面市值比、动量因子指标测度了机构之间存在的持股风格相似性距离，风格相似性距离越小，两只基金的投资风格就越相似，基金间的竞争性就越大。在给定风格竞争性阈值后，小于竞争性距离阈值的基金构成了竞争连接，这种连接形成的竞争网络与机构合作连接形成的合作持股网络之间存在一定的重合性，说明机构投资者合作持股网络中同样存在竞争性连接关系，这就导致了网络间信息传导会在一定程度上出现竞争性阻隔，绩优股票买卖时机和强度的差异同样证明了这种信息阻隔的存在。两种机构间竞争关系使机构投资者合作持股网络中出现因竞争而产生的无效连接，在一定程度限制了合作持股给股价风险特征带来的网络效应。

第七，为检验不同资金流量敏感性对机构投资者行为策略影响的特殊性，本书将以QFII为代表的外资机构持股数据加入机构投资者合作持股与竞争网络中，用QFII代表一种不受绩效约束的特殊市场参与机构，来证明资金流量的特殊存在对机构投资者之间合作竞争关系及标的资产价格风险特征指标的影响。QFII是否参与持股可以通过虚拟变量（1或0）来表示，在与合作持股与竞争连接密度变量分别进行交互项下的面板回归检验后，本书最终证明了QFII参与下的机构投资者合作持股网络效应会受到显著的抑制，加大了公司信息向股价的传递效率。这是因为QFII相对于境内机构投资者更具备"价值投资"

和专业性，在不受资金流量敏感性约束时会以回归价值时获得的投资收益大小来进行持股与否的判断，这种主动管理能力强的机构并不会过多地参与到境内机构的合作持股网络中，且投资风格也存在较大差异，最终处于一种合作与竞争参与程度都不高的状态。此时的 QFII 对境内合作持股与竞争关系都起到一定的抑制作用，却不会真正扭转境内机构原有的合作与竞争状态，也不会真正改善国内市场长期异常波动的现状。

7.2　政策建议

本书通过以上七个主要部分对资金流量敏感性带来的绩效约束下机构投资者合作持股及合作持股网络效应进行了全面的分析与探索，验证了机构投资者合作持股策略的资金流量敏感性驱动因素的影响，以及这种驱动因素带来的绩效约束下，合作持股行为对标的资产价格的网络效应，证明了机构投资者会帮助上市公司管理层掩盖负面信息来平滑短期股价波动，以满足资金流量的短期业绩需求，却因在长期增加了股价信息不透明程度，最终加大了股价未来出现崩盘的风险。机构投资者合作持股的这种网络效应会因机构投资者之间的竞争性而削弱，却依旧在中国资本市场中普遍存在。因此，从监管角度，本书提出了以下几点政策建议。

第一，对于境内机构投资者，监管层应该更加关注机构投资者的隐性合作网络联系，要从共同持股的动机出发，防止合作下的机构间"私有信息"的过度传递，以及通过合作持股团体来扩大对公司的影响力，甚至与上市公司合谋来获取内在信息。可适度地通过调整评级标准，在合作持股机构间引入竞争机制，降低合作持股网络效应带来的股价崩盘风险。同时，监管层应完善绩效激励机制，将更多长期绩效作为评级或"排名"标准，提高"价值投资"的评级占比，不要再片面地以短期简单净值增长率作为重要考核指标，通过改善机构考核机制来引导资金管理人调整投资策略，以最终降低机构投资者损害资金委托人利益和为获得更多管理费收入而加大市场波动的可能性。

第二，对参与基金市场交易的基金份额持有人（"基民"）应加强金融知识教育，提高个人对风险的判断和识别能力。"基民"的"处置效应"和"跟风"投资带来的"非理性"交易行为会直接影响机构的投资决策，最终通过机构持股传递至标的资产价格之中，导致股价出现更大程度的内在价值偏离。因此通过对"基民"的教育为市场提供更加长效的资金流量刻不容缓。

第三，虽然对外资权限的放宽能改善国内市场环境，但外资机构持股的目的并不是帮助中国市场减少波动，追求价值回归，其反而会利用与境内机构若即若离的关系，通过市场波动性来获得更高的套利收益，且并不会也不愿深入影响境内机构的投资策略，仅存的微弱的影响不足以真正改善市场环境。因此应该有条件且更加规范地放宽外资机构的权限，而非盲目地引入。

参 考 文 献

［1］艾洪德，刘聪．基金经理个人特征与基金投资风格［J］．财贸经济，2008（12）：26－31．

［2］薄仙慧，吴联生．国有控股与机构投资者的治理效应：盈余管理视角［J］．经济研究，2009（2）：81－91．

［3］蔡庆丰，宋友勇．超常规发展的机构投资者能稳定市场吗？——对我国基金业跨越式发展的反思［J］．经济研究，2010，45（1）：90－101．

［4］蔡庆丰，宋友勇．金融中介的利益冲突、自我膨胀与经济增长：实证研究与理论反思［J］．金融评论，2009，1（1）：99，108，126．

［5］蔡庆丰．代理投资、道德风险与市场效率［D］．厦门：厦门大学博士学位论文，2006．

［6］曹丰，鲁冰，李争光，等．机构投资者降低了股价崩盘风险吗？［J］．会计研究，2015（11）：55－61．

［7］曹胜，朱红军．王婆贩瓜：券商自营业务与分析师乐观性［J］．管理世界，2011（7）：20－30．

［8］陈德萍，陈永圣．股权集中度、股权制衡度与公司绩效关系研究——2007~2009年中小企业板块的实证检验［J］．会计研究，2011（1）：38－43．

［9］陈名芹，刘星，辛清泉．上市公司现金股利不平稳影响投资者行为偏好吗？［J］．经济研究，2017（6）：90－104．

［10］陈胜蓝，卢锐．股权分置改革、盈余管理与高管薪酬业绩敏感性［J］．金融研究，2012（10）：180－190．

［11］陈霞．基金经理性别对基金业绩和投资风格的影响［D］．上海：复旦大学硕士学位论文．2010．

［12］陈新春，刘阳，罗荣华．机构投资者信息共享会引来黑天鹅吗？——基金信息网络与极端市场风险［J］．金融研究，2017（7）：140－155．

［13］陈信元，黄俊．股权分置改革、股权层级与企业绩效［J］．会计研究，2016（1）：56-62.

［14］程天笑，刘莉亚，关益众．QFII 与境内机构投资者羊群行为的实证研究［J］．管理科学，2014，27（4）：110-122.

［15］褚剑，方军雄．中国式融资融券制度安排与股价崩盘风险的恶化［J］．经济研究，2016（5）：143-158.

［16］代昀昊，唐齐鸣，刘莎莎．机构投资者、信息不对称与股价暴跌风险［J］．投资研究，2015，34（1）：50-64.

［17］杜威望，刘雅芳．传染的周转率与基金业绩波动关系研究［J］．财贸经济，2018，39（1）：70-83.

［18］冯根福，刘虹，冯照桢，等．股票流动性会促进我国企业技术创新吗？［J］．金融研究，2017（3）：192-206.

［19］高凤莲，王志强．独立董事个人社会资本异质性的治理效应研究［J］．中国工业经济，2016（3）：146-160.

［20］高昊宇，杨晓光，叶彦艺．机构投资者对暴涨暴跌的抑制作用：基于中国市场的实证［J］．金融研究，2017（2）：163-178.

［21］葛瑶．机构投资者抱团行为与上市公司盈余管理［D］．厦门：厦门大学硕士学位论文，2019.

［22］郭白滢，李瑾．机构投资者信息共享与股价同步性——基于社会关系网络的分析［J］．金融经济学研究，2018，33（4）：87-97.

［23］郭晓冬，柯艳蓉，吴晓晖．坏消息的掩盖与揭露：机构投资者网络中心性与股价崩盘风险［J］．经济管理，2018，40（4）：152-169.

［24］郭晓冬，王攀，吴晓晖．机构投资者网络团体与公司非效率投资［J］．世界经济，2020，43（4）：169-192.

［25］何兴强，李涛．不同市场态势下股票市场的非对称反应——基于中国上证股市的实证分析［J］．金融研究，2007（8）：131-140.

［26］侯宇，叶冬艳．机构投资者、知情人交易和市场效率——来自中国资本市场的实证证据［J］．金融研究，2008（4）：131-145.

［27］孔东民，冯智坚．股票市场的有限套利：一个行为金融模型［J］．管理学报，2007，4（1）：67.

［28］孔东民，刘莎莎，谭伟强．分析师评级与投资者交易行为［J］．管理世界，2019，35（1）：174-185，235．

［29］孔东民，王江元．机构投资者竞争与公司业绩［J］．证券市场导报，2016（3）：11-16．

［30］雷倩华，柳建华，龚武明．机构投资者持股与流动性成本——来自中国上市公司的经验证据［J］．金融研究，2012（7）：182-195．

［31］李春涛，刘贝贝，周鹏，张璇．它山之石：QFII与上市公司信息披露［J］．金融研究，2018（12）：138-156．

［32］李建国．中国金融监管制度的远期目标及其路径选择［J］．华南金融研究，2003（6）：10-13．

［33］李蕾，韩立岩．价值投资还是价值创造？——基于境内外机构投资者比较的经验研究［J］．经济学（季刊），2014，13（1）：351-372．

［34］李祥文，吴文锋．基金业绩排名与期末业绩拉升［J］．管理世界，2018，34（9）：33-45，191．

［35］李小荣，刘行．CEO vs CFO：性别与股价崩盘风险［J］．世界经济，2012（12）：104-131．

［36］李曜，于进杰．开放式基金赎回机制的外部效应［J］．财经研究，2004（12）．

［37］李增福，林盛天，连玉君．国有控股、机构投资者与真实活动的盈余管理［J］．管理工程学报，2013，27（3）：35-44．

［38］李增泉，叶青，贺卉．企业关联、信息透明度与股价特征［J］．会计研究，2011（1）：46-53，97．

［39］李志冰，刘晓宇．基金业绩归因与投资者行为［J］．金融研究，2019（2）：188-206．

［40］梁上坤．机构投资者持股会影响公司费用粘性吗？［J］．管理世界，2008，34（12）：133-148．

［41］林乐，郑登津．退市监管与股价崩盘风险［J］．中国工业经济，2016（12）：60-76．

［42］林长泉，毛新述，刘凯璇．董秘性别与信息披露质量——来自沪深A股市场的经验证据［J］．金融研究，2016（9）．

［43］刘成彦，胡枫，王皓．QFII 也存在羊群行为吗？［J］．金融研究，2007（10）：114 – 125.

［44］刘京军，刘彦初，熊和平．基金竞争与泡沫资产配置的模仿行为研究［J］．管理科学学报，2018，21（2）：114 – 126.

［45］刘京军，苏楚林．传染的资金：基于网络结构的基金资金流量及业绩影响研究［J］．管理世界，2016，268（1）：54 – 65.

［46］刘京军，徐浩萍．机构投资者：长期投资者还是短期机会主义者？［J］．金融研究，2012（9）：141 – 154.

［47］刘京军，苏楚林．传染的资金：基于网络结构的基金资金流量及业绩影响研究［J］．管理世界，2016（1）：54 – 65.

［48］刘莎莎，刘玉珍，唐涯．信息优势、风险调整与基金业绩［J］．管理世界，2013（8）：73 – 82.

［49］刘星，吴先聪．机构投资者异质性、企业产权与公司绩效——基于股权分置改革前后的比较分析［J］．中国管理科学，2011，19（5）：182 – 192.

［50］刘阳，陈新春，罗荣华．投资者行为与基金业绩：基于未预期资金流冲击的视角［J］．投资研究，2015，34（10）：18 – 36.

［51］刘志远，姚颐．开放式基金的"赎回困惑"现象研究［J］．证券市场导报，2005（2）：37 – 41.

［52］娄清青，李华，孙秋柏．机构投资"抱团"行为的社会网络研究［J］．数学的实践与认识，2020，50（17）：44 – 52.

［53］卢锐，魏明海，黎文靖．管理层权力、在职消费与产权效率——来自中国上市公司的证据［J］．南开管理评论，2008，11（5）：85 – 92.

［54］卢锐，魏明海，黎文靖．管理层权力、在职消费与产权效率——来自中国上市公司的证据［J］．南开管理评论，2008（5）：85 – 92，112.

［55］陆蓉，陈百助，徐龙炳，谢新厚．基金业绩与投资者的选择——中国开放式基金赎回异常现象的研究［J］．经济研究，2007（6）：39 – 50.

［56］陆蓉，徐龙炳．"牛市"和"熊市"对信息的不平衡性反应研究［J］．经济研究，2004（3）：65 – 72.

［57］陆瑶，朱玉杰，胡晓元．机构投资者持股与上市公司违规行为的实证

研究［J］．南开管理评论，2012（1）：13-23.

［58］罗荣华，田正磊．基金网络、竞争阻隔与股票信息环境［J］．中国工业经济，2020（3）：137-154.

［59］罗荣华，陈新春，刘阳．资金流波动、基金流动性配置与基金业绩［J］．证券市场导报，2017（11）：49-60，77.

［60］罗荣华，田正磊，方红艳．"和而不群"还是"卓尔不群"？——基于基金网络信息使用的视角［J］．金融研究，2020（8）：188-206.

［61］孟庆斌，吴卫星，于上尧．基金经理职业忧虑与其投资风格［J］．经济研究，2015（3）：115-130.

［62］孟庆斌，杨俊华，鲁冰．管理层讨论与分析披露的信息含量与股价崩盘风险——基于文本向量化方法的研究［J］．中国工业经济，2017（12）：132-150.

［63］潘越，戴亦一，陈梅婷．基金经理的投资经验、交易行为与股市泡沫［J］．中国工业经济，2011（1）：120-129.

［64］潘越，戴亦一，林超群．信息不透明、分析师关注与个股暴跌风险［J］．金融研究，2011（9）：138-151.

［65］潘越，戴亦一，刘思超．我国承销商利用分析师报告托市了吗？［J］．经济研究，2011（3）：131-144.

［66］祁斌，黄明，陈卓思．机构投资者与股市波动性［J］．金融研究，2006（9）：54-64.

［67］綦好东，乔琳，曹伟．基金网络关系强度与公司非效率投资［J］．财贸经济，2019，40（5）：66-82.

［68］权小锋，吴世农，文芳．管理层权力、私有收益与薪酬操纵［J］．经济研究，2010，45（11）：73-87.

［69］饶育蕾，许军林，梅立兴，刘敏．QFII持股对我国股市股价同步性的影响研究［J］．管理工程学报，2013，27（2）：202-208.

［70］任淮秀，汪涛．我国开放式基金赎回行为的实证分析［J］．经济理论与经济管理，2007（6）：42-47.

［71］盛军锋，邓勇，汤大杰．中国机构投资者的市场稳定性影响研究［J］．金融研究，2008（9）：143-151.

［72］史永东，王谨乐．中国机构投资者真的稳定市场了吗？［J］．经济研究，2014（12）：100－112.

［73］宋军，吴冲锋．基于分散度的金融市场的羊群行为研究［J］．经济研究，2001（11）：21－27.

［74］宋军，吴冲锋．证券市场中羊群行为的比较研究［J］．统计研究，2001（11）：23－27.

［75］孙培源，施东晖．基于 CAPM 的中国股市羊群行为研究——兼与宋军，吴冲锋先生商榷［J］．经济研究，2002（2）：64－70.

［76］孙培源，施东晖．基于 CAPM 的中国股市羊群行为研究——兼与宋军、吴冲锋先生商榷［J］．经济研究，2002（2）：64－70，94.

［77］唐跃军，宋渊洋．价值选择 VS 价值创造——来自中国市场机构投资者的证据［J］．经济学（季刊），2010，9（2）：609－632.

［78］陶士贵，范佳奕．QFII、人民币汇率与股票价格的动态关系——基于 TVP－SV－VAR 模型的实证分析［J］．上海经济研究，2018（2）：61－73.

［79］田正磊，罗荣华，刘阳．信息传递、集体踩踏与系统性尾部风险［J］．经济学（季刊），2019，18（3）：897－918.

［80］汪慧建，张兵，周安宁．中国开放式基金赎回异象的实证研究［J］．南方经济，2007（8）：65－73.

［81］王化成，曹丰，高升好，等．投资者保护与股价崩盘风险［J］．财贸经济，2014，35（10）：73－82.

［82］王化成，曹丰，叶康涛．监督还是掏空：大股东持股比例与股价崩盘风险［J］．管理世界，2015（2）：45－57.

［83］王化成，曹丰，叶康涛．监督还是掏空：大股东持股比例与股价崩盘风险［J］．管理世界，2015（2）：45－57，187.

［84］王清刚，胡亚君．管理层权力与异常高管薪酬行为研究［J］．中国软科学，2011（10）：166－175.

［85］王雪，郭庆云，罗荣华．基于信息网络视角的机构持股与盈余公告市场反应研究［J］．中国软科学，2018，335（11）：177－188.

［86］王亚平，刘慧龙，吴联生．信息透明度、机构投资者与股价同步性［J］．金融研究，2009（12）：162－174.

［87］王咏梅，王亚平．机构投资者如何影响市场的信息效率——来自中国的经验证据［J］．金融研究，2011（10）：112-126．

［88］吴晓晖，郭晓冬，乔政．机构投资者抱团与股价崩盘风险［J］．中国工业经济，2019，371（2）：119-137．

［89］吴晓晖，郭晓冬，乔政．机构投资者网络中心性与股票市场信息效率［J］．经济管理，2020（6）：155-173．

［90］伍旭川，何鹏．中国开放式基金羊群行为分析［J］．金融研究，2005（5）：60-69．

［91］肖继辉，彭文平．基金经理特征与投资能力、投资风格的关系［J］．管理评论，2012，24（7）：40-48．

［92］肖峻．股市周期与基金投资者的选择［J］．经济学季刊，2013（3）：1299-1320．

［93］肖峻，石劲．基金业绩与资金流量：我国基金市场存在"赎回异象"吗？［J］．经济研究，2011，46（1）：112-125．

［94］肖欣荣，刘健，赵海健．机构投资者行为的传染——基于投资者网络视角［J］．管理世界，2012（12）：41-51．

［95］肖泽忠，邹宏．中国上市公司资本结构的影响因素和股权融资偏好［J］．经济研究，2008（6）：119-134．

［96］徐龙炳，顾力绘．基金经理逆境投资能力与基金业绩［J］．财经研究，2019，45（8）：127-139．

［97］徐琼，赵旭．我国基金经理投资行为实证研究［J］．金融研究，2008（8）：145-155．

［98］许年行，江轩宇，伊志宏，等．分析师利益冲突、乐观偏差与股价崩盘风险［J］．经济研究，2012（7）：128-141．

［99］许年行，于上尧，伊志宏．机构投资者羊群行为与股价崩盘风险［J］．管理世界，2013（7）：31-43．

［100］杨海燕，韦德洪，孙健．机构投资者持股能提高上市公司会计信息质量吗？——兼论不同类型机构投资者的差异［J］．会计研究，2012（9）：16-23，96．

［101］杨汉明．股权集中度、现金股利与企业价值的实证分析［J］．财

贸经济，2008（8）：69 – 74.

［102］杨清香，俞麟，胡向丽. 不同产权性质下股权结构对投资行为的影响——来自中国上市公司的经验证据［J］. 中国软科学，2010（7）：142 – 150.

［103］姚颐，高兴. 明星基金具备明星效应吗？［J］. 财经研究，2013，39（6）：93 – 105.

［104］姚颐，刘志远. 我国开放式基金赎回行为的实证研究［J］. 经济科学，2004（5）：48 – 57.

［105］英定文. 开放式证券投资基金风险管理系统研究［J］. 财经论丛，2003（3）：59 – 63.

［106］于上尧，王雪，伊志宏. "抱团"能否"取暖"——基金经理的选股策略与基金业绩［J］. 经济学报，2015，2（4）：82 – 109.

［107］袁鲲，段军山，沈振宇. 股权分置改革、监管战略与中国股市波动性突变［J］. 金融研究，2014（6）：162 – 176.

［108］张惠琳，倪骁然. QFII 持股如何影响企业创新：来自上市企业专利及研发的证据［J］. 金融学季刊，2017，11（2）：1 – 29.

［109］张建江，周长鸣. 开放式基金赎回问题的再研究［J］. 工业技术经济，2009，28（1）：154 – 157.

［110］张宗新，缪婧倩. 基金流量与基金投资行为——基于动态面板数据模型的实证研究［J］. 金融研究，2012（4）：110 – 123.

［111］赵秀娟，汪寿阳. 基金经理在多大程度上影响了基金业绩？——业绩与个人特征的实证检验［J］. 管理评论，2010，22（1）：3 – 12.

［112］朱相平，彭田田. QFII 持股对中国股票市场稳定性的影响——基于中美贸易摩擦背景下的研究［J］. 宏观经济研究，2019（5）：60 – 73，88.

［113］左大勇，陆蓉. 理性程度与投资行为——基于机构和个人基金投资者行为差异研究［J］. 财贸经济，2013（10）：59 – 69.

［114］Abreu D, Brunnermeier M K. Bubbles and Crashes［J］. Econometrica，2003，71（1）：173 – 204.

［115］Admatia R, Pfleiderer P. The "Wall Street Walk" and Shareholder Activism: Exit as a Form of Voice［J］. The Review of Financial Studies，2009，22（7）：2645 – 2685.

［116］Agarwal V, Daniel N D, Naik N Y. Do Hedge Funds Manage Their Reported Returns? ［J］. The Review of Financial Studies, 2011, 24 （10）: 3281 – 3320.

［117］Agarwal V, Green T C, Ren H. Alpha Or Beta in the Eye of the Beholder: What Drives Hedge Fund Flows? ［J］. Journal of Financial Economics, 2018, 127 （3）: 417 – 434.

［118］Akins B K, Ng J, Verdi R S. Investor Competition Over Information and the Pricing of Information Asymmetry ［J］. The Accounting Review, 2012, 87 （1）: 35 – 58.

［119］Allen F. Do Financial Institutions Matter? ［J］. The Journal of Finance, 2001, 56 （4）: 1165 – 1175.

［120］Arnold L G. Anything Is Possible: on the Existence and Uniqueness of Equilibria in the Shleifer – Vishny Model of Limits of Arbitrage ［J］. Review of Finance, 2009, 13 （3）: 521 – 553.

［121］Assenza S, Gómez – Gardeñes J, Latora V. Enhancement of Cooperation in Highly Clustered Scale – Free Networks ［J］. Physical Review E, 2008, 78 （1）: 017101.

［122］Avery C, Zemsky P. Multidimensional Uncertainty and Herd Behavior in Financial Markets ［J］. American Economy Review, 1998 （88）: 724 – 748.

［123］Bajo E, Chemmanur T J, Simonyan K, et al. Underwriter Networks, Investor Attention, and Initial Public Offerings ［J］. Journal of Financial Economics, 2016, 122 （2）: 376 – 408.

［124］Banerjee A V. A Simple Model of Herd Behavior ［J］. Quarterly Journal of Economics, 1992 （3）: 797 – 817.

［125］Barber B M, Huang X, Odean T. Which Factors Matter to Investors? Evidence from Mutual Fund Flows ［J］. The Review of Financial Studies, 2016, 29 （10）: 2600 – 2642.

［126］Baumol W, Panzar J, Willig R. Contestable Markets and the Theory of Industrial Structure ［M］. New York: Harcourt Brace Jovanovich. Inc, 1982.

［127］Bekaert G, Harvey C R. Foreign Speculators and Emerging Equity Markets [J]. The Journal of Finance, 2000, 55 (2): 565 - 613.

[128] Berk J B, Green R C. Mutual Fund Flows and Performance in Rational Markets [J]. Journal of Political Economy, 2004, 112 (6): 1269 - 1295.

[129] Bharath S T, Jayaraman S, Nagar V. Exit as Governance: An Empirical Analysis [J]. The Journal of Finance, 2013, 68 (6): 2515 - 2547.

[130] Bikhchandani S, Hirshleifer D, Welch I. A Theory of Fads, Fashion, Custom, and Cultural Change As Information Cascades [J]. Journal of Political Economy, 1992 (5): 992 - 1026.

[131] Bikhchandani S, Sharma S. Herd Behavior in Financial Markets [Z]. IMF Staff Papers, 2000, 47: 279 - 310.

[132] Black B S, Coffee Jr J C. Hail Britannia: Institutional Investor Behavior Under Limited Regulation [J]. Michigan Law Review., 1993, 92 (7).

[133] Black F. Studies of Stock Price Volatility Changes [C]. Proceedings of the 1976 Meetings of the Business and Economic Statistics Section, American Statistical Association, Washington DC, 1976: 177 - 191.

[134] Blanchard O J, Watson M W. Bubbles, Rational Expectations and Financial Markets [R]. Nber Working Paper, 1982 (W0945).

[135] Blanco H, Garber P M. Recurrent Devaluation and Speculative Attacks on the Mexican Peso [J]. Journal of Political Economy, 1986, 94 (1): 148 - 166.

[136] Bleck A, Liu X. Market Transparency and the Accounting Regime [J]. Journal of Accounting Research, 2007, 45 (2): 229 - 256.

[137] Blocher J. Network Externalities in Mutual Funds [J]. Journal of Financial Markets, 2016, 30: 1 - 26.

[138] Blocher J. Peer Effects in Mutual Funds [D]. Phd Thesis, 2013.

[139] Blondel V D, Guillaume J L, Lambiotte R, et al. Fast Unfolding of Communities in Large Networks [J]. Journal of Statistical Mechanics: Theory and Experiment, 2008, 2008 (10).

[140] Bonacich P. Factoring and Weighting Approaches to Status Scores and Clique Identification [J]. Journal of Mathematical Sociology, 1972, 2 (1): 113 - 120.

［141］Brandon R G, Wang S. Liquidity Risk, Return Predictability, and Hedge Funds' Performance: An Empirical Study ［J］. Journal of Financial and Quantitative Analysis, 2013, 48（1）: 219 - 244.

［142］Brennan M J, Li F. Agency and Asset Pricing ［J/OL］. ［2008 - 03 - 11］. http: //ssrn. com/abstract = 1104546.

［143］Brown K C, Harlow W V, Starks L T. Of Tournaments and Temptations: An Analysis of Managerial Incentives in the Mutual Fund Industry ［J］. The Journal of Finance, 1996, 51（1）: 85 - 110.

［144］Brown N C, Wei K D, Wermers R. Analyst Recommendations, Mutual Fund Herding, and Overreaction in Stock Prices ［J］. Management Science, 2014, 60（1）: 1 - 20.

［145］Brown S J, Goetzmann W N. Mutual Fund Styles ［J］. Journal of Financial Economics, 1997, 43（3）: 373 - 399.

［146］Bulkley G, Tonks I. Are UK Stock Prices Excessively Volatile? Trading Rules and Variance Bound Tests ［J］. The Economic Journal, 1989, 99（398）: 1083 - 1098.

［147］Bushee B J, Goodman T H. Which Institutional Investors Trade Based on Private Information about Earnings and Returns? ［J］. Journal of Accounting Research, 2007, 45（2）: 289 - 321.

［148］Callen J L, Fang X. Institutional Investor Stability and Crash Risk: Monitoring Versus Short - Termism? ［J］. Journal of Banking & Finance, 2013, 37（8）: 3047 - 3063.

［149］Callen J L, Fang X. Religion and Stock Price Crash Risk ［J］. Journal of Financial & Quantitative Analysis, 2015, 50（1 - 2）: 169 - 195.

［150］Calvo G A, Mendoza E G. Rational Contagion and the Globalization of Securities Markets ［J］. Journal of International Economics, 2000, 51（1）: 79 - 113.

［151］Campbell J Y, Ramadorai T, Ranish B. Getting Better or Feeling Better? How Equity Investors Respond to Investment Experience ［R］. National Bureau of Economic Research, 2014.

[152] Cao J, Hsu J C, Xiao Z, et al. How Do Smart Beta ETFs Affect the Asset Management Industry? Evidence from Mutual Fund Flows [J]. Social Science Research Network, 2017.

[153] Caplin A, Leahy J. Business as Usual, Market Crashes, and Wisdom After the Fact [J]. The American Economic Review, 1994, 84 (3).

[154] Chan L K C, Chen H L, Lakonishok J. On Mutual Fund Investment Styles [J]. The Review of Financial Studies, 2002, 15 (5): 1407 – 1437.

[155] Chan L K C, Dimmock S G, Lakonishok J. Benchmarking Money Manager Performance: Issues and Evidence [J]. The Review of Financial Studies, 2009, 22 (11): 4553 – 4599.

[156] Chen X, Harford J, Li K. Monitoring: Which Institutions Matter? [J]. Journal of Financial Economics, 2007, 86 (2): 279 – 305.

[157] Chen, J., Hong, H., Stein, C. J. Forecasting Crashes: Trading Volume, Past Returns and Conditional Skewness in Stock Price [J]. Journal of Financial Economics, 2001 (61): 345 – 381.

[158] Chevalier, J., Ellison, G. Career Concerns of Mutual Fund Managers [J]. Quarterly Journal of Economics, 1999 (2): 389 – 432.

[159] Chowanry B, Nanda V. Leverage and Market Stability: the Role of Margin Rules and Price Limit [J]. Journal of Business, 1998, 71: 179 – 210.

[160] Christie A A. The Stochastic Behavior of Common Stock Variances: Value, Leverage and Interest Rate Effects [J]. Journal of Financial Economics, 1982, 10 (4): 407 – 432.

[161] Cohen L, Frazzini A, Malloy C. The Small World of Investing: Board Connections and Mutual Fund Returns [J]. Journal of Political Economy, 2008, 116 (5): 951 – 979.

[162] Colla P, Mele A. Information Linkages and Correlated Trading [J]. The Review of Financial Studies, 2010, 23 (1): 203 – 246.

[163] Constantinides G M. Capital Market Equilibrium with Transaction Costs [J]. Journal of Political Economy, 1986, 94 (4): 842 – 862.

[164] Cornell B, Roll R. A Delegated – Agent Asset – Pricing Model [J].

Financial Analysts Journal, 2005, 61 (1): 57 - 69.

[165] Crane A D, Koch A, Michenaud S. Institutional Investor Cliques and Governance [J]. Journal of Financial Economics, 2019, 133 (1): 175 - 197.

[166] Crawford S S, Gray W R, Kern a E. Why Do Fund Managers Identify and Share Profitable Ideas? [J]. Journal of Financial & Quantitative Analysis, 2017, 52 (5).

[167] Cremers M, Pareek A, Sautner Z. Short - Term Investors, Long - Term Investments, and Firm Value [J]. Recuperado El, 2017, 15: 39.

[168] Dang T L, Faff R W, Luong H, and Lily Nguyen. National Culture and Stock Price Crash Risk [R]. EFMA Meeting Papers, 2017, No. 2017_ 0376.

[169] Daniel K D, Hirshleifer D A, Subrahmanyam A. A Theory of Overconfidence, Self - Attribution, and Security Market Under - and Over - Reactions [J]. Self - Attribution, and Security Market Under - and Over - Reactions (February 19, 1997), 1997.

[170] De Bondt W F M, Thaler R. Does the Stock Market Overreact? [J]. The Journal of Finance, 1985, 40 (3): 793 - 805.

[171] De Long J B, Shleifer a, Summers L H, et al. The Survival of Noise Traders in Financial Markets [J]. The Journal of Business, 1991, 64.

[172] De Long J B, Shleifer A, Summers L, et al. The Size and Incidence of the Losses from Noise Trading [J]. Journal of Finance, 1989, 44: 681 - 696.

[173] Dechow P M, Sloan R G, Sweeney A P. Detecting Earnings Management [J]. Accounting Review, 1995, 70 (2): 193 - 225.

[174] Del Guercio D, Tkac P A. Star Power: the Effect of Morningstar Ratings on Mutual Fund Flows [M]. Cambridge University Press, 2009.

[175] Diebold F X, Yilmaz K. Macroeconomic Volatility and Stock Market Volatility, Worldwide [R]. National Bureau of Economic Research, 2008.

[176] Dooley M P. A Model of Crises in Emerging Markets [J]. The Economic Journal, 2000, 110 (460): 256 - 272.

[177] James Dow, Gany Gorton. Arbitrage Chains [J]. Journal of Finance, 1994, 49 (3): 819 - 849.

[178] Edmans A, Fang V W, Zur E. The Effect of Liquidity on Governance [J]. The Review of Financial Studies, 2013, 26 (6): 1443 – 1482.

[179] Edmans A, Manso G. Governance Through Trading and Intervention: a Theory of Multiple Blockholders [J]. The Review of Financial Studies, 2011, 24 (7): 2395 – 2428.

[180] Edmans A. Blockholder Trading, Market Efficiency, and Managerial Myopia [J]. The Journal of Finance, 2009, 64 (6): 2481 – 2513.

[181] El – Khatib R, Fogel K, Jandik T. CEO Network Centrality and Merger Performance [J]. Journal of Financial Economics, 2015, 116 (2): 349 – 382.

[182] Fama E F, French K R. Common Risk Factors in the Returns on Stocks and Bonds [J]. Journal of Financial Economics, 1993, 33 (1): 3 – 56.

[183] Fama E F, French K R. Industry Costs of Equity [J]. Journal of Financial Economics, 1997, 43 (2): 153 – 193.

[184] Ferreira M A, Matos P. The Colors of Investors' Money: The Role of Institutional Investors Around the World [J]. Journal of Financial Economics, 2008, 88 (3): 499 – 533.

[185] Festinger, L. A Theory of Cognitive Dissonance [M]. Stanford University Press, 1957: 164 – 165.

[186] Field L C, Lowry M. Institutional Versus Individual Investment in IPOs: The Importance of Firm Fundamentals [J]. Journal of Financial and Quantitative Analysis, 2009: 489 – 516.

[187] Firth M, Gao J, Shen J, et al. Institutional Stock Ownership and Firms' Cash Dividend Policies: Evidence from China [J]. Journal of Banking & Finance, 2016, 65: 91 – 107.

[188] Folkinshteyn D, Meric G, Meric I. Investor Reaction in Stock Market Crashes and Post – Crash Market Reversals [J]. The International Journal of Business and Finance Research, 2015, 9 (5): 57 – 70.

[189] Foster F D, Viswanathan S. Strategic Trading When Agents Forecast the Forecasts of Others [J]. The Journal of Finance, 1996, 51 (4): 1437 – 1478.

[190] Foster F D, Viswanathan S. Strategic Trading with Asymmetrically Informed Traders and Long – Lived Information [J]. Journal of Financial and Quantitative Analysis, 1994, 29 (4): 499 – 518.

[191] French K R, Schwert G W, Stambaugh R F. Expected Stock Returns and Volatility [J]. Journal of Financial Economics, 1987, 19 (1): 3 – 29.

[192] Froot K A, Scharfstein D S, Stein J C. Herdon the Street: Informational Inefficiencies in a Market with Short - Term Speculation [J]. The Journal of Finance, 1992, 47 (4): 1461 – 1484.

[193] Gabaix X, Gopikrishnan P, Plerou V, et al. A Theory of Power – Law Distributions in Financial Market Fluctuations [J]. Nature, 2003, 423 (6937): 267 – 270.

[194] Gennotte G, Leland H. Market Liquidity, Hedging, and Crashes [J]. The American Economic Review, 1990, 80 (5): 999 – 1021.

[195] Gervais S, Odean T. Learning to Be Overconfident [J]. The Review of Financial Studies, 2001, 14 (1): 1 – 27.

[196] Gillan S L, Starks L T. Corporate Governance Proposals and Shareholder Activism: the Role of Institutional Investors [J]. Journal of Financial Economics, 2000, 57 (2): 275 – 305.

[197] Gorton G B. The Panic of 2007 [R]. National Bureau of Economic Research, 2008.

[198] Grinblatt M, Titman S, Wermers R. Momentum Investment Strategies, Portfolio Performance, and Herding: A Study of Mutual Fund Behavior [J]. The American Economic Review, 1995, 85 (5): 1088 – 1105.

[199] Harris L E, Hartzmark S M, Solomon D H. Juicing the Dividend Yield: Mutual Funds and the Demand for Dividends [J]. Journal of Financial Economics, 2015, 116 (3): 433 – 451.

[200] Hoberg G, Kumar N, Prabhala N. Mutual Fund Competition, Managerial Skill, and Alpha Persistence [J]. The Review of Financial Studies, 2018, 31 (5): 1896 – 1929.

[201] Holden C W, Subrahmanyam A. Long - Lived Private Information and

Imperfect Competition [J]. The Journal of Finance, 1992, 47 (1): 247 – 270.

[202] Hong H, Kubik J D, Stein J C. The Neighbor's Portfolio: Word – of – Mouth Effects in the Holdings and Trades of Money Managers [J]. The Journal of Finance, 2005, 60 (6): 2801 – 2824.

[203] Hong H, Stein J C. A Unified Theory of Underreaction, Momentum Trading, and Overreaction in Asset Markets [J]. The Journal of Finance, 1999, 54 (6): 2143 – 2184.

[204] Hutton A P, Marcus A J, Tehranian H. Opaque Financial Report, R^2, and Crash Risk [J]. Journal of Financial Economics, 2009, 94 (1): 67 – 86.

[205] Jin L, Myers S C. R^2 Around the World: New Theory and New Tests [J]. Journal of Financial Economics, 2006, 79 (2): 257 – 292.

[206] Jiang H. Institutional Investors, Intangible Information, and the Book – to – Market Effect [J]. Journal of Financial Economics, 2010, 96 (1): 98 – 126.

[207] Kacperczyk M, Seru A. Fund Manager Use of Public Information: New Evidence on Managerial Skills [J]. The Journal of Finance, 2007, 62 (2): 485 – 528.

[208] Kahn C, Winton A. Ownership Structure, Speculation, and Shareholder Intervention [J]. The Journal of Finance, 1998, 53 (1): 99 – 129.

[209] Kim J B, Li Y, Zhang L. Corporate Tax Avoidance and Stock Price Crash Risk: Firm – Level Analysis [J]. Journal of Financial Economics, 2011, 100 (3): 639 – 662.

[210] Kim O, Verrecchia R E. The Relation Among Disclosure, Returns, and Trading Volume Information [J]. The Accounting Review, 2001, 76 (4): 633 – 654.

[211] King M A, Wadhwani S. Transmission of Volatility Between Stock Markets [J]. The Review of Financial Studies, 1990, 3 (1): 5 – 33.

[212] Kodres L E, Pritsker M. A Rational Expectations Model of Financial Contagion [J]. The Journal of Finance, 2002, 57 (2): 769 – 799.

[213] Kothari S P, Shu S, Wysocki P D. Do Managers Withhold Bad News? [J]. Journal of Accounting Research, 2009, 47 (1): 241 – 276.

［214］Kraus, A., Stoll, H. R. Parallel Trading by Institutional Investors ［J］. Journal of Financial and Quantitative Analysis, 1972, 7: 2107 - 2138.

［215］Krugman P. Are Currency Crises Self - Fulfilling? ［J］. Nber Macroeconomics Annual, 1996, 11: 345 - 378.

［216］Kacperczyk M, Seru A. Fund Manager Use of Public Information: New Evidence on Managerial Skills ［J］. The Journal of Finance, 2007, 62 (2): 485 - 528.

［217］Kupiec, Paul H, Sharpe, et al. Animal Spirits, Mar - Gin Requirements, and Stock Price Volatility ［J］. Journal of Finance, 1991, 46 (2): 717 - 731.

［218］Kyle A S. Continuous Auctions and Insider Trading ［J］. Econometrica. 1985, 53 (6): 1315 - 1335.

［219］Lakonishok J A, Shleifer A, Vishny R W. The Impact of Institutional Trading on Stock Price ［J］. Journal of Financial Economics, 1992, 32: 23 - 43.

［220］Lambiotte R, Blondel V D, De Kerchove C, et al. Geographical Dispersal of Mobile Communication Networks ［J］. Physica A: Statistical Mechanics and its Applications, 2008, 387 (21): 5317 - 5325.

［221］Lin Y R, Fu X M. Does Institutional Ownership Influence Firm Performance? Evidence from China ［J］. International Review of Economics & Finance, 2017, 49: 17 - 57.

［222］Marcoux M, Lusseau D. Network Modularity Promotes Cooperation ［J］. Journal of Theoretical Biology, 2013, 324: 103 - 108.

［223］Marin J M, Olivier J P. The Dog That Did Not Bark: Insider Trading and Crashes ［J］. The Journal of Finance, 2008, 63 (5): 2429 - 2476.

［224］Maug E. Large Shareholdersas Monitors: Is There a Trade - Off Between Liquidity and Control? ［J］. The Journal of Finance, 1998, 53 (1): 65 - 98.

［225］Mckinnon R I, Pill H. Credible Economic Liberalizations and Overborrowing ［J］. The American Economic Review, 1997, 87 (2): 189 - 193.

［226］Mckinnon R I, Pill H. International Overborrowing: A Decomposition of Credit and Currency Risks ［J］. World Development, 1998, 26 (7): 1267 - 1282.

［227］Mehran H, René M Stulz. The Economics of Conflicts of Interest in Financial Institutions ［J］. Journal of Financial Economics, 2007, 85 (2): 267 - 296.

［228］Menkhoff L. Institutional Investors: The External Costs of a Successful Innovation ［J］. Journal of Economic Issues, 2002, 36 (4): 907 - 933.

［229］Miller E M. Risk, Uncertainty, and Divergence of Opinion ［J］. the Journal of Finance, 1977, 32 (4): 1151 - 1168.

［230］Mitchell M L, Pulvino T C, Stafford E. Limited Arbitrage in Equity Markets ［J］. Social Ence Electronic Publishing.

［231］Mitchell M, Pulvino T, Stafford E. Limited Arbitrage in Equity Markets ［J］. The Journal of Finance, 2002, 57 (2): 551 - 584.

［232］Needham M, Hodler a E. Graph Algorithms: Practical Examples in Apache Spark and Neo4J ［M］. O'Reilly Media, 2019.

［233］Neubaum D O, Zahra S A. Institutional Ownership and Corporate Social Performance: the Moderating Effects of Investment Horizon, Activism, and Coordination ［J］. Journal of Management, 2006, 32 (1): 108 - 131.

［234］Ng L, Wu F, Yu J, et al. Foreign Investor Heterogeneity and Stock Liquidity around the World ［J］. Review of Finance, 2016, 20 (5): 1867 - 1910.

［235］Obstfeld M. Capital Mobility in the World Economy: Theory and Measurement ［C］//Carnegie - Rochester Conference Series on Public Policy. North - Holland, 1986, 24: 55 - 103.

［236］Obstfeld M. Risk - Taking, Global Diversification, and Growth ［J］. The American Economic Review, 1994, 84 (5): 1310 - 1329.

［237］Odean T. Do Investors Trade Too Much? ［J］. American Economic Review, 1999, 89 (5): 1279 - 1298.

［238］Ofek E, Richardson M. Dotcom Mania: The Rise and Fall of Internet Stock Prices ［J］. The Journal of Finance, 2003, 58 (3): 1113 - 1137.

［239］Officer M S. Are Performance Based Arbitrage Effects Detectable? Evidence from Merger Arbitrage ［J］. Journal of Corporate Finance, 2007, 13 (5): 793 - 812.

［240］Ozsoylev H N, Walden J. Asset Pricing in Large Information Networks ［J］. Journal of Economic Theory, 2011, 146（6）: 2252 – 2280.

［241］Ozsoylev H N. Asset Pricing Implications of Social Networks ［R］. Afa 2006 Boston Meetings Paper, 2005.

［242］Pareek A. Information Networks: Implications for Mutual Fund Trading Behavior and Stock Returns ［J］. SSRN Electronic Journal, 2012. DOI: 10, 2139/ssrn. 1361779.

［243］Pareek A. Information Networks: Implications for Mutual Fund Trading Behavior and Stock Returns ［R］. Afa 2010 Atlanta Meetings Paper, 2012.

［244］Pindyck R S. Risk, Inflation, and the Stock Market ［R］. NBER Working Paper 1186, 1983.

［245］Pollet J M, Wilson M. How Does Size Affect Mutual Fund Behavior? ［J］. The Journal of Finance, 2008, 63（6）: 2941 – 2969.

［246］Pontiff J. Costly Arbitrage: Evidence from Closed – End Funds ［J］. Quarterly Journal of Economics, 1996, 111: 1135 – 1151.

［247］Pool V K, Stoffman N, Yonker S E. The People in Your Neighborhood: Social Interactions and Mutual Fund Portfolios ［J］. The Journal of Finance, 2015, 70（6）: 2679 – 2732.

［248］Sachs J D, Tornell A, Velasco A, et al. Financial Crises in Emerging Markets: The Lessons From 1995 ［J］. Brookings Papers on Economic Activity, 1996（1）: 147 – 215.

［249］Salant S W, Henderson D W. Market Anticipations of Government Policies and the Price of Gold ［J］. Journal of Political Economy, 1978, 86（4）: 627 – 648.

［250］Santos F C, Pacheco J M. Scale – Free Networks Provide a Unifying Framework for the Emergence of Cooperation ［J］. Physical Review Letters, 2005, 95（9）: 098104.

［251］Scharfstein D S, Stein J C. Herd Behavior and Investment ［J］. The American Economic Review, 1990, 80（3）: 465 – 479.

［252］Schwert G W. Why Does Stock Market Volatility Change Over Time?

[J] . Journal of Finance, 1989, 44 (5): 1115 – 1153.

[253] Sharpe W F. Determining a Fund's Effective Asset Mix [J] . Investment Management Review, 1988, 2 (6): 59 – 69.

[254] Shiller R J, Pound J. Survey Evidence on Diffusion of Interest Among Institutional Investors [R] . NBER Working paper No. 1851, 1986.

[255] Shiller R J, Pound J. Survey Evidence on Diffusion of Interest and Information Among Investors [J] . Journal of Economic Behavior & Organization, 1989, 12 (1): 47 – 66.

[256] Shiller R J. Do Stock Prices Move Too Much to Be Justified by Subsequent Changes in Dividends? [R] . NBER Working Paper 0456, 1980.

[257] Shiller R J. Stock Prices and Social Dynamics [J] . Brooking Papers on Economic Activity, 1984, 2: 457 – 498.

[258] Shiller R J. The Use of Volatility Measures in Assessing Market Efficiency [J] . The Journal of Finance, 1981, 36 (2): 291 – 304.

[259] Shleifer A, Vishny R W. The Limits of Arbitrage [J] . The Journal of Finance, 1997, 52 (1): 35 – 55.

[260] Sirri E R, Tufano P. Costly Search and Mutual Fund Flows [J] . The Journal of Finance, 1998, 53 (5): 1589 – 1622.

[261] Solomon D H, Soltes E, Sosyura D. Winners in the Spotlight: Media Coverage of Fund Holdings as a Driver of Flows [J] . Journal of Financial Economics, 2014, 113 (1): 53 – 72.

[262] Stein J C. Presidential Address: Sophisticated Investors and Market Efficiency [J] . The Journal of Finance, 2009, 64 (4): 1517 – 1548.

[263] Stickel S E. Reputation and Performance Among Security Analysts [J] . The Journal of Finance, 1992, 47 (5): 1811 – 1836.

[264] Tversky A, Kahneman D. Advances in Prospect Theory: Cumulative Representation of Uncertainty [J] . Journal of Risk and Uncertainty, 1992, 5 (4): 297 – 323.

[265] Van Norden S, Schaller H. Speculative Behaviour, Regime – Switching and Stock Market Crashes [R] . Working Paper 1996 – 13, Bank of Canada, 1996.

[266] Wermers R. Mutual Fund Herding and Impact on Stock Prices [J]. Journal of Finance, 1999 (2): 518 –622.

[267] Xu N, Li X, Yuan Q, et al. Excess Perks and Stock Price Crash Risk: Evidence from China [J]. Journal of Corporate Finance, 2014, 25: 419 –434.

[268] Yan X, Zhang Z. Institutional Investors and Equity Returns: Are Short – Term Institutions Better Informed? [J]. The Review of Financial Studies, 2009, 22 (2): 893 –924.